PRAKTISCHE WISSENSCHAFT: KIRCHENGEMEINDE

Herausgegeben von
Matthias von Kriegstein

Peter Hennig

Konfirmandenelternarbeit

Verlag W. Kohlhammer
Stuttgart Berlin Köln Mainz

CIP-Kurztitelaufnahme der Deutschen Bibliothek

Hennig, Peter:
Konfirmandenelternarbeit: Ansätze – Methoden – Modelle / Peter Hennig.
– Stuttgart; Berlin; Köln; Mainz: Kohlhammer, 1982.
(Praktische Wissenschaft: Kirchengemeinde)
ISBN 3-17-007743-0

Stuttgart Berlin Köln Mainz
Verlagsort: Stuttgart
Umschlag: hace
Gesamtherstellung:
W. Kohlhammer Druckerei GmbH + Co. Stuttgart
Printed in Germany

Inhalt

Einleitung

»Zwischen Resignation und Utopie« – unter diesem Titel veröffentlichte Georg Kugler im Jahre 1971 ein Buch über die Chancen kirchlicher Arbeit in der Ortsgemeinde. Dieses Buch erschien in einer Zeit, in der die Kritik am Christentum sich verstärkt hatte und nicht wenige das baldige Ende der Volkskirche voraussagten. Gleichzeitig gab es jedoch auf fast allen kirchlichen Praxisfeldern Neuaufbrüche, die eine schnelle und tiefgreifende Verbesserung des pastoralen Handelns suggerierten. Die Praktische Theologie übernahm Methoden und Ergebnisse der Human- und Sozialwissenschaften und damit einen Teil des Selbstbewußtseins dieser Fächer. Im Gegenüber zu den anderen theologischen Disziplinen verstärkte sie ihre Eigenständigkeit. Dabei half ihr das Bewußtsein, zu einer baldigen Verbesserung der kirchlichen Praxis beitragen zu können. Inzwischen ist ein Jahrzehnt vergangen. Übersteigerte Erwartungen haben häufig der Resignation Platz gemacht. Die Erkenntnis bricht sich Bahn, daß die Rezeption humanwissenschaftlicher Methoden nicht die Frage nach der theologischen Identität beantwortet; die kirchliche und gesellschaftliche Praxis ändert sich nur langsam, weil die Menschen sich nur langsam ändern. Die Möglichkeiten der Veränderung werden nüchterner gesehen, und der selbstverständliche Reformoptimismus ist zurückgegangen. Die gegenwärtige Situation enthält damit eine Chance – die Chance, jenseits von Resignation und Utopie einen realistischen Blick zu bekommen. Jenseits der illusionären Erwartungen zeigt sich, daß langsame und begrenzte Veränderungen möglich sind – die Veränderung einzelner Menschen und Gruppen, die Reform der Gemeindearbeit und kirchlicher Strukturen.

In den letzten Jahren hat sich das Interesse vermehrt den Möglichkeiten der Arbeit in der Ortsgemeinde zugewandt.[1] Mit dem wachsenden Auseinanderfallen der Lebens- und Arbeitszusammenhänge ist deutlicher geworden, wie wichtig es für den Menschen ist, an einem überschaubaren Ort als ganzheitliches Wesen angesprochen zu werden. Stärker als bisher könnten die Kirchengemeinden zu diesem Ort werden. Sie können das freilich nur, wenn sie mit Phantasie und Experimentierfreudigkeit ihre spezifischen Gesprächs- und Begegnungsmöglichkeiten neu entdecken. Die Phantasie zeigt sich dabei zunächst im Wahrnehmen der Aufgabenfelder und Zielgruppen. Sie zeigt sich sodann in der rechten Gewichtung der Tätigkeiten und im Erproben der angemessenen Arbeitsmethoden. Nur so kann verhindert werden, daß der Pfarrer alles tut und alles über den gleichen methodischen Leisten schlägt.

Die Ortsgemeinde ist ein Ensemble verschiedener Einzelpersonen, Familien und Gruppen. Zwischen ihnen gibt es Gemeinsamkeiten und Unterschiede. In den Gemeinsamkeiten liegt die Berechtigung allgemeiner Angebote, in den Unterschieden die Notwendigkeit zielgruppenspezifischer Veranstaltungen. Zielgruppen können durch ein gemeinsames Interesse an bestimmten Fragen oder durch gemeinsame Aktionen entstehen. Zielgruppen ergeben sich aber auch durch die Gliederung des Lebenszyklus. Die »natürlichen« Einschnitte des Lebens – Geburt, Erwachsenwerden, Heirat, Elternschaft, Tod – schaffen in der Biographie von Menschen einen ähnlichen Erfahrungs- und Problemhintergrund. Dieser Tatsache wird in der kirchlichen Kasualpraxis seit jeher Rechnung getragen. Nötiger denn je wird freilich die seelsorgerliche Begleitung der Menschen und die Vermittlung dessen, worum es in den Kasualien geht.

Eine Gruppe, die indirekt von der Kasualpraxis erfaßt wird, sind die Konfirmandeneltern. Als Eltern von Jugendlichen, die am kirchlichen Unterricht teilnehmen, als Mitglieder der Volkskirche, die den Kasus »Konfirmation« in Anspruch nehmen und als Erwachsene um die Lebensmitte bilden sie eine eigene Gruppe in der Gemeinde. Als solche traten sie bislang freilich kaum in Erscheinung. Man versammelte sich allenfalls zu ein bis zwei Elternabenden, um vor der Konfirmation die obligatorische Bekleidungsfrage zu klären. Weitere Aktivitäten fanden kaum statt. Daß Elternarbeit aber nicht nur nötig, sondern auch möglich ist, daß Eltern dazu bereit sind, wenn mit Phantasie neue Arbeitsformen entwickelt werden, zeigt die Erfahrung der letzten Jahre.

Im folgenden möchte ich daher aufzeigen, daß die Elternarbeit den Konfirmandenunterricht vertieft sowie einen eigenen Beitrag zur kirchlichen Erwachsenenbildung darstellt.

Dieses Buch enthält theoretische und praxisbezogene Teile, so daß es für den Leser verschiedene Einstiegsmöglichkeiten gibt.

Kap. 1 beschreibt die Konfirmandenelternarbeit als Verbindungsglied zwischen Konfirmandenunterricht und Erwachsenenbildung. Ein »moderner« Konfirmandenunterricht – ein Unterricht, der das Evangelium mit der Situation der Jugendlichen vermitteln will und sich dabei kreativer und gruppenbezogener Methoden bedient – verlangt eine begleitende Elternarbeit, um seine Ergebnisse zu vertiefen. Die Erfahrungen der kirchlichen Erwachsenenarbeit belegen andererseits immer mehr die Bedeutung zielgruppenorientierter Angebote in der Ortsgemeinde. Kap. 1 unternimmt den Versuch, vor diesem Hintergrund einen konzeptionellen Rahmen für die Konfirmandenelternarbeit zu bestimmen.

Kap. 2 betrachtet die Elternarbeit unter dem Aspekt der religiösen Familienbildung und des Gemeindeaufbaus. Religiöse Themen in das familiäre Gespräch einzubringen und Versuche zu initiieren, neue Erfahrungen mit gelebter Frömmigkeit zu machen, ist ein ebenso wichtiges Ziel wie der Aufbau lebendiger Gruppen in der Gemeinde. Zu beiden Aspekten gibt es Reformüberlegungen aus der Vergangenheit. Kap. 2 möchte aufzeigen, daß sie bedenkenswerte Einsichten enthalten.

Gute Konfirmandenelternarbeit verlangt methodisches Geschick. Der Pfarrer muß in der Lage sein, Materialien richtig aufzubereiten und kommunikativ mit Gruppen umzugehen. Das setzt eine gewisse Kenntnis – besser noch Grundausbildung – in gruppenpädagogischen Verfahren voraus. Kap. 3 stellt zentrale Einsichten und Erfahrungen gruppenbezogener Arbeits- und Gesprächsmethoden dar. Sie werden unter pädagogischen und theologischen Aspekten reflektiert und nach ihrer Bedeutung für die kirchliche Erwachsenenarbeit befragt.

Konfirmandenelternarbeit wendet sich an die Erwachsenen der »mittleren Generation«. Kap. 4 beschreibt diese Zielgruppe unter Aufnahme familiensoziologischer und entwicklungspsychologischer Erkenntnisse. Dabei zeigt sich, daß in dieser Altersstufe vermehrt Krisen, aber auch Reifungsmöglichkeiten liegen. Die Diskussion um die »midlife crisis« hat das herausgestellt. Es ist freilich nötig, den pauschalen Erklärungsanspruch dieser Krisentheorie durch eine umfassende Auswertung empirischer Ergebnisse zu relativieren. Eine abschließende theologische Reflexion versucht, humanwissenschaftliche Einsichten und christliche Grundaussagen zu vermitteln.

Die Kapitel 5 und 6 beschreiben die Praxis der Konfirmandenelternarbeit. Kap. 5 berichtet über bisherige Erfahrungen, stellt verschiedene Arbeitsformen vor und betont die Bedeutung der Familiengottesdienste für die Elternarbeit. Dieser Teil bietet den besten Einstieg für den Leser, der sich einen ersten Überblick über das neue Arbeitsfeld verschaffen will.

Kap. 6 beschreibt vier Veranstaltungen, die in verschiedenen Gemeinden erprobt wurden. Verlauf und Materialien werden dokumentiert, so daß der Leser mit eigenen Versuchen beginnen kann. Inhaltlich handelt es sich bei den Modellen um Themenbereiche, die einen Schwerpunkt der Konfirmandenelternarbeit bilden. Um die Chancen und Grenzen dieser Arbeit auszuloten, wurde die Durchführung der Veranstaltungen empirisch ausgewertet. Die Ergebnisse der Auswertung finden sich am Schluß des Kapitels.

Der Ausblick faßt die Überlegungen zusammen und versucht ein abschließendes Plädoyer für die Konfirmandenelternarbeit.

Die vorliegende Arbeit stellt die überarbeitete und erweiterte Fassung einer praktisch-theologischen Dissertation dar, die im Sommersemester 1980 von der Evangelisch-Theologischen Fakultät der Rheinischen Friedrich-Wilhelms-Universität Bonn angenommen wurde. Ergänzungen wurden vor allem in den Abschnitten vorgenommen, die sich mit Praxiselementen befassen.

Für hilfreiche und freundschaftliche Begleitung danke ich Herrn Prof. Dr. Friedrich Wintzer. Ich widme dieses Buch meiner Frau Barbara und unserem Sohn Jan Philipp, der uns die ersten Schritte praktischer Elternarbeit lehrte.

Bonn, im März 1982 *Peter Hennig*

Anspruch dieser Rollentheorie durch eine praxisnahe Anwendung auf die [illegible] Fragestellung zu relativieren. Eine abschließende [illegible] der Religionssoziologie [illegible] sachgemäße Instrumentarien [illegible] zu vermeiden.

Bonn, im [illegible] 1982 [illegible]

1. Konfirmandenarbeit – Gesamtkatechumenat – Erwachsenenbildung

1.1 Konfirmandenarbeit zwischen Reform und Rahmenordnung

Fragen des Konfirmationsverständnisses und des Konfirmandenunterrichts bilden seit dem vorigen Jahrhundert einen Brennpunkt der kirchlichen und praktisch-theologischen Reformdiskussion. Seit dieser Zeit führt die Säkularisierung verstärkt zu einem Rückgang kirchlich geprägter Sitte und Frömmigkeit. Kirchliche und gesellschaftliche Welt treten auseinander. Das läßt gegen Ende des 19. Jahrhunderts immer stärker den Ruf nach kirchlichen Reformen laut werden. Man fordert eine umfassende innere Erneuerung der Kirche. Ansatzpunkt dafür soll eine Neugestaltung der Konfirmation sein.

So schlägt Johann v. Hofmann, der Hauptvertreter des Erlanger Neuluthertums, einen doppelten Ansatz der Konfirmationspraxis vor: ein allgemeiner »Kinderkatechumenat« soll den volkskirchlichen Nachwuchs sichern, während eine mit der Abendmahlszulassung verbundene »Laienordination« zum Aufbau einer Kerngemeinde beiträgt. Zu ähnlichen Vorschlägen kommt Johann Hinrich Wichern in der Hoffnung, dadurch der verbreiteten Entleerung und Unwahrhaftigkeit des Konfirmationsgelübdes zu entgehen.[2]

In allen Reformkonzepten bricht die Frage nach dem rechten Kirchenverständnis auf: Erhaltung der »Volkskirche« oder »bekenntniskirchliche« Profilierung – diese Alternative liegt der Diskussion weithin zugrunde. Das zeigt sich auch daran, daß die meisten Reformvorschläge eine veränderte Konfirmationspraxis anstreben; Fragen der Unterrichtsgestaltung stehen dagegen im Hintergrund.

Das ändert sich grundlegend erst um die Mitte dieses Jahrhunderts. 1959 veröffentlicht Karl Witt sein Buch »Konfirmandenunterricht. Neue Wege der Katechetik in Kirche und Schule«. Witt, der den vorwiegend katechismusorientierten Unterricht durch einen stärker bibelorientierten ersetzen will, bemüht sich um eine gründliche pädagogisch-didaktische Reflexion. Gegenüber einer bloßen Aneinanderreihung von Katechismustexten betont er die Bedeutung des exemplarischen Prinzips für das Lernen.

Witts Buch, das in kurzer Zeit zwei weitere Auflagen erlebte, führte zu einer verstärkten Diskussion der Unterrichtspraxis. Das Interesse verlagerte sich von der Reform der Konfirmation auf die Verbesserung des Unterrichts. Lehrpläne entstanden, Arbeitsmaterialien und Unterrichtsblätter fanden zunehmende Verbreitung. In vielen Gemeinden wurde mit neuen Unterrichtsformen experimentiert. Zumal gegen Ende der 60er Jahre setzte eine stürmische Weiterentwicklung der Praxis ein:

– die rein kognitive Ausrichtung des Unterrichts wurde durch die Einbeziehung affektiver und sozialer Lernziele erweitert,

– neben Bibel- und Katechismustexten fanden auch andere Materialien und Medien vermehrt Verwendung; eine Fülle von Unterrichtsmodellen entstand,
– durch eine Annäherung an Methoden und Ziele der Jugendarbeit wurde die Lebenssituation der Jugendlichen stärker berücksichtigt,
– durch die Einbeziehung von Mitarbeitern und Eltern wurde versucht, den Unterricht stärker auf Gemeinschaft und Gemeinde zu beziehen.

Inzwischen hat die Phase der Reformen einen gewissen Abschluß erreicht. Erste Erfahrungen und Konzeptionen liegen vor; die Landeskirchen haben Rahmenordnungen für die Konfirmandenarbeit erstellt und verabschiedet.[3] Diese Ordnungen haben einen Teil der Reformergebnisse aufgenommen: Gottesdienstgestaltung und vorgezogene Abendmahlszulassung, Praktika und Ferienseminare geben den Konfirmanden mehr Mitbeteiligungsmöglichkeit; Arbeitshilfen und didaktische Modelle erweitern das Unterrichtsangebot und berücksichtigen stärker jugendspezifische Themen; die Einbeziehung von Mitarbeitern und Eltern beendet die alleinige Ausrichtung auf den Pfarrer. Die Rahmenordnungen klären das vielfältige Angebot im Bereich der Konfirmandenarbeit und ermöglichen damit dem Unterrichtenden eine Orientierung. Freilich drängt sich der Eindruck auf, daß die Experimentierphase oft zu schnell eingeengt wurde. Man ließ sich nur wenig Zeit, neue Unterrichtformen zu erproben und auszuwerten. Die Ordnungen haben nicht nur den Vorzug, das Erreichte zu sichern und dem Praktiker Hilfen bei der Unterrichtsgestaltung zu geben. In ihnen liegt auch die Gefahr, die Experimentierfreudigkeit zurückzudrängen und neue Versuche in den Rahmen der Verfügungen zu zwängen.

Stärker als die früheren Reformansätze bemühen sich die Rahmenordnungen um einen verbesserten Konfirmandenunterricht auf dem Boden der Volkskirche. Sie vermeiden den unfruchtbaren Streit darüber, wie sich Volkskirche und Kerngemeinde zueinander verhalten und welche Kirchenform langfristig anzustreben sei. Stattdessen setzen sie ein »Leben mit zwei Kirchenkonzepten«[4] voraus. Für das pastorale Handeln wird damit eine Doppelstrategie angestrebt: die religiöse Lebensbegleitung einer großen Zahl von Kirchenmitgliedern einerseits, die Rekrutierung einer kleinen bekenntniskirchlich profilierten Kerngemeinde andererseits. Diese Doppelstrategie wird der Komplexität gelebter Religiosität sehr viel mehr gerecht als alle reduktionistischen Versuche eindeutiger Kirchenmodelle. Freilich enthält sie auch Ambivalenzen und strukturelle Widersprüche. So wird vom Pfarrer eine große Kommunikationsfähigkeit verlangt: ohne seine eigene Überzeugung aufzugeben, soll er sie situationsgerecht vermitteln können; ohne Kränkungsgefühle soll er akzeptieren lernen, daß viele Kirchenmitglieder zu keinem oder nur sehr begrenztem Engagement bereit sind; ohne Resignation soll er lernen, die Freiheit »seiner« Gemeindeglieder zu akzeptieren. Diese Offenheit setzt voraus, daß der Pfarrer die verschiedenen Formen der Kirchenzugehörigkeit von ihrem eigenen Ansatz her versteht, ohne sie vorschnell an seinem eigenen Frömmigkeitsideal zu messen. Der Pfarrer muß seine eigenen Wünsche nach Eindeutigkeit kennen, um sie nicht unbewußt auszuagieren. Er muß fähig werden, die Vieldeutigkeit auszuhalten und konstruktiv mit ihr umzugehen. Diese Weite und Freiheit pastoraler Tätigkeit setzt den Verzicht auf ein enges und abgeschlossenes Gemeindeideal voraus. Für die meisten Rahmenordnungen ist die Gemeinde Ort und Ziel des Unterrichts. In ihr sollen die Konfirmanden Erfahrungen lebendigen Christseins machen, auf sie soll der Unterricht hinführen. Offen muß aber auch hier bleiben, welche Gemeinde gemeint ist – die traditionell geprägte Kerngemeinde, eine reformfreudige »Junge Gemeinde« oder die offene volkskirchliche Gemeinde. Wird diese Offenheit aufgegeben, verengt das Kirchenkonzept sich leicht zum Gemeindeverständnis der Aktiven bzw. hauptberuflichen Mitarbeiter. Die doktrinäre Ausrichtung auf ein einseitiges Kirchenverständnis läßt sich am besten durch eine möglichst umfassende Beteiligung der Gemeinde an der Konfirmandenarbeit verhindern. Möglichkeiten dazu räumen die meisten Ordnungen ein. So erweitern sie den Kreis der Unterrichtenden durch Mitarbeiter, Presbyter und Eltern. Um diesen Ansatz zur demokratischen Mitbestimmung zu nutzen, legt es sich nahe, vor allem die Konfirmandeneltern an der Unterrichtsplanung und -durchführung zu beteiligen.

Im Unterschied zu den früheren »Lebensordnungen« nehmen die Rahmenordnungen die Tatsache ernst, daß eine religiöse Erziehung durch die Familie nicht mehr vorausgesetzt werden kann. Damit fällt die soziale Abstützung des im Unterricht thematisierten christlichen Glaubens fort. Will der Unterrichtende seine Ziele erreichen, muß er die Eltern als die wichtigsten »Sozialisationsagenten« mit einbeziehen. Der Konfirmandenunterricht kann nicht ohne oder gegen den Einfluß der Eltern stattfinden. Dieser Erkenntnis tragen die meisten Rahmenordnungen Rechnung, indem sie fordern,

– die Beziehung zwischen Gemeinde und Eltern zu intensivieren,
– die Mitverantwortung der Eltern am Unterricht zu stärken,
– den Eltern Hilfen zur religiösen Erziehung und Begleitung ihrer Kinder zu geben.[5]

Diese Ziele sind im wesentlichen noch mit dem Konfirmandenunterricht verknüpft, geht es ihnen doch um »Teilnahme (Hospitation) am KU; Mitgestaltung von Gottesdiensten und Abendmahlsfeiern, von Festen und Praktika und Freizeiten; aber auch bereits Leitung von Kleingruppen in KU oder Praktikum, besondere Elternseminare und die Mitverantwortung in Trägerkreisen/Beiräten/Arbeitsgruppen für den KU.«[6]

Darüber hinaus kommen die Konfirmandeneltern auch als eigene Zielgruppe in den Blick. Das liegt nahe, da die Elternarbeit schnell auf die spezifischen Probleme dieser Altersgruppe stößt, auf ihre Lebens- und Sinnfragen. Hier tut sich ein weites Feld auf, gibt es doch in unserer Gesellschaft kaum einen Ort, an dem Erwachsene der »mittleren Generation« diese Fragen thematisieren können. Daß hier noch Aufgaben und Möglichkeiten liegen, möchte ich im folgenden zeigen.

Um den Stellenwert der Konfirmandenelternarbeit zu bestimmen, muß sie zu anderen Praxisbereichen (Konfirmandenunterricht, Gottesdienst, Erwachsenenbildung) in Beziehung gesetzt werden. Gefordert ist eine umfassende gemeindepädagogische Reflexion der Elternarbeit. Ansätze hierzu liegen bereits vor – in der traditionellen Leitvorstellung des Gesamtkatechumenats sowie in der neueren Diskussion zur kirchlichen Erwachsenenbildung.

1.2 Der »Gesamtkatechumenat« als Ideal umfassender kirchlicher Unterweisung in der Reformdebatte seit ca. 1935

Seit den Erfahrungen des Kirchenkampfs im Dritten Reich taucht in der Reformdiskussion immer wieder der Begriff des »Gesamtkatechumenats« auf. Dieser Begriff drückt als Leitziel aus, »daß die religiöse Erziehung bzw. christliche oder kirchliche Unterweisung, aber auch die Bildungsaktivitäten und -angebote der Kirche den ganzen Menschen in seinem Lebenslauf zum Gegenüber haben.«[7]

Der Zusammenbruch der religiösen Familienerziehung und die offensive Vereinnahmung der Jugendlichen durch den Nationalsozialismus zwangen die am reformatorischen Bekenntnis orientierte Kirche immer mehr, die gesamte christliche Erziehung selbst zu organisieren. Programmatische Vorschläge hierzu machte *Martin Doerne* mit seiner Forderung nach einem »Neubau der Konfirmation« (1936). Doerne, der Vorstellungen des Neuluthertums aufnimmt, möchte die Volkskirche neu begründen, indem er sie als *»pädagogische Ordnungskirche«*[8] bestimmt. Die volkskirchliche Unverbindlichkeit soll durch einen »Anspruch auf Umspannung des gesamten Volkslebens«[9] überwunden werden. Dafür ist entscheidend, »daß der Kirche eine wirksame Eingliederung des getauften Nachwuchses in ihr Ordnungsgefüge gelingt.«[10] Christliches Erziehungsziel muß die »persönliche Bereitschaft zum Christsein und zu verantwortlichem Gliedsein in der Kirche«[11] sein. Um dieses Ziel zu erreichen, schlägt Doerne eine Entflechtung des Konfirmandenunterrichts und seine Ausdehnung auf etwa neun Jahre vor.

Am Anfang soll ein mehrjähriger »Elementarkatechumenat«[12] stehen, der anknüpfend an die *»Tauferinnerung«*[13] mit Bibel, Gesangbuch und Katechismus vertraut macht. Ziel ist die *»Erziehung zur Kirche«*[14] durch die Hinführung zur Teilnahme am sonntäglichen Gottesdienst. Der Elementarkatechumenat endet mit einem Gottesdienst, in dem die Katechumenen durch Fürbittengebet und Segen in die »Übung und Rüstung zu persönlichem Christenstand«[15] gerufen werden.

Hierauf soll bis zum 21. Lebensjahr der »Jugendkatechumenat«[16] folgen. Sein Ziel ist es, sich mit den Fragen und Zweifeln der Jugendlichen auseinanderzusetzen, ihnen zu *»persönlichem Heimischwerden in der Bibel«*[17] zu verhelfen und für sie ein *»Angebot persönlicher Seelsorge«*[18] darzustellen. Dadurch soll den Jugendlichen die »Wirklichkeit der *Kirche«*[19] sichtbar werden, »die den jungen Menschen allein bewahren und wahrhaft erwachsen machen kann.«[20] Doerne wollte den Jugendkatechumenat in zwei Phasen einteilen. Die erste Phase soll für die 14–17jährigen vor allem die Kenntnis der Bibel vertiefen, während die zweite Phase die *»Rüste auf die Konfirmation«*[21] darstellt. Inhalt des Unterrichts ist die Hinführung auf das Abendmahl und die Entscheidung für die persönliche Mitgliedschaft in der Kirche. Nach einem seelsorgerlichen Einzelgespräch wird dann die Zulassung zur Konfirmation ausgesprochen. Mit der Konfirmation als *»Bestätigung der Kirchgliedschaft«*[22] werden die Katechumenen in die Bekenntnis- und Abendmahlsgemeinschaft der Kirche aufgenommen. Sie erhalten die kirchlichen Rechte und verpflichten sich, als aktive Glieder der Gemeinde ihren Glauben zu leben.

Doernes Konzeption hat ihre Kraft darin, daß sie angesichts des Zerfalls der volkskirchlichen Grundlagen ernst macht mit der Erkenntnis, die christliche Erziehung neu und eigenständig organisieren zu müssen. Freilich überschätzt er wohl die Bereitschaft der Jugendlichen, an einem neunjährigen Katechumenat teilzunehmen. Obwohl Doerne nicht die Freiwilligkeitskirche anstrebt, würde die Verwirklichung seiner Reformpläne die »volkskirchliche Verbundenheit«[23] wohl stark aushöhlen. Dieser Eindruck mag neben den staatlichen Repressionen mit dazu beigetragen haben, daß der Aufbau eines Gesamtkatechumenats in der Zeit der NS-Diktatur nur ansatzweise gelang.
Nach dem 2. Weltkrieg hat Doerne seine Konzeption insofern revidiert, als er zwar an einem mehrjährigen Katechumenat festhielt, die Heraufsetzung des Konfirmationsalters aber ablehnte. Als Begründung nennt er eine »Vielzahl von unausweichlichen Ansprüchen«, unter denen die Jugend steht und den »spezifischen Unabhängigkeitstrieb des Jugendalters«.[24] Doerne plädiert nun für eine Beibehaltung des bisherigen Konfirmationsalters in der Hoffnung, »daß dem Vierzehnjährigen normalerweise das Minimum von christlichem Wissen und persönlicher Bereitschaft, um das es in der evangelischen Konfirmation geht, zugemutet werden kann.«[25]
In der Phase des Wiederaufbaus nach dem 2. Weltkrieg stand zunächst die Restauration der Volkskirche im Vordergrund. Wie die »Lebensordnungen« der 50er Jahre zeigen, wurde die Wiederherstellung einer intakten christlichen Sitte und Frömmigkeit angestrebt. Die aus dem Kirchenkampf resultierende Einsicht, daß die geistig-religiöse Basis der Volkskirche weithin geschwunden war, wurde nicht genügend beachtet. Erst Ende der 50er Jahre wurden wieder Stimmen laut, die eine Neugliederung der Jugend- und Konfirmandenarbeit forderten. Ein *westfälischer Arbeitskreis* veröffentlichte 1960 Vorschläge zur »Reformation der Konfirmation«.[26] Kern des Vorschlages war die Entflechtung und Dreiteilung der Konfirmation. Den ersten Teil bildet »eine kirchliche Unterweisung im 10. und 11. Lebensjahr, abschließend mit einer dem kindlichen Alter entsprechenden Prüfung (Katechismusverhör) vor versammelter Gemeinde.«[27] Eingeschlossen ist dabei die Teilnahme am Abendmahl. Danach folgt als zweite Phase der »Jugendkatechumenat« mit dem Ziel, Glaubens- und Lebenshilfe zu geben. Er endet mit der »Einsegnung zur Reifezeit«,[28] die mit ungefähr 14 Jahren erfolgt. In einem Gottesdienst werden den Jugendlichen biblische Mahnung und Fürbitte der Gemeinde zugesprochen.
Während die beiden ersten Phasen ein volkskirchliches »Normalangebot« für alle Jugendlichen darstellen sollen, ist der dritte Abschnitt ein »freiwilliger Gemeindekatechumenat«.[29] An ihm können die jungen Erwachsenen nach dem 18. Lebensjahr teilnehmen. Die Teilnehmer dieser Veranstaltung sollen wesentlich zum »Aufbau der Kerngemeinde«[30] beitragen, die nach Meinung der Verfasser für das Fortbestehen der Volkskirche unerläßlich ist. Der »Gemeindekatechumenat« schließt mit »Bekenntnis und Gelübde und daraufhin erteilter Zulassung zum Patenamt und Aufnahme in die Gemeinde der Wahlberechtigten.«[31]
Die Unterweisung ist stärker dogmatisch ausgerichtet und soll die Lehre der Kirche verständlich machen. Das angestrebte Ziel ist die Erziehung von engagierten Christen, die in Familie und Beruf christlich leben, sich in der Gemeinde engagieren und ihren Glauben überzeugend vertreten. Die angestrebten Reformziele – Trennung von Bekenntnis und Abendmahlszulassung, Entflechtung der Konfirmation und »Wiederge-

winnung des Gesamtkatechumenats der Kirche«[32] – wollen die Volkskirche durch einen Ausbau der Kerngemeinde stärken. Es ist jedoch fraglich, ob damit die Alternative »Volkskirche oder Bekenntniskirche«[33] vermieden wird. Weder die besonderen Qualifikationen der Kerngemeinde noch die Bedeutung der »Einsegnung« aller Jugendlichen sind einsichtig zu begründen. Die Gefahr der Aufteilung in »normale« und »bessere« Christen liegt nahe, ohne daß die Kriterien der Gruppierung verständlich sind. Es macht sich bemerkbar, daß der Arbeitskreis keine einsichtige Zuordnung von Taufe und Konfirmation durchgeführt hat. Schon damit ist die Gefahr einer Aufspaltung und unklaren Zuordnung von Kerngemeinde und Volkskirche gegeben.
Dieser Gefahr versuchte *Enno Rosenboom* mit seinem Vorschlag zum »Gemeindeaufbau durch Konfirmandenunterricht« (1962) zu entgehen. Ausgehend von der »offensichtlichen Diskrepanz zwischen der Zielsetzung der Konfirmation und des Unterrichts und der Wirklichkeit des gemeindlichen Lebens«[34] möchte Rosenboom die individualistische Engführung und dogmatische Überhöhung des Konfirmandenunterrichts überwinden. Er möchte die Konfirmation wieder als »Eingliederung eines getauften jungen Christen in die Gemeinde der mitarbeitenden mündigen Gemeindeglieder«[35] verstehen. Von dieser Zielbestimmung her versucht Rosenboom, den Unterricht zu gestalten. Als hinderlich erweist sich freilich das »Versagen der Gemeinde der erwachsenen Christen«.[36] Sie gilt es zunächst im Sinne einer »mitdenkenden und mitarbeitenden Gemeinde«[37] zu aktivieren, was nach Rosenboom durch den »Aufbau funktionsfähiger Gemeinden in mitarbeitenden Dienstgruppen«[38] geschehen kann. Zentraler Ansatzpunkt für diesen Veränderungsprozeß ist der Konfirmandenunterricht: »Die Gemeinde hat durch ihren Pfarrer und auch durch andere geeignete Gemeindeglieder ihre jungen Glieder auf die Gemeinde hin zu erziehen und sich mit der Erziehung ihrer jungen Glieder zugleich zu einer wirklich mitarbeitenden Gemeinde umzubilden. Ohne Gemeindeaufbau keine wirksame Konfirmation und auch kein wirksamer Unterricht, und ohne Unterricht kein wirksamer Gemeindeaufbau!«[39] Von diesem Ziel bestimmt sich der im Unterricht zu behandelnde Stoff: er handelt »1. von Gottes Gabe und Gaben an die Gemeinde, und 2. von den sich aus diesen Gaben ergebenden Aufgaben.«[40] Indem der Unterricht zur Gemeinde hinführt und gemeinschaftsbildende Methoden übernimmt, wird »das Leben der Gemeinde selbst zum Unterrichtsstoff.«[41] Die Unterrichtsmethoden – Rosenboom greift hier auf reformpädagogische Ansätze zurück – müssen die »aktive Mitarbeit der Konfirmanden«[42] fördern. Dadurch soll eine intellektualistische und individualistische Engführung vermieden werden, geht es doch um den »ganzen Menschen«[43] in seiner Gemeinschaftsbezogenheit. Indem der Konfirmandenunterricht einer »ganzheitlichen Beteiligung am Unterrichtsgeschehen«[44] Raum gibt, führt er die Konfirmanden zu »selbständigem Denken und Handeln«.[45] Die Jugendlichen erkennen die Bedeutung des christlichen Glaubens für ihr Leben und die Gemeinde als Ort dieses Glaubens.

Durch Rosenbooms Entwurf zieht sich eine gewisse Spannung: Einerseits wird die Selbständigkeit und Mündigkeit der Konfirmanden als Unterrichtsziel angestrebt, andererseits wird die Gemeinde, in die sie »eingegliedert« werden sollen, als relativ statische Größe beschrieben. Die kirchliche Arbeit zielt auf die um den Gottesdienst versammelte Kerngemeinde. Es geht mehr um eine »Eingliederung« der Jugendlichen in diesen Rahmen als um die Suche nach neuen Formen christlichen Glaubens und

Lebens. Rosenboom reformiert die pädagogischen Methoden, ohne die Inhalte und Ziele in gleicher Weise zu verändern.

Rosenbooms Ansatz teilt damit das Grundproblem aller Entwürfe eines Gesamtkatechumenats. Ausgangspunkt sind ordnungskirchliche Vorstellungen, das Ziel ist – mehr oder weniger ausgeprägt – die »pädagogische Ordnungskirche«. Die Säkularisierung wird vorwiegend in Kategorien des »Abfalls« und der »Verweltlichung« beschrieben. Die Leitvorstellung des Gesamtkatechumenats bietet keine Möglichkeit, die distanzierte Volkskirchlichkeit unvoreingenommen zu verstehen. Ebenso schwer fällt es, den innerkirchlichen und gesellschaftlichen Pluralismus zu akzeptieren und konstruktive Wege der argumentativen Auseinandersetzung zu finden. Die traditionelle Vorstellung des Gesamtkatechumenats orientiert sich an einem Kirchen- und Gesellschaftsmodell, das der Forderung nach Pluralität und Dialogfähigkeit nicht Rechnung trägt.

Die Schwierigkeit, die Leitvorstellung des Gesamtkatechumenats in die Praxis umzusetzen, lag wohl auch daran, daß die Lernziele zu unscharf formuliert waren. Nur vage sprachen sie von »katechetischer Begleitung« oder »Eingewöhnen in den Gottesdienst und das Leben der Gemeinde«.[46] Fast gänzlich fehlte eine ausreichende Reflexion der angestrebten Lernprozesse.

Trotz seines Scheiterns enthält das Modell des Gesamtkatechumenats aber auch positive Aspekte. Der Verfall der kirchlichen Sitte wird ernstgenommen und die daraus sich ergebende Notwendigkeit erkannt, die christliche Erziehung und Bildung in der Kirche selbst zu organisieren: es geht darum, »endlich die Konsequenzen zu ziehen aus dem Verlust des christlichen Elternhauses und dem Verfall der christlichen Sitte, d.h. wir müssen das, was früher funktional geschah, planmäßig tun.«[47] Die Notwendigkeit, traditionell überkommene Christlichkeit in verstandene, persönlich angeeignete und bejahte zu überführen, wird gesehen. Was früher durch christliche Sitte und Familienerziehung geleistet wurde, muß heute durch spezifische kirchliche Bildungsmaßnahmen nachgeholt werden. Das Modell des Gesamtkatechumenats sieht deutlich die Vorteile einer Bildungsgesamtplanung. Nur so kann eine »Versäulung« der Bildungsaktivitäten mit unnötigen Doppelungen oder der Vernachlässigung wichtiger Zielgruppen vermieden werden.

Eine wichtige Zielgruppe sind die Eltern der Konfirmanden. Die Erfahrungen mit neuen Unterrichtsformen haben gezeigt, daß auch die beste Konfirmandenarbeit beim Elternhaus an eine Grenze stößt. Das Elternhaus »predigt« immer mit, d.h. es gelingt kaum, Lerninhalte und -ziele gegen seinen Einfluß durchzusetzen. Es ist daher folgerichtig, daß sowohl die Unterrichtspraxis als auch die neuen Rahmenrichtlinien sich immer mehr zur Elternarbeit hin öffnen.

Ein zweiter Ansatz der Elternarbeit liegt in der neueren Diskussion um die kirchliche Erwachsenenbildung. Hier ist zunehmend mehr die Chance zielgruppenorientierter Angebote in der Ortsgemeinde erkannt worden. Die Arbeit mit Konfirmandeneltern ist unter diesem Aspekt ein Beitrag zur kirchlichen Erwachsenenbildung in der Ortsgemeinde. Um diesen Aspekt zu entfalten, soll im folgenden nach den Anstößen gefragt werden, die sich aus der neueren Diskussion um die Erwachsenenbildung ergeben haben.

1.3 Evangelische Erwachsenenbildung – Aspekte der neueren Diskussion

Fragen der Erwachsenenbildung haben seit dem Beginn der 70er Jahre an Bedeutung gewonnen. Die Notwendigkeit dieser Form der Bildungsarbeit wurde erkannt, Konzeptionen wurden entwickelt und Arbeitsformen diskutiert. Das starke Interesse an diesem Gebiet läßt sich hauptsächlich auf zwei Faktoren zurückführen: Zum einen sind seit dem Ende der 60er Jahre durch das Anwachsen human- und sozialwissenschaftlicher Erkenntnisse die Möglichkeiten und Formen pädagogischer Einflußnahme ausgiebig diskutiert worden. Zum anderen bekamen auf der gesellschaftspolitischen Ebene neue Leitbilder und Zielvorstellungen ein starkes Gewicht: »Emanzipation«, »Chancengleichheit« und »Mündigkeit« wurden als Bildungsziele propagiert. Diese allgemeinen Ziele aller Bildungsarbeit wurden aus dem Grundgesetz abgeleitet, in dem Freiheit und Selbstbestimmung garantiert sind.
So formulierte der Bildungsrat in seinem 1970 vorgelegten Strukturplan: Das Bildungswesen wird »im Sinne der Verfassungen von Bund und Ländern unter den leitenden Gesichtspunkt gestellt, daß der Mensch befähigt werden soll, seine Grundrechte wahrzunehmen und die ihnen entsprechenden Pflichten zu erfüllen.«[48] Indem der Bildungsrat insbesondere das »Recht auf freie Entfaltung der Persönlichkeit«[49] betont, räumt er dem Individuum große Freiheiten und Entscheidungsmöglichkeiten ein: »Bildung ist die Fähigkeit des einzelnen zu individuellem und gesellschaftlichem Leben, verstanden als seine Fähigkeit, die Freiheit und die Freiheiten zu verwirklichen, die ihm die Verfassung gewährt und auferlegt.«[50]
Den zugesprochenen Rechten stehen freilich die Unmündigkeit und Benachteiligung weiter Bevölkerungsgruppen entgegen. Der Forderung nach Selbstbestimmung muß daher die nach Chancengleichheit an die Seite gestellt werden: »Das Recht auf schulische Bildung ist dann verwirklicht, wenn Gleichheit der Bildungschancen besteht und jeder Heranwachsende so weit gefördert wird, daß er die Voraussetzungen besitzt, die Chancen tatsächlich wahrzunehmen.«[51]
Mit diesen Bildungszielen verband sich die Erkenntnis der raschen Ausbreitung des Wissens und der damit verbundenen wachsenden Komplexität aller Lebenszusammenhänge. Das mußte früher oder später zu einer Betonung der Erwachsenenbildung führen. Schon der Bildungsrat sah das: »Der öffentlich verantworteten Bildung ist vielmehr die Aufgabe gestellt, den Gesamtprozeß der Bildung eines Menschen, der von der Schule begonnen hat und über die Schule und die Berufsbildung hinaus bis in die Weiterbildung reicht, so gut wie möglich zu fördern und in den gesellschaftlichen Zusammenhang hereinzunehmen.«[52] Auch das starke Anwachsen fachwissenschaftlicher Publikationen, die Einrichtung eines eigenen Studiengangs für Erwachsenenbildung und die Diskussion um den Bildungsurlaub belegen Anfang der 70er Jahre das gestiegene Interesse an Fragen der Erwachsenenbildung.
Auswirkungen dieser Entwicklung auf die Kirche konnten nicht ausbleiben.[53] Zwar hat die Kirche schon immer »Erwachsenenbildung« betrieben, aber die Bildungseffekte waren zumeist Nebenwirkungen anderer Kommunikationsformen – beispielsweise des

Gottesdienstes – und geschahen unreflektiert. Nun wurde Erwachsenenbildung eigens thematisiert und methodisch reflektiert.
Ich möchte an zwei Beispielen verdeutlichen, wie diese Reflexion von der allgemeinen Bildungsdiskussion beeinflußt wurde, sich aber auch um die Benennung eigener Bildungsziele bemühte.
In einem Memorandum zur religiösen Erwachsenenbildung nennt v. Kortzfleisch sechs Aufgabenbereiche:
– »Klärung von Glaubensfragen . . .,
– Einübung in den Dialog mit Andersdenkenden . . .,
– Lebenshilfe . . .,
– Vorbereitung für Diakonie und Leitungsaufgaben der Kirche . . .,
– Förderung des ökumenischen Bewußtseins . . .,
– Gemeinschaft im Vollzug«.[54]
Ein *»Strukturvorschlag für Erwachsenenbildung«* der EKD nennt:
– Hilfe, um Versäumtes wiedergutzumachen,
– Beitragen zum Erwachsenwerden,
– Recht und Grenzen einer christlich verantworteten und emanzipatorischen Bildung klären,
– leibliche Bildung,
– Beitragen zur Enkulturation und Sprachbildung.[55]
Beide Aufgabenkataloge zeichnen sich durch ihre Vielfältigkeit aus. Manche Aufgaben überschreiten den engeren Bereich der Erwachsenenbildung und fallen in das Gebiet von Seelsorge oder Sozialarbeit. Außerdem werden Arbeitsbereiche aufgeführt, die sich mit denen anderer Institutionen überschneiden. Damit stellt sich die Frage nach den spezifischen Zielen kirchlicher Erwachsenenbildung. v. Kortzfleisch knüpft an Vorstellungen des Gesamtkatechumenats an und versteht die Bildungsarbeit der Kirche in erster Linie als »religiöse Unterweisung für Erwachsene«.[56] Sie soll das ganze Leben begleiten und dem Christen eine Orientierungshilfe im gesellschaftlichen Pluralismus sein, denn »es wird immer mehr zur Regel, daß sich neue Kirchlichkeit und mündiges Christsein nur aus einer Reihe von Einsichten und bewußten Entscheidungen des Erwachsenen aufbaut.«[57]
Der »Strukturvorschlag« der EKD will »die geistig-seelische Reife des erwachsenen Menschen«[58] fördern und dazu beitragen,
– »das Geistige« im Tun zur Wirkung zu bringen,
– »Glaube und Vernunft . . . im Personenganzen in ein . . . fruchtbares Spannungsverhältnis zu bringen«,
– zur »Mündigkeit der Kinder Gottes« zu führen,
– die »Sinn-Vernunft« gegenüber der technisch-instrumentellen Vernunft zu betonen,
– Kritikfähigkeit im Denken und Handeln zu entwickeln,
– die »politische Relevanz« des Glaubens zu betonen.[59]
Diese Bildungsziele decken sich teilweise mit denen anderer Institutionen. Ein Spezifikum ist aber die stärkere Berücksichtigung der anthropologischen Begründung und Dimension aller Bildung. Das signalisieren Begriffe wie »das Geistige« und »Personganzes«. Das wird auch deutlich bei der theologischen Begründung der Bildungsziele. v. Kortzfleisch betont die Eigenständigkeit religiöser Bildung und ihre Ausrichtung auf

den Bereich der Kirche. Um dem hier herrschenden »Bildungsnotstand«[60] abzuhelfen, will er in erster Linie die Mündigkeit der Gemeinden stärken: »Religiöse Erwachsenenbildung hilft den Christen, ihren Glauben zu artikulieren: sie klärt falsche Vorstellungen von Glauben auf, sie leitet zum Verstehen der Bibel an und führt zu den wesentlichen Glaubensentscheidungen hin.«[61]

Der »Strukturvorschlag« der EKD betont stärker eine gesamtgesellschaftliche Ausrichtung der Bildung, indem er die kirchliche Verkündigung als mögliches Korrektiv der gesellschaftlichen Entwicklung sieht. Die Verkündigung wendet sich sowohl gegen eine verabsolutierte Emanzipationsforderung als auch gegen eine bloß pragmatische Ausrichtung staatlicher Bildung. Kirchliches Bildungsbemühen ist »Anwalt des stets geltend zu machenden Gesamt- und Sinnzusammenhangs des Lebens«.[62] Beide Konzeptionen lassen bereits zu Anfang der 70er Jahre Trends erkennen, die sich bis heute durchgehalten haben:

– Die Thematisierung und Reflexion kirchlicher Erwachsenenbildung geschieht vor dem Hintergrund und im Zusammenhang mit der allgemeinen pädagogischen Diskussion. Die angestrebten Ziele decken sich zum Teil und auch die Ausrichtung auf Selbstbestimmung und Emanzipation wird theologisch reflektiert und bejaht.

– Darüber hinaus thematisiert die kirchliche Erwachsenenbildung aber stärker eine umfassende anthropologische Dimension aller Bildung. Das »Christliche« tritt auf als Besinnung auf humane und religiöse Werte, die als kritisches Korrektiv zur gesellschaftlichen Entwicklung gesehen werden. Während die bildungspolitische Reformdiskussion in der Gefahr steht, immer mehr auf eine anthropologische Reflexion zu verzichten und zur Bildungstechnologie zu werden, gewinnt für die kirchliche Bildungsarbeit die Sinnfrage an Gewicht.[63]

Die erste Phase der kirchlichen Bildungsdiskussion hat die Bedeutung der Erwachsenenbildung herausgestellt. Eine neue Dimension hat diese Diskussion durch einige Ergebnisse empirischer Untersuchungen bekommen.

Die Umfrage »Wie stabil ist die Kirche?«[64] hat einen engen Zusammenhang zwischen dem formalen Bildungsniveau und dem Verbundenheitsgefühl mit der Kirche aufgezeigt: »Wo immer der ›Faktor Bildung‹ ins Spiel kommt, nimmt die Verbundenheit zur Kirche in den statistischen Proportionen ab. Anders ausgedrückt: Wo immer sich hinsichtlich des Verbundenheitsgefühls auffällige Unterschiede zwischen Gruppen ergeben, scheint ein Bildungsaspekt im Spiel zu sein.«[65] Mit steigender Bildung läßt die traditionell gegebene und nicht hinterfragte Verbundenheit mit der Kirche nach. Mit sinkendem Verbundenheitsgefühl steigt aber die Wahrscheinlichkeit, daß die Distanz noch größer wird. Diese Entwicklung wäre auf lange Sicht fatal: »Die Kirche gerät hier in ein Dilemma, das sie bisher offenkundig nicht hat lösen können. Sie hat ja ihrerseits, angesichts des irreversiblen Verlusts einer sozialen Vermittlung von Kirchenmitgliedschaft, die einem nahezu unausweichlichen Zwang gleichkam, alles Interesse daran . . ., daß zugeschriebene Mitgliedschaft sich, soweit irgend möglich, in erworbene, d.h. verstandene, bejahte, persönlich übernommene und in der Lebenspraxis ausgedrückte Mitgliedschaft umsetzt. Sie ist dabei aber angesichts einer nach wie vor großen Stabilität volkskirchlicher Sitte, hinter der vitale Bedürfnisse angenommen werden müssen, auf just dasselbe Instrument angewiesen, durch das sie anscheinend in Bedrängnis gerät: auf Bildung.«[66]

Der Zusammenhang von Kirchlichkeit und Bildung darf allerdings nicht eindimensional interpretiert werden. Zwei Ergebnisse geben zu denken – die Beziehung von »Identität und Lebenszyklus« und die Bedeutung des Pfarrers.

Im Gegensatz zu anderen kirchlichen Veranstaltungen werden die Amtshandlungen nach wie vor begehrt.[67] Das scheint darauf hinzuweisen, daß die Infragestellung und notwendige Neukonstituierung der eigenen Identität an den Wendepunkten des Lebens nach einer religiösen Deutung verlangt. Zumindest scheinen die distanzierten Mitglieder das zu empfinden, will man nicht eine unreflektierte und bloß gesellschaftlich vermittelte Inanspruchnahme dieser Dienstleistungen annehmen.

Wenn das so ist und die Kasualien als Orientierungshilfe verstanden werden, muß theologisch noch mehr über den Zusammenhang von »Identität und Lebenszyklus« nachgedacht werden. Dieser Zusammenhang hat neben einer seelsorgerlichen eine didaktische Dimension, da in Lebenskrisen und -übergängen neben der emotionalen Erschütterung auch Sinn- und Orientierungsfragen auftreten.

Ein weiteres Ergebnis der angeführten Studie betrifft die Person des Pfarrers. Zusammenfassend läßt sich das Ergebnis so formulieren: »Im Verhältnis der Evangelischen zu ihrer Kirche spielt der Pfarrer eine überraschend große Rolle. Die Einstellung der Mitglieder zum Berufshandeln des Pfarrers ist gleichwohl oder gerade darum höchst ambivalent und spannungsreich.«[68]

Die Kirche stellt sich auf der Ebene der Ortsgemeinde in der Person des Pfarrers dar. Er ist der »Bürge«,[69] an dessen Person sich die Erwartungen der Mitglieder festmachen. Das bedeutet einerseits einen Kredit an Vertrauensvorschuß, andererseits die Gefahr der Überforderung.

Ein Beispiel mag das verdeutlichen: Eine höchst ambivalente Einstellung haben die Befragten zum Konfirmandenunterricht. Sie bescheinigen, daß das vom Pfarrer angestrebte Lernziel weithin nicht erreicht wurde und der Unterricht nur selten persönliche Bedeutung gewann. Dennoch bejahen mehr als zwei Drittel der Befragten den Satz: »Den Pfarrer, der den Konfirmandenunterricht hielt, habe ich in sehr guter Erinnerung.«[70] Der Pfarrer als Person hat anscheinend mehr bedeutet als seine pädagogischen Fähigkeiten oder die Unterrichtsinhalte, die er vermitteln wollte. Es besteht ein nicht eingelöstes »Mehr« an Erinnerungen und Erwartungen.

Die angeführten Ergebnisse zeigen, wie komplex und facettenreich die Beziehung der volkskirchlichen Christen zu ihrer Kirche ist. Eindimensionale Interpretationen verbieten sich daher ebenso wie allzu simple Reformansätze. Wichtig für die gegenwärtige Lage scheint mir zu sein, in der kirchlichen Arbeit auf den deutlichen Zusammenhang von Kirchlichkeit und Bildung einzugehen. Dabei geht es nicht nur um die Institutionalisierung der Erwachsenenbildung als einer Arbeitsform neben anderen, sondern darum, den Bildungsaspekt jeder Arbeit »als eine im weitesten Sinn ekklesiologische Aufgabe anzusehen und anzugehen.«[71] Die Notwendigkeit, christliche Grundaussagen dialogisch und argumentativ zu vermitteln, wird immer größer. Der gesellschaftliche Wandel und die zunehmende Differenzierung der Lebensvollzüge machen es nötig, methodisch fundiert und zielgruppenspezifisch zu arbeiten. Ein breites Angebot für alle wird allenfalls die erreichen, die schon immer kommen. Ein spezifisch ausgerichtetes, konkret gefaßtes und zeitlich begrenztes Angebot dagegen mag manche motivieren, die kirchliche Veranstaltungen sonst nicht besuchen.

Als sinnvoll hat es sich erwiesen, schon bestehende Zielgruppen anzusprechen. Eine solche Gruppe stellen die Konfirmandeneltern dar. Jahr für Jahr nehmen nahezu alle Jugendlichen eines Jahrgangs am Konfirmandenunterricht teil. Für ihre Eltern – Angehörige der »mittleren Generation« – ist das seit langem wieder die erste Berührung mit der Kirche. Selber von der Kirche distanziert, möchten sie ihren Kindern doch eine christliche »Minimalerziehung« zukommen lassen. Selber von ihrem eigenen Konfirmandenunterricht enttäuscht, hören sie vielleicht interessiert von ganz anderen Unterrichtserfahrungen ihrer Kinder. Distanz und Neugier, unerledigte religiöse Fragen und Lebenskrisen schaffen vielleicht die Bereitschaft, an einem qualifizierten Angebot der kirchlichen Erwachsenenbildung teilzunehmen.

1.4 Bausteine zu einer gemeindepädagogischen Reflexion der Konfirmandenelternarbeit

Die Notwendigkeit, den christlichen Glauben argumentativ zu vermitteln und einsichtig zu machen, läßt nach der Bildungswirkung jeder kirchlichen Arbeit fragen; die Gefahr der Beziehungslosigkeit der verschiedenen pastoralen Tätigkeiten verlangt eine gemeindepädagogische Gesamtplanung der Aktivitäten. Dabei hat die Gemeindepädagogik »die pädagogische Dimension des kirchlichen Handelns in der Gemeinde zu erfassen und mit dem Ziel einer verbesserten Praxis zu reflektieren. Sie bezieht sich dabei auf alle Lebensäußerungen der Gemeinde, in denen sich Bildung, Erziehung oder Unterweisung ereignet, wenn auch nur partiell wie etwa im Gottesdienst. Sie betreibt die Analyse der Arbeitsfelder, wobei sie sich von den einschlägigen Fachwissenschaften beraten läßt. Sie formuliert Bildungs- und Erziehungsziele, aber auch Lehr- und Lernziele und stellt diese in den Zusammenhang der vorfindlichen Einrichtungen und Organisationen gemeindlicher Bildungsarbeit.«[72]

Die Gemeinde ist der Ort der pastoralen Arbeit, Gemeindeaufbau deren Ziel. Unter diesem Aspekt lassen sich Konfirmandenunterricht und Elternarbeit aufeinander beziehen, wie dies die Abbildung auf S. 25 zeigt.

Eine derartige Integration verschiedener Arbeitsfelder dient dazu, das Umfeld des Konfirmandenunterrichts zu erfassen und zu einer Vertiefung des Unterrichts beizutragen. Den einzelnen »Bausteinen« kommt dabei folgende Aufgabe zu:

– Die *Elternarbeit* versucht als »flankierende Maßnahme«, das im Unterricht Verhandelte in das familiäre Gespräch hineinzutragen und bei den Eltern Verständnis für das Unterrichtskonzept zu wecken. Dadurch kann in der Familie mehr Klarheit über eigene religiöse Fragen entstehen. Die Aufnahme eigener Lebensfragen in die Elternarbeit bietet für die Erwachsenen die Möglichkeit, ungewohnte und neue Erfahrungen mit der Kirche zu machen. Alte Klischees geraten vielleicht ins Wanken und es entsteht ein neues Interesse an religiösen Themen und kirchlichen Angeboten.

– *Familiengottesdienste* stellen auf einer vorwiegend emotionalen und aktionalen Ebene das im Unterricht Erarbeitete in liturgischer und kreativer Form dar. Sie bieten eine neue Dimension des Umgangs zwischen Eltern und Kindern. Probleme und Konflikte,

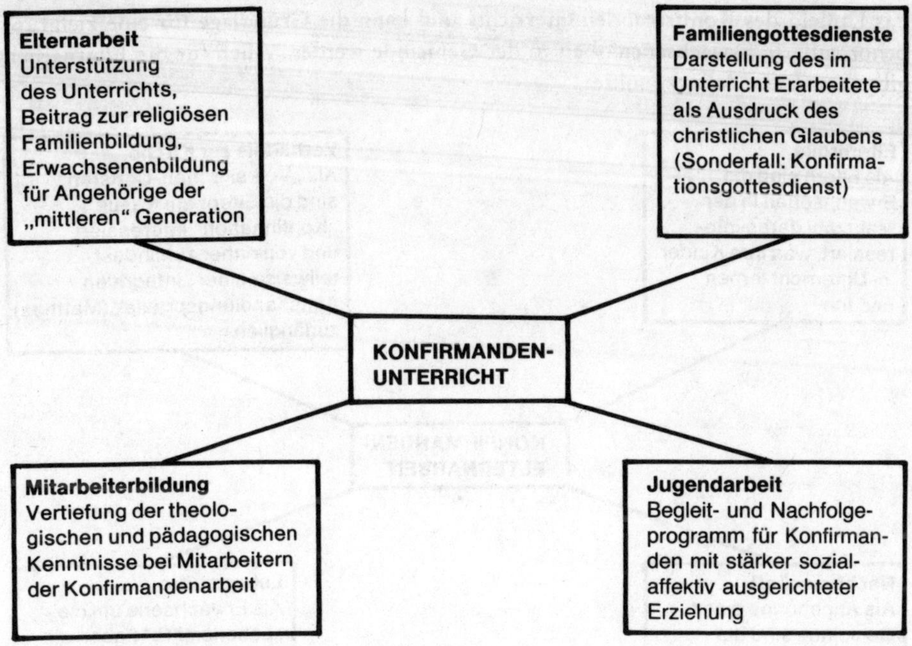

aber auch Einverständnis und Gemeinschaft können symbolisch dargestellt werden. Diese Darstellung ist ein Ausdruck des christlichen Glaubens und der Hoffnung, die eine Form dieses Glaubens ist.

– Die *Einbeziehung und Fortbildung von Mitarbeitern* kann die Zentrierung auf den Pfarrer lockern und die demokratische Mitbestimmung der Gemeinde stärken. Mitarbeiter können den Konfirmandenunterricht bereichern, Mitarbeiterfortbildung kann ein Beitrag zur Erwachsenenbildung sein. Arbeiten einige Konfirmandeneltern mit, erleben die Jugendlichen die Repräsentanz der Gemeinde in Angehörigen der Generation ihrer Eltern.

– Spezielle Angebote der *Jugendarbeit* können stärker als der Konfirmandenunterricht von der Selbstbestimmung der Jugendlichen ausgehen. Sie können sozial-affektive Lernprozesse fördern und ohne »Programm« die Möglichkeit zum Gespräch geben. »Konfirmandenclubs«, gemeinsame Feiern, freiwillige Hobby- und Spieltreffen können die Gemeinde als einen Ort erscheinen lassen, an dem die Jugendlichen ihren Fragen und Interessen ohne Leistungsdruck nachgehen können. Solche Angebote sind wichtig, weil »im Mangel an Kontinuität von Konfirmation und kirchlicher Jugendarbeit . . . eine entscheidende Leerstelle im System volkskirchlicher Sozialisation zu liegen scheint.«[73]

Die Integration mehrerer Arbeitsformen und Zielgruppen am Schwerpunkt »Konfirmandenarbeit« bedeutet eine Intensivierung und Konzentration dieser Arbeit. Der wichtigste Baustein in diesem System scheint mir die Elternarbeit zu sein. Sie erschließt das Umfeld des Konfirmandenunterrichts und kann die Grundlage für eine zielgruppenorientierte Erwachsenenarbeit in der Gemeinde werden. Auch für die Elternarbeit gibt es mehrere Ansatzpunkte:

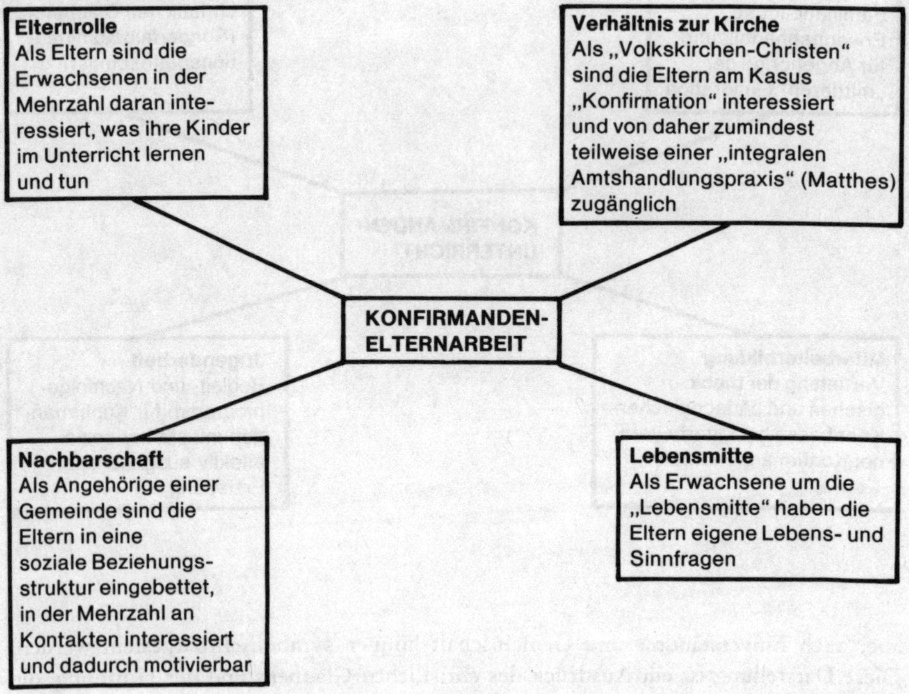

– Die Konfirmandeneltern haben *Erinnerungen an ihren eigenen Unterricht*, zu denen die Berichte ihrer Kinder – sofern sie einen »modernen« Unterricht genießen – im Kontrast stehen. Diese Diskrepanz mag ein unreflektiertes Kirchenbild infragestellen und neugierig machen, mehr über den Unterricht der Kinder zu erfahren. Die familiäre Diskussion kontroverser Themen verstärkt eventuell dieses Motiv.

– Die Konfirmandeneltern sind zumeist *»Volkskirchen-Christen«*, also hauptsächlich an der Konfirmation ihrer Kinder interessiert. Mag dieses Interesse auch aus diffusen Elementen zusammengesetzt sein, so ist es für die Eltern doch ein eigenständiger Ausdruck ihrer Religiosität. Mit der Teilnahme an der Konfirmation drücken sie aus, daß sie einen wichtigen Lebenseinschnitt im Rahmen einer Familienfeier religiös interpretieren. Um diesem volkskirchlichen Selbstverständnis gerecht zu werden, bedarf es einer »inhaltlichen Neuorientierung der auf die Amtshandlungen bezogenen Seelsorge, die sowohl die Problematik der Stellung der Amtshandlungen zu den Markierungen des gesellschaftlichen Lebenszyklus als auch die Mehrschichtigkeit der Lebenswirklichkeit aller derer beachtet und einbezieht, die am Amtshandlungsgeschehen beteiligt sind (integrale Amtshandlungspraxis).«[74]

– Die Konfirmandeneltern sind *Mitglieder ihrer Kirchengemeinde,* in Nachbarschafts- und Freundschaftsbeziehungen eingegliedert, an anderen Menschen interessiert. Die in der Pubertät sich häufenden Familienkonflikte stärken vielleicht den Wunsch nach Austausch mit anderen Eltern. Häufig wird die Isolation der Kleinfamilie bedrängender erlebt und das Interesse an Kontakten stärker.

– Die Konfirmandeneltern sind *Angehörige der »mittleren Generation«* mit ihren eigenen Fragen und Problemen. Je weniger sie über ihre Elternrolle definiert werden, um so mehr werden diese Fragen im Gespräch auftauchen. Das heißt: je länger und intensiver die Arbeit mit den Konfirmandeneltern ist, um so stärker werden sie als eigenständige Zielgruppe mit eigenen Themen hervortreten. Damit könnte die Möglichkeit entstehen, die Elternarbeit zur Erwachsenenbildungsarbeit auszubauen. Wieweit dieser Weg begangen werden kann, hängt freilich von der Bereitschaft der Eltern und den Möglichkeiten des Pfarrers und seiner Mitarbeiter ab.[75]

Die angeführten Überlegungen legen die Vermutung nahe, daß die Arbeit mit Konfirmandeneltern vielfältige, weithin noch ungenutzte Möglichkeiten enthält. Ob als Mitarbeiter für den Unterricht gewonnen oder auf Erziehungsfragen angesprochen, ob für die Vorbereitung eines Familiengottesdienstes motiviert oder zu Gesprächen über eigene Lebensfragen eingeladen – es gibt mehrere Anknüpfungspunkte für die Arbeit mit den Eltern und eine Fülle möglicher Themen. Die ersten Erfahrungen seit der Mitte der 70er Jahre lassen die Bereitschaft relativ vieler Eltern zu einem begrenzten Engagement im Sinne einer »Mitarbeit auf Zeit« erkennen. Die Konfirmandenelternarbeit erweist sich damit als ein Baustein zum Gemeindeaufbau und ein wichtiges Glied zwischen Konfirmandenarbeit und kirchlicher Erwachsenenbildung.

2. Die Konfirmandenelternarbeit im Rahmen der Gemeindearbeit – Ältere und neuere Ansätze

Die Konfirmandenelternarbeit begleitet den Konfirmandenunterricht und trägt zu seinem Gelingen bei. Sie thematisiert Fragen des familiären Umgangs und eröffnet Gesprächsmöglichkeiten zwischen Eltern und Kindern. Da über Möglichkeiten und Formen des christlichen Glaubens und Lebens in unserer Zeit gesprochen wird, bietet diese Arbeit eine Hilfe zur religiösen Erziehung. Die Elternarbeit ist somit ein Beitrag zur Familienbildung.

Konfirmandenelternarbeit als zielgruppenorientiertes Angebot für Erwachsene findet in Gruppen statt, die gemeinsam etwas tun und erleben. Die Beteiligten erfahren ein Stück »lebendige Gemeinde«, sie erfahren den christlichen Glauben als Hilfe zum Gespräch und die Kirche als Gemeinschaft. Unter diesem Aspekt ist die Konfirmandenelternarbeit ein Beitrag zum Gemeindeaufbau.

Zur Entfaltung dieser Aspekte möchte ich im folgenden Ansätze und Reformvorschläge des 19. Jahrhunderts ins Gespräch bringen, die heute zu Unrecht vergessen sind. Diese Ansätze sahen schon in ihrer Zeit die Notwendigkeit der religiösen Familienbildung und zielgruppenorientierten Gemeindearbeit. Außerdem versuchten sie, die Lebenserfahrungen der Menschen in das theologische Denken miteinzubeziehen.

2.1 Konfirmandenelternarbeit als Beitrag zur Familienbildung

2.1.1 Christian Palmer und das Leitbild der »christlichen Erziehung im Vollzug«

Die Erziehung der Familie prägt auch die religiöse Einstellung der Jugendlichen. Der Pfarrer kann den Konfirmandenunterricht daher nicht gegen oder ohne die Familie durchführen. Vielmehr muß er versuchen, eine Beziehung zu ihr herzustellen. Da kirchliche Sitte und praktizierte Frömmigkeit weithin zurückgegangen sind, kann bei den meisten Eltern nur eine distanzierte »volkskirchliche« Religiosität vorausgesetzt werden. Man versteht sich weithin noch als »christlich«, ohne sich aber »kirchlich« zu betätigen; man ist an der Vermittlung christlicher Grundwerte interessiert, überläßt diese Vermittlung aber weithin der kirchlichen Erziehung.

Eine Unterscheidung zwischen »kirchlich« und »christlich« in pädagogischer Hinsicht hat schon im vorigen Jahrhundert Christian Palmer unternommen. Palmer,[76] von 1852–1875 Professor für Moral und Praktische Theologie in Tübingen, versuchte, Wissenschaft und Praxis, Vernunft und Offenbarung, Erziehung und Glauben zu vermitteln. Dabei ging es ihm in erster Linie nicht um die formale Stringenz seines theologischen Systems, sondern um die »durchgreifende Bewährung einer echt sittlichen Gesinnung und des genuin christlichen Geistes«.[77]

Palmer trennt scharf zwischen kirchlicher und familiärer Erziehungsarbeit: »Die Kirche nimmt ... im Katechumenat nicht die ganze Tätigkeit als ihr allein gebührend in Anspruch, wodurch das Kind zum Christen erzogen werden soll; ... nur wer das ganze Leben mit dem Kinde gemeinsam führt, ihm in allen Lebensbeziehungen nahesteht, kann die christliche Erziehung in Vollzug bringen; d.h. diese ist nur in der Familie möglich, und ihr das Kind zu entziehen, kann die Absicht der evangelischen Kirche niemals sein, da diese dem Christentum seine Heimat nicht hinter vier Mauern zuweist, sondern die Familie als Träger des christlichen Lebens vollkommen anerkennt.«[78]

Palmer sieht deutlich die dauerhafte und indirekte Einwirkung der Familienatmosphäre auf das Kind. Enge Beziehungen und der gemeinsame Umgang prägen tiefer als Worte: »Sie bringen christliche Erziehung in Vollzug.« Christliche Erziehung geschieht daher am besten vermittelt durch die Familie. Daß dadurch nicht die persönliche Freiheit beeinträchtigt werden soll, versteht sich für den liberalen Vermittlungstheologen Palmer von selbst: »Durch Vater und Mutter erzieht die Kirche das Kind auch im Hause, aber so, daß sie dem Familienleben seine volle Freiheit läßt und nur seelsorgerlich auf die Eltern auch in dieser Richtung wirkt.«[79] Die Erziehung durch die Familie ist erforderlich, »weil christliches Leben nur im Leben selber sich bilden kann.«[80] Die Unterscheidung von christlicher Erziehung durch die Familie und kirchlicher Erziehung im Konfirmandenunterricht unterstreicht die Einsicht, daß der Pfarrer kaum ersetzen kann, was die Familie nicht leistet. Er erreicht nicht die Dauer und Intensität des familiären Einflusses. Palmer konnte in seinem württembergischen Milieu um die Mitte des vorigen Jahrhunderts noch christlich geprägte Familien voraussetzen. Heute dagegen wird man durch neue Arbeitsformen das ansatzweise versuchen müssen, was zu seiner Zeit noch durch Predigt und Bibelstunden gewährleistet werden konnte. Palmer unterscheidet nicht nur christliche und kirchliche Erziehung, sondern auch Lehre und Leben, denn es gilt festzuhalten, »daß die Religion ein Leben sei, nicht einseitig ein Wissen ...«[81] Die Lehre, modern ausgedrückt: kognitives Lernen, kann als »nur äußerlich Überkommenes«[82] keine neuen Erfahrungen vermitteln, die einen Menschen existentiell betreffen. Die Religion wird dort zum »Leben«, wo sie die Fragen aufgreift, die einen Menschen zutiefst bewegen. Erst dann werden religiöse Themen diskussionswürdig und erregen Zustimmung oder Widerspruch. Erst dann beginnt »Religion« zum »Leben« zu werden und in den Bereich der Erfahrung einzutreten. Dazu ist eine gewisse Kontinuität erforderlich, denn die Religion ist »nur da ein Leben, wo sie nicht in einzelnen, stoßweise zu Tage kommenden Rührungen besteht, die unter sich in keinem Lebenszusammenhange stehen, sondern wo sie ... eine fortlaufende Linie, eine jeden Augenblick des Daseins bewußt oder unbewußt ausfüllende Macht ist.«[83] Auch diese Hinweise zeigen Palmers Einsicht in Lebenszusammenhänge, fordert er damit doch im Grunde eine kontinuierliche Gruppenarbeit mit Methoden, die kognitives und affektives Lernen ermöglichen. Freilich ist auch hier der geschichtliche Wandel nicht zu übersehen: kann Palmer noch die Eingliederung in das Leben der Kirche mit dem Gottesdienst als Mittelpunkt ungebrochen anstreben, so werden heute »lebendige« Gemeinden nur noch in seltenen Fällen vorausgesetzt werden können. Um so wichtiger wird es, die Familien durch qualifizierte Elternbildungsmaßnahmen zu bewegen und zu befähigen, »christliche Erziehung in Vollzug zu bringen«.

2.1.2 Konfirmandenelternarbeit unter familienpädagogischem Aspekt

Der Familie kommt für die Übermittlung religiöser Werte und Verhaltensweisen eine fundamentale Bedeutung zu. Die Einstellungen der Eltern sowie die Familienatmosphäre prägen die religiöse Entwicklung der Kinder entscheidend. Das hat schon Palmer richtig gesehen und der religiösen Familienerziehung daher eine große Bedeutung zugeschrieben. Seit dem vorigen Jahrhundert hat sich freilich die Beziehung zwischen Familie und Kirchengemeinde weitgehend gelockert. Religiöse Erziehung ist nicht mehr selbstverständlich, sondern muß durch eigene Anstöße und Hilfen initiiert und gefördert werden. Viele Eltern sind überfordert, ihren Kindern eine flexible, altersgerechte und erfahrungsbezogene religiöse Erziehung zukommen zu lassen.
Den meisten Erwachsenen – mehr oder weniger stark durch ihre eigene Kindheit verletzt und behindert – fehlt es an den wünschenswerten Kriterien erzieherischer Kompetenz: »Absehenkönnen von egozentrischen Besitzansprüchen an die Kinder; Vermeiden, Konflikte aus Ehe und Beruf an den Kindern auszutragen; das Vermögen zu partnerschaftlicher Kommunikation; die Fähigkeit zum unbefangenen Umgang mit eigener wie fremder Autorität; Fähigkeit zu Kritik und Selbstkritik gegenüber unangemessenen Leistungsansprüchen durch andere oder durch sich selbst; Fähigkeit zu kreativem Umgang mit Freizeit und Konsumangeboten; Solidarität mit jenen Gruppen, die nach den Normen der Leistungs- und Rivalitätsgesellschaft zu ›Randgruppen‹ erklärt werden.«[84]
Die religiöse Erziehung kann nur dann positiv verlaufen und eine Breitenwirkung haben, wenn den Eltern qualifizierte Unterstützung angeboten wird. Da die wichtigsten Prägungen der Kinder bereits im ersten Lebensjahrzehnt stattfinden, sind die Eltern gerade in dieser Phase auf Hilfe angewiesen. Sie wird am besten über die Einbeziehung der Eltern in die Kindergarten- und Kindergottesdienstarbeit geleistet werden können.[85] Aber auch in der schwierigen Pubertätsphase ist die Familie Belastungen ausgesetzt, die ein Neulernen der familiären Umgangsformen nötig machen. Die von der Familie geschätzten Werte und die bis dahin nicht hinterfragten Lebensziele werden in Frage gestellt. Es steht das Problem an, sich über die Zielvorstellungen sinnvollen Lebens im gemeinsamen Umgang neu zu verständigen. Dieser Prozeß setzt Aggressionen, Ängste und Kränkungsgefühle frei. Die Eltern werden entthront, die Kinder müssen losgelassen werden. Die weit verbreitete Lernunfähigkeit läßt annehmen, daß dieser an sich schon schmerzhafte Prozeß durch Verdrängungen, Verhärtungen und autoritäre Reaktionsmuster noch mehr behindert wird.
Der christliche Glaube will Mut und Hoffnung zum Leben machen. Seine heilende und emanzipatorische Kraft kann auch in dieser Lebenssituation zum Tragen kommen. Das heißt: die Konfirmandenelternarbeit sollte einen – wenn auch bescheidenen – Beitrag zum »guten« Leben in der Familie leisten. Sie sollte sich als Teil einer umfassenden kirchlichen Familienbildung begreifen.

Unter diesem Aspekt lassen sich für die Konfirmandenelternarbeit folgende Lernziele aufstellen:

– Die Konfirmandeneltern sollen befähigt werden, ihre Rolle als Eltern von Jugendlichen in der Pubertätsphase bewußt, flexibel und hilfreich wahrzunehmen. Dazu gehört eine gewisse Distanz zu den eigenen Normen und Werten und ein flexibler Umgang mit ihnen. Die Eltern sollen Vorurteile, die sie von den Jugendlichen haben, durch neue Erfahrungen mit ihnen abbauen. Sie sollen durch die Stärkung ihrer eigenen Identität befähigt werden, sich mehr Offenheit, Verständnis und Gesprächsbereitschaft »leisten« zu können.

Theologisch ausgedrückt: die Eltern sollen erkennen, daß die Kinder nicht ihr Besitz sind, über den sie uneingeschränkt verfügen können. Sie sind als Geschenk Gottes von der Geburt an eigenständige Persönlichkeiten. Verständnis und echte Begegnung können dankbar angenommen, aber nicht eingefordert werden.

– Die Eltern und Jugendlichen sollen miteinander neue Kommunikationsmöglichkeiten lernen. Sie sollen mehr Verständnis füreinander gewinnen und dadurch lernen, auch Konflikte in das Familiengespräch einzubringen. Die Familie soll die Erfahrung machen, daß es auch eine Solidarität im Streit gibt. Die unfruchtbaren und sprachlosen Formen der Auseinandersetzung sollen durch offene und beziehungsorientierte ersetzt werden.

Theologisch ausgedrückt: die Familienmitglieder sollen erfahren, daß der christliche Glaube keine »heile Welt« malt, sondern Mut zum Aufdecken und menschlichen Austragen der Konflikte geben will. Die realistische Sicht des Menschen akzeptiert das »Böse« in ihm, ohne der Resignation zu verfallen. Die Verständnisbarrieren zu sehen und immer wieder um Verständigung bemüht zu sein ist ein Grundmotiv christlichen Handelns.

– Den Eltern soll Mut gemacht werden, die eigenen verschütteten religiösen Fragen in ihrem Lebensbezug neu zu entdecken. Sie sollen lernen, daß der Zweifel zum Glauben hinzugehört und daß es möglich ist, offen über ihn zu sprechen. Dadurch soll der religiöse Leistungsdruck verringert werden, der durch die Meinung entsteht, in der Kirche sei nur »Glaubensstärke« erwünscht. Die Eltern sollen erfahren, daß sie mit Ausdrucksformen des Glaubens gleichsam spielerisch umgehen können und daß dadurch manche Bereiche ihres Lebens in einem neuen Licht erscheinen können.

– Eltern und Jugendliche sollen miteinander neue Formen christlicher Frömmigkeit und christlichen Lebens entdecken und erproben. Sie sollen erfahren, daß in Fest und Feier, in Symbol und Spiel, in Texten und Liedern christliche Grundaussagen in ihrem Erfahrungsbezug aufleuchten. Im gemeinsamen Vollzug sollen die Familien den Lebensbezug dieser Aussagen erkennen. Im Gespräch sollen sie mit der religiösen Sprache als einer notwendigen Interpretation des christlichen Glaubens vertraut werden. Dadurch soll ein Anreiz entstehen, auch in der Familie neue Formen christlicher Lebenspraxis zu erproben.

– Die Eltern und Jugendlichen sollen lernen, daß Familie und Gemeinschaft notwendig aufeinander bezogen sind. Sie sollen die Gemeinde als Ort erfahren, an dem Begegnung möglich ist und die familiäre Isolation aufgebrochen werden kann. Die verhängnisvolle Isolierung der Kleinfamilie betrifft ja insbesondere Familienprobleme und religiöse Fragen. Sie werden verdrängt, undifferenziert behandelt, privatisiert. Durch den

gemeinsamen Austausch sollen die Familien enge Barrieren aufbrechen und erste Erfahrungen von Solidarität machen.
Die Familien sollen erfahren, daß der christliche Glaube Mut zur Gemeinschaft machen will, weil er den Menschen als auf die Gemeinschaft angewiesen sieht. Indem der Glaube Individualität und Gemeinschaft gleichermaßen betont, fördert er einen realistischen Umgang zwischen Menschen: Ärger und Streit, Angst und Zweifel gehören ebenso zum Menschen wie Freude und Liebe, Hoffnung und Glaube. Den Zusammenhang von »Religion« und »Leben« (Palmer) im familiären Umgang neu buchstabieren zu lernen, ist ein wichtiges Ziel der Konfirmandenelternarbeit.

2.2 Konfirmandenelternarbeit als Beitrag zum Gemeindeaufbau

2.2.1 Emil Sulze und das Ideal der »lebendigen Gemeinde« – Erinnerung an ein zu Unrecht vergessenes Programm

Gegen Ende des vorigen Jahrhunderts hatte sich die kirchliche Lage im Vergleich zur Zeit Palmers entscheidend geändert: Christentum und Kultur, Glaube und Bildung hatten sich stärker voneinander getrennt oder waren in einer nur scheinbar gelungenen Synthese miteinander verbunden worden. Die »soziale Frage« war bedrängend geworden, die Industrialisierung hatte das Proletariat hervorgebracht und seinen erbärmlichen Lebensverhältnissen in den schnell wachsenden Großstädten überlassen. Das hektische Anwachsen der Städte und das massenhaft auftretende soziale Elend stellten die Kirche vor unerwartete Probleme, die sie nur zögernd anging. Insbesondere die lutherischen Landeskirchen hatten Mühe, sich von der Bindung an die staatliche Obrigkeit zu lösen und auf die neue Lage einzustellen. Zwar versuchten zahlreiche Vereine und die »Innere Mission« durch die Einbeziehung sozialer Hilfen den Massenabfall des »vierten Standes« aufzuhalten, aber ihre Hilfe war durch innerkirchliche Richtungskämpfe geschwächt und kam häufig zu spät. Die Pfarrer in den Großstädten sahen sich auf einmal Gemeinden gegenüber, deren Mitgliederzahl sich innerhalb weniger Jahre auf einige Zehntausend vermehrt hatte. In dieser Situation wurde der Ruf laut, durch Änderung der Gemeindeorganisation den drohenden Zusammenbruch der kirchlichen Arbeit aufzuhalten.
Als einer der ersten forderte Emil Sulze vehement die Aufteilung der Massenparochien in überschaubare Gemeindebezirke mit einem zuständigen Pfarrer.

Emil Sulze, geboren am 26. 2. 1832 in Kamenz (Sachsen), wuchs in einer bürgerlichen Familie auf, deren schlichte Frömmigkeit durch einen milden Rationalismus geprägt war. Nach der Schulzeit in Bautzen studierte er ab 1850 in Leipzig Theologie und Philosophie. Sein wichtigster Lehrer wurde Chr. H. Weiße, dessen Verbindung von religiöser Erfahrung, geschichtlichem Denken und philosophischer Reflexion Sulze anzog. Prägend war auch die Beschäftigung mit Luther, Böhme, Fichte und Richard Rothes »Ethik«. Entscheidende Grundgedanken liegen schon früh fest; sie zeigen Sulze als einen liberalen Theologen, der verschiedene Elemente eigenständig verarbeitet. Dem Vorschlag, eine wissenschaftliche Laufbahn einzuschlagen, gibt Sulze nicht nach, weil er eine praktische Tätigkeit anstrebt. So ist er nach dem theologischen Examen 1853 zunächst als Lehrer in Leipzig und Wurzen tätig, danach als Diakonus in Johanngeorgenstadt (Erzgebirge). 1857 wird Sulze Pfarrer an St. Marien in Osnabrück. Hier wird er in kirchenpolitische Streitigkeiten hineingezogen, in denen er vermitteln will. Sein Credo versteht er als Minimalbasis: »Ich glaube an Gott den Vater; ich setze mein Vertrauen nicht auf die Welt und nicht auf mich selbst, sondern auf Gott, meinen allmächtigen Schöpfer, Richter und Erlöser, offenbart in Christo und seiner Gemeinde . . .«[86] Sulzes Stellung führt zu einem Konflikt mit der hannoverschen Kirchenbehörde, die ihn wegen Irrlehre anklagt. Mit dem Zusammenbruch der kirchenpolitischen Reaktion unter König Georg wird das Verfahren aber abgebrochen. 1872 geht Sulze nach Chemnitz, einer aufblühenden Industriestadt. Hier beginnt er seine Erfahrungen mit einer großstädtischen Massengemeinde umzusetzen: er teilt die unüberschaubare Parochie – 55 000 Mitglieder mit 4 Pfarrern – in sechs Bezirke auf. 1876 wird Sulze in die Landeshauptstadt Dresden berufen. Auch hier führt er eine Gemeindereform durch. Ende der 80er Jahre verstärken sich freilich die Widerstände der Kirchenbehörde. Resigniert zieht sich Sulze 1899 in den Ruhestand zurück. Damit verliert die Gemeinde einen beliebten Prediger – »›ein zweiter Luther‹, raunten die Bewunderer beiderlei Geschlechts sich zu«[87] – und einen unermüdlich wirkenden Seelsorger. Nach seiner Pensionierung widmet sich Sulze der schriftstellerischen Verbreitung seines Gemeindeideals. Er stirbt am 29. 5. 1914 und wird am 2. 6. auf dem Neustädter Friedhof in Dresden bestattet.

Sulze stellt der Anonymität und Wirkungslosigkeit der großstädtischen Gemeindearbeit das Ideal lebendiger Gemeinschaften entgegen, »in denen alle Glieder im wahren Leben einander fördern und die Besten andauernd und in Liebe sich erziehend derer annehmen, die es bedürfen.«[88] Die »lebendigen Gemeinden« sollen eine doppelte Aufgabe erfüllen: Den einzelnen Christen in die »Erziehung zur Gotteskindschaft«[89] hineinnehmen, um in allen Lebensbereichen den »allgegenwärtigen Gott«[90] sehen und lieben zu lehren. Zum anderen sollen sie die religiöse Kraft des Christentums darstellen, um »die Herrlichkeit ihres Herrn der Welt zu verkündigen und sie dadurch in ihm zu verklären.«[91] Sulze bekämpft das Auseinanderbrechen von Religion und Weltgestaltung, Glaube und Leben. Er wendet sich gegen den Ultramontanismus und »die ganz auf den sittlichen Ruin unseres Volkes gerichtete materialistische und atheistische Strömung der Gegenwart . . .«[92] Gegen sie hilft nur die »›Freiheit eines Christenmenschen‹, die Gemeinschaft aller Seelen mit dem freien, allmächtigen Herrn der Welt . . .«[93] Sollen Volk und Nation nicht im Chaos versinken, so muß jeder einzelne eine »sittlich-religiöse Persönlichkeit«[94] werden. Religion, Sittlichkeit und Nationalgefühl beginnen hier ineinander überzugehen. Ihre Kraft zu mobilisieren und gegen die Auflösung der christlich-bürgerlichen Welt anzutreten, macht das Pathos Sulzes aus. Weder tote Lehre noch übersteigerter Individualismus helfen hier, sondern nur eine Gemeinschaft, die geschichtliche Wirkungskraft und Bedeutung bekommt. Predigt und Lehre allein bewirken noch nichts: »Es ist eine unglaubliche Torheit, durch die Predigt allein das Gewissen wachrufen zu wollen.«[95] Nur lebendige Gemeinden, die orientiert am Vorbild der Familie, das bloß Individuelle überwinden, können eine Veränderung herbeiführen.

Aufgabe der Gemeinde ist die Seelsorge an allen Mitgliedern. Sulze versteht darunter in erster Linie nicht die Hinführung zur Predigt, sondern die »Anwendung der rechten Erkenntnis auf das eigene persönliche Leben«.[96] Seelsorge ist Hilfe zur religiös-sittlichen Entwicklung und Erziehung der Gemeinde, sie ist die »Erziehung zu christlichem Charakter«[97], gebunden an zwei Vorbedingungen: nur eine »sittliche Persönlichkeit«[98] kann Seelsorge üben und nur durch »unablässige, stetige Einwirkung«[99] ist sie möglich. Beides erfordert die selbständige Mitarbeit von Gemeindegliedern, so daß die Selbstverwaltung der Gemeinden auch religiöse und sittliche Fragen umfassen muß. Zu diesem Zweck soll die Gemeinde Männer wählen – Sulze nennt sie im Unterschied zum Kirchenvorstand »Presbyter« – die die Organisation der Seelsorge in »Hausväterverbänden« vornehmen. Die Gemeinde soll in überschaubare Einheiten aufgeteilt werden, in denen die Mitarbeiter persönliche und soziale Hilfe üben. Beides gehört zusammen: »Seelsorge und Liebestätigkeit müssen ungetrennt bleiben.«[100] Soziale Unterstützung, Ermahnung und Erziehung sollen das verwirklichen, was sich durch Predigt und Gottesdienst nicht erreichen läßt – das »Erwachen des Gemeindegewissens«.[101] So sollen Gemeinden entstehen, die nicht durch bloße Rechtgläubigkeit des Pfarrers geeint sind, sondern durch »das Innerlichste und Zarteste, durch die Gemeinschaft des persönlichen Glaubenslebens . . .«[102] Hieran muß auch die Predigt anknüpfen: sie soll nicht vergangene Worte der Bibel nachsprechen oder deuten, sondern an »Gottes eigenen Offenbarungen«[103] anknüpfen. Die Erkenntnis einer »unerschütterlichen, ewigen Ordnung, von einem allmächtigen Willen beherrscht«[104] führt die Gemeinde zu lebendiger Gotteserkenntnis.

Auf diesem Fundament festigt sich die »Überzeugung von der sittlichen Weltordnung«[105], die auch den Sinn der Geschichte erschließt. Die Erfahrungen der Gemeinschaft bestärken die Grundüberzeugungen der Gemeinde – den Glauben an einen persönlichen Gott, der in Christus gegenwärtig war, und den Glauben an die sittliche Persönlichkeit, die der Erziehung durch die christliche Gemeinschaft bedarf. Für Sulze gilt unumstößlich: »Jeder Mensch muß ein religiös-sittlicher Mensch werden; wird er das nicht, so ist es sein Untergang.«[106] So soll ein Gemeindeleben entstehen, in dem jeder der erziehenden Hilfe und seelsorgerlichen Unterstützung gewiß sein kann.

Was die Gemeinde lebt, drückt sie in Abendmahl und Gebet aus, was sie bewirkt, zeigt sich im »freien geselligen Verkehr«,[107] dem »Erfolg aller erziehenden Arbeit«.[108] Die Art des alltäglichen Umgangs und das Zusammengehörigkeitsgefühl schaffen erst lebendige Gemeinden und »wenn die Mitglieder der Kirchgemeinde wirklich einander angehören und füreinander leben sollen, dann ist solch ein Verkehr innerhalb der Gemeinde unentbehrlich.«[109] Sulze wünscht sich eine Aufhebung der sozialen Schranken und ein sittlich vorbildliches Leben in den Gemeinden. Hier liegt auch der Unterschied zur Liebestätigkeit freier Vereine; sie erreichen den Menschen nur partiell, so daß die Hauptsache, das »erziehliche Wirken«,[110] bei ihnen verlorengeht. Damit erreicht die Arbeit nicht das Ziel, »sich entbehrlich zu machen, indem sie den Unterstützten auf die eigenen Füße stellt.«[111] Außerdem greift bloße Wohltätigkeit nicht an der Wurzel des Problems an, der »unabweisbaren sozialen Reform«.[112] Als notwendige Reformpunkte benennt Sulze die Bezahlung der Arbeiter und das Problem der Frauenarbeit.[113] Insgesamt erhofft er von einer Gemeindereform die Versittlichung des einzelnen, die Kräftigung der Gemeinden und das Zurückdrängen des Atheismus. Bewirken sollen das Religion und Sittlichkeit, soziale Hilfe und Seelsorge, Gemeinschaft und Erziehung. Daß Helfer und Hilfsbedürftige in die gleiche Gemeinde eingebettet sind, verhindert, daß die einen zum bloßen Objekt der Tätigkeit der anderen werden. Damit wächst auch die Selbständigkeit und Selbstbestimmung der Gemeinde, denn sie »trägt die Kraft ihres Bestehens in sich selbst; sie empfängt sie nicht von dem Geistlichen.«[114] Hier schlägt Sulzes Herz: es ist die »sittlich-religiöse Gesamtpersönlichkeit der Gemeinde«,[115] die Aktivität und Frieden, Religion und Leben verbürgt. Sie setzt Sulze gegen Sakramentalismus und Vorherrschaft der Theologen, gegen Orthodoxie und dogmatische Systeme. Er sieht mit dem »neueren Protestantismus«[116] die Zeit gekommen, daß die Gemeinden »nun endlich durch ihre eigene sittliche Kraft«[117] bestehen können.

Damit ändert sich auch die Stellung des Pfarrers: Er ist nicht mehr der alleinige Interpret der rechten Lehre, denn für alle gilt, daß die Bibel »durch die Macht der Personen, mit denen sie uns in Verkehr bringt, auf die Gestaltung unseres inneren Lebens«[118] wirkt. Aus »Herren des Glaubens«,[119] die Predigt und Lehre verwalten, sollen »Gehilfen der Freude«[120] werden. Durch die Einbeziehung der Laien sollen Liebe und innere Lebenswärme in den Gemeinden wachsen, denn »die Kirche muß die organisierte Liebestätigkeit werden.«[121] Sie wird das durch ihre »religiös-sittliche Erziehung«,[122] der gemeinsamen Aufgabe aller Mitglieder. Die Gemeinden leisten das, was der einzelne nicht erfüllen kann: »Der einzelne ist ein leicht verwehendes Blatt. Ohnmächtig ist sein Glaube. In der Gemeinde, die ihn hält und trägt, quillt volle Lebenskraft ihm zu. In ihr schmilzt durch die Liebe das Eis der Selbstsucht. In ihr empfindet ein jeder ein Leben, das die Geschlechter überdauert und auch ihm die Ewigkeit verbürgt.«[123] Von solchen Gemeinden erhofft Sulze sich eine allmähliche Durchdringung der Gesellschaft und Kultur mit dem Geist des Christentums. Damit erfüllen die Gemeinden ihren Auftrag: »Nicht in den Sakramenten der Priester, sondern in der christlichen Verklärung ihrer Mitglieder haben sie die Herrlichkeit ihres Herrn der Welt zu verkündigen und sie dadurch in ihn zu verklären.«[124]

Emil Sulze, der »heute sehr zu Unrecht Vergessene«,[125] ist seiner Zeit zutiefst verhaftet, ihr aber auch weit voraus. Der Versuch, die Einheit von Kirche und Gesellschaft, Christentum und Kultur, Bildung und Frömmigkeit wiederherzustellen, versuchte zu spät etwas zu retten, was nicht mehr zu retten war. Sulzes bürgerlich-konservativer Reformansatz sah zu wenig die berechtigten Anliegen der Arbeiterbewegung und die Notwendigkeit, gesellschaftliche Reformen sozialpolitisch anzugehen. Sein Versuch, Christentum und bürgerliche Gesellschaft zu versöhnen, wollte nicht wahrhaben, daß sich beide schon weithin getrennt hatten.

Sulzes Befürchtung, Sittlichkeit und bürgerliche Ordnung würden ohne Religion im Chaos untergehen, ließ ihn die Schwierigkeiten der Gemeindebildung unterschätzen und zu optimistisch auf guten Willen und bloße Überzeugung vertrauen. Dennoch enthält sein Werk Überlegungen, die auch heute noch ihre Berechtigung haben und von ihrer Verwirklichung noch weit entfernt sind:

– Sulze polemisiert gegen die Überschätzung von Predigt, Lehre und Theologie. Hierin sieht er das Hauptübel des »älteren Protestantismus«.[126] Durch die alleinige Ausrichtung auf den kognitiven Aspekt des Glaubens vergibt die Kirche sich die Möglichkeit, verändernd und gestaltend zu wirken. Stattdessen verliert sie ihre Kraft in theologischen Richtungskämpfen. Dem stellt Sulze die Forderung gegenüber: Religion statt Theologie, Leben statt Lehre! »Der Pastor hat Religion zu predigen. *Betont* er die Theologie vor der Gemeinde, die er zu erbauen, der er Leben zu spenden hat, da mißbraucht er seinen Beruf. Denn die Gemeinde ist keine Schule.«[127] Trotz aller Probleme der Begriffsbestimmung und Zuordnung von »Theologie« und »Religion«

sieht Sulze hier etwas Richtiges: Menschen werden nicht durch Lehren verändert, sondern durch neue Erfahrungen.

– Erfahrungen sind auf Gemeinschaft bezogen. Nicht der isolierte Predigthörer ist der Adressat kirchlicher Erziehungsarbeit, sondern das in eine Gruppe einbezogene Gemeindeglied. In der Gemeinschaft soll christliches Leben sich entwickeln, die Gemeinschaft soll das Individuum in eine positive, erziehende Atmosphäre hineinnehmen. Daher kommt dem »geselligen alltäglichen Verkehr«[128] eine so große Bedeutung zu. In ihm erschließt sich das innere Leben des einzelnen, durch ihn kann Veränderung stattfinden. Anders ausgedrückt: die kontinuierliche Einwirkung alltäglicher Erfahrungen prägt tiefer als die Verkündigung weitreichender Programme. Wenn die Religion den Menschen verändern soll – nach Sulze: seine »religiös-sittliche Persönlichkeit«[129] formt – dann geschieht das zu einem großen Teil durch die Atmosphäre des Umgangs und durch andere »Persönlichkeiten«. Mag Sulzes Identifizierung von Religion und Sittlichkeit, Frömmigkeit und Bildung heute problematisch sein, so ist mit ihm festzuhalten: eine Religion, die ihre erziehende und persönlichkeitsbildende Intention aufgibt, reduziert sich auf ein erfahrungsfernes Theoriesystem.

– Sulze erkennt, daß die Ausrichtung auf einzelne Personen, so wichtig ihr Einfluß sein mag, Abhängigkeit und Unfreiheit schafft. Die Gemeinde darf daher nicht zum Betreuungsobjekt des Pfarrers werden. Vielmehr müssen Selbsttätigkeit und Selbsthilfe gefördert werden, denn »alle Liebestätigkeit hat den Zweck, sich entbehrlich zu machen, indem sie den Unterstützten auf seine eigenen Füße stellt.«[130]

»Lebendige Gemeinden« sind auch eine Forderung des Grundsatzes vom »Priestertum aller Gläubigen«. Der Pfarrer ist nicht der autorisierte Verkündiger der rechten Lehre, sondern Anreger des religiösen Lebens. Die Gemeinde ist nicht Objekt seiner Tätigkeit, sondern Mitgestalter der gemeinsamen Aufgabe. Nur so kann Sulze sich vorstellen, »daß in jeder Gemeinde ein Gemeindegewissen erweckt wird.«[131] Dieses Ideal der Selbsttätigkeit läßt sich sicher nur ansatzweise verwirklichen, aber schon der Weg in diese Richtung verändert den gemeinsamen Umgang.

Die Reformvorschläge Emil Sulzes fanden in den 90er Jahren des vorigen Jahrhunderts lebhaften Widerhall, hatte der Vorkämpfer des Gemeindegedankens doch selbst in zahlreichen Artikeln in der »Protestantischen Kirchenzeitung« und »Christlichen Welt« die Diskussion angeregt. Außerdem lag die Frage der Gemeindeorganisation in der Luft und stieß auf allgemeines Interesse,[132] zumal manche die »Reform der Gesellschaft durch die Gemeinde«[133] erwarteten. So nimmt es nicht wunder, daß der Sulze'sche Reformansatz vielen als eine unüberwindliche »Verbindung von Enthusiasmus und Organisation«[134] erschien, Rom und dem Atheismus gleichermaßen trotzend. Durchschlagend waren vor allem der Gedanke der sozialen Hilfe in der Gemeinschaft und die Ablehnung übersteigerter Erwartungen an die Predigt: »Das ist ein ewiges Laufen und Rennen zu dem beliebten Prediger; der beliebte Prediger ist das Gespräch des Tages; der beliebte Prediger ist der Löwe der kirchlichen Gesellschaft: genützt wird durch seine beliebte Predigt nichts.«[135]

Diese Stimmung drückte Sulze in seinem Hauptwerk »Die evangelische Gemeinde« (1. Aufl. 1891) so treffend aus, daß manche Rezensenten von seinem Pathos angesteckt wurden: »Das ganze Buch ist ein mächtiger Appell an das Gewissen der evangelischen Landeskirchen. Ich möchte schweigen und allen Freunden nur das Eine zurufen: ›Lest

selbst! Erschließt Euch selbst – nicht den Genuß, das wäre zu wenig, – vielmehr den Gewinn, den jeder Leser für seinen practischen Anteil am Gemeindeleben, wie auch für sein inneres Leben aus Sulze's Worten ziehen muß‹.«[136] Nun schien endlich der Weg klar gewiesen zu sein, aus der Wirkungslosigkeit kirchlicher Arbeit herauszukommen und wieder »heilsamen erziehenden Einfluß auf das sociale Leben«[137] ausüben zu können. Neben dieser enthusiastischen Begeisterung formierte sich freilich auch bald eine ablehnende Front. Man warf Sulze vor, durch die Einteilung in Gemeindebezirke die protestantische Freiheit der Wahl des Seelsorgers aufzugeben.
Andere Kritiker wollten die kirchliche Tätigkeit nur auf den Gottesdienst beschränken. Sie kritisierten das Gemeindeideal von einem anderen Kirchenbegriff aus und verstanden die Gemeinde allein als gottesdienstliche Gemeinschaft: »Die Kirchenglocken rufen sie aus ihrer Unsichtbarkeit hervor, aber mit dem Segenswunsch kehrt sie wieder in ihr Dunkel zurück. Sie lebt und wirkt auch dann, aber sie wirkt wie das Salz, wie der Sauerteig und muß sich daran genügen lassen, daß Gott ihr Wirken sieht und segnet.«[138] Sulzes Optimismus, Kultur und Gesellschft zu formen, wurde abgelehnt, denn der Protestantismus »ist ganz außerstande, das Volksleben für sich wieder in seine kirchliche Organisation zurückzunehmen.«[139] Positiv formuliert: Der evangelische Glaube befreit zu einem Wirken »innerhalb der natürlich-bürgerlichen Gemeinschaften«,[140] ohne kirchliche Sonderorganisationen aufzubauen.
Bei Sulze wird man sicher eine »Überschätzung des Gemeindegedankens«[141] feststellen müssen, die vergessen machen möchte, daß das Christentum immer nur einen Teil des Volkes ergreift. Baumgarten bestritt daher schon 1892 die Möglichkeit, das Ideal einer »Brudergemeinde« auf landeskirchliche Verhältnisse zu übertragen: »Somit kann ich mich wohl interessieren für die Bildung einer Brudergemeinde innerhalb der großen Gemeinde; aber der Gedanke, diese letztere selbst zur Brudergemeinde auszugestalten, erscheint mir unpsychologisch und utopisch.«[142] Außerdem bezweifelt Baumgarten die Fähigkeit der meisten Pfarrer, Gemeinden im Sinne Sulzes aufzubauen sowie die Christlichkeit weiter Volkskreise: »In der Tat kann ich es nur für eine Illusion erklären, daß die eigentliche Lebensluft der Massen unseres Volks Religion und Sittlichkeit sind.«[143] Baumgarten plädiert damit für die Zweideutigkeit der Volkskirche, die sowohl die Unverbindlichkeit als auch persönliche Freiheit ermöglicht. Bei Sulze vermutet er einen naiven Optimismus, der »das Ungewisse und Freilassende«[144] volkskirchlicher Gemeinden aufheben will.
Trotz grundsätzlicher Zustimmung warnte auch Achelis vor einer Überschätzung des Gemeindeideals. Der »hochgradige Optimismus«[145] Sulzes erwarte zuviel von der Gemeindereform, während die »Begründung aus dem Wesen der evangelischen Gemeinde und ihres notwendigen Lebensvollzuges«[146] zu kurz komme. Fraglich ist Achelis das Verständnis der Gemeinde als »Erziehungsanstalt«[147] und der damit gegebene »Gegensatz zwischen Erziehern und Erziehungsbedürftigen«.[148] Gemeinde gründet sich nach ihm nicht auf ein pädagogisches Verhältnis, sondern im Gemeindegottesdienst kommt das »Wesen der evangelischen Kirche . . . tatsächlich zum Vollzuge«.[149] Von daher ist der »Mittelpunkt des Gemeindelebens das Pfarramt«.[150]
Achelis benennt damit ein Problem, das auch heute weithin ungelöst ist – die Rolle des Pfarrers in der Gemeinde. Auf der Ebene distanzierter Volkskirchlichkeit gilt es einen Weg zu finden zwischen der Betreuung der Gemeinde und dem Ideal ihrer vollkomme-

nen Selbsttätigkeit. Im ersten Fall ist die Gemeinde das Objekt des pastoralen Handelns, im zweiten das Subjekt eigener Praxis. Hier einen gangbaren Weg zwischen den Extremen zu finden, ist ein Grundproblem des Pfarrerberufs.

Sulzes Reformvorschläge lösten nicht nur das Für und Wider der Kritiker aus, sondern auch eigenständige Arbeiten, die der Frage der Gemeindeorganisation in verschiedenen Bereichen nachgingen.

Bereits 1891 versuchte Martin Rade, der Herausgeber der »Christlichen Welt«, das Gemeindeideal auf Landgemeinden zu übertragen. Eine Analyse der bestehenden Lage läßt ihn beklagen, daß auch viele Landgemeinden zu groß und unübersichtlich seien. Außerdem sei das Gemeindeleben zumeist so stark auf den Pfarrer zentriert, daß die Gemeinden durch Vereinzelung und Passivität geprägt seien: »Über dem Interesse, selig zu sterben, ist das andere, christlich zu leben, dem kirchlichen Lutheraner nur zu oft in den Hintergrund getreten.«[151] Demgegenüber fordert Rade neben organisatorischen Änderungen (Verkleinerung der Gemeinden, Gleichberechtigung der Pfarrer, Abschaffung der Gebühren) die »Demokratisierung des sogenannten lutherischen Amtsbegriffes«[152] und die Heranziehung von Laienhelfern.

Sehr ausgewogen und praxisbezogen setzte sich Grünberg (1910) mit der Gemeindearbeit in der Großstadt auseinander. Trotz kritischer Einwände gegen zu hohe Erwartungen Sulzes ist er mit diesem der Meinung, daß es darum gehe, »bis zu einem gewissen nennenswerten Grade die Gemeinde zu einer *Mittätigkeit* in der Seelsorge und christlichen Liebestätigkeit zu gewinnen und heranzubilden, nicht nur passive, sondern in gewissem Sinne *aktive* landeskirchliche, auch großstädtische Gemeinden zu haben und zu schaffen«[153] Es geht Grünberg in erster Linie nicht um die Optimierung der pfarramtlichen Tätigkeit, sondern um die Schaffung einer lebendigen Gemeinde, denn sie ist »ein auf gemeinsame und gegenseitige Auferbauung und religiös-sittliche Erziehung angelegter Verband, für welchen gemeinsame und gegenseitige Liebestätigkeit wesentlich ist.«[154] Trotz der Unkirchlichkeit weiter Volkskreise, vor allem in den Großstädten, hält Grünberg dieses Ziel auf dem Boden der Landeskirchen für erstrebenswert und erreichbar.

Eine stärker systematische Ableitung des Gemeindeideals versuchte Martin Schian (1907), einer der Hauptkämpfer der Gemeindebewegung. Sein Ansatzpunkt ist die »eingeborene lebendige Aktivität«[155] der Gemeinde, die dazu führt, daß sie sich als »eine wirkliche Gemeinschaft fühlen muß«.[156] Der Grund der Gemeinschaft ist das Christentum, das Schian als religiös-sittliche Gesinnung versteht: »Das Wesen der evangelischen Gemeinde liegt in der christlichen, also religiös-sittlichen Gesinnungsgemeinschaft.«[157] Aus dem Wesen der Gemeinde leitet Schian ihre Aufgaben ab – vom Gottesdienst und jeder Gemeinschaftsveranstaltung, die die »religiöse Gemeinsamkeit anregt, stützt und fördert«[158] bis hin zur sozialen Hilfe, denn niemand existiert »bloß als ein Christ mit einer für Gott bestimmten Seele, sondern auch als ein Mensch mit dem Bedürfnis nach *helfender und tragender Gemeinschaft in allen Leibesnöten.«*[159] Die Breite der genannten Aufgaben zeigt Schians Praxisnähe und sein Verständnis für organisatorische und rechtliche Fragen.[160]

Das unermüdliche Wirken Sulzes hatte eine breite Diskussion über Fragen der Gemeindereform ausgelöst. Was aber hatte sich neben der Abfassung theoretischer Abhandlungen noch getan? Hatte sich die Arbeit in den Gemeinden verändert?

Diesen Fragen ging eine von Drews 1911/12 durchgeführte und von Schian ausgewertete Umfrage nach.[161] Ihr Ergebnis war zwiespältig: die Einteilung der Parochien in Gemeindebezirke mit einem zuständigen Pfarrer hatte sich seit 1890 weithin durchgesetzt. Dieser Reformvorschlag war von den Landeskirchen schnell aufgegriffen worden. Da das Wachstum der Städte aber angehalten hatte – 28 Prozent der befragten Gemeinden war seit 1886 entstanden – war man vom Ideal einer überschaubaren Gemeinschaft noch weit entfernt. Viele Pfarrer hatten noch mehr als 4 000 Gemeindeglieder zu betreuen. Kaum erreicht war die Schaffung von Hausväterverbänden; nur 10,5 Prozent der Gemeinden hatten diesen Vorschlag Sulzes verwirklichen können. Auch das Ziel der Laienseelsorge war offensichtlich zu hoch angesetzt; die Hausväterverbände betrieben eher Männerarbeit und Armenpflege.

Die größten Fortschritte hatten Armen- und Krankenpflege gemacht; die freien Vereine, die sich ursprünglich um diese Aufgaben gekümmert hatten, waren stärker an die Gemeinden gebunden worden. Insgesamt waren weder übersteigerter Optimismus noch Resignation angebracht. Dementsprechend schließt die Studie mit einem programmatischen Ausblick auf die Aufgaben der Zukunft: »Was die Gemeindereformbewegung, die an Sulze anknüpft, will, ist noch längst nicht überall verwirklicht, wo es nach unserer Meinung ein Recht auf Verwirklichung hat. Noch weniger ist es allseitig und tiefgreifend verwirklicht. Oft hat man nur einen oder einige der Programmpunkte durchgeführt; sehr oft hat man aus der Reform der Gemeinde eine Reform der pfarramtlichen Arbeit gemacht; sehr selten ist man dem Ideal lebendiger Gemeinden wirklich nahe gekommen. Aber so weit wir auch vom Ideal entfernt sein mögen: Fortschritte, und keine unerheblichen, sind in ihrem Verfolg gemacht worden. Was wir also als praktisches Ergebnis kennen gelernt haben, berechtigt nicht zu optimistischer Hoffnungsseligkeit, aber auch nicht zum – oft so bequemen – Verzagen, sondern es führt zum Entschluß ernster, willensstarker Weiterarbeit. Diese Weiterarbeit wird in manchen Punkten auch zu einer Umgestaltung des Programms führen; sie darf sich die nächsten Ziele nicht allzu hoch stecken, um nicht mutlos zu werden; das Ziel aber muß sie fest im Auge behalten: Gemeindeorganisation, die an ihrem Teile mithilft, daß unsere Gemeinden lebendige Organismen werden und als solche arbeiten können.«[162]

Dieser Aufgabe widmete sich ab 1910 die *»Konferenz für evangelische Gemeindearbeit«* (seit 1916 *»Deutscher Evangelischer Gemeindetag«*). Deutlich hatte man das Pathos Sulzes verlassen und die Ziele niedriger gesteckt: »Nicht mehr Reform des gegenwärtigen Kirchentums und Rettung dessen, war wir haben, um jeden Preis, sondern Vorbereitung des Neuen und Erziehung für die Zukunft.«[163] Bedrängender als zwei Jahrzehnte zuvor war die Frage einer Trennung von Staat und Kirche geworden. Sie wurde von kirchlichen Kreisen lebhaft diskutiert und von nicht wenigen herbeigewünscht. In dieser veränderten Situation wollte die Konferenz verhindern, »daß aus dem mehr oder weniger *geringen* Erfolg der Gemeindereform in den beiden letzten Jahrzehnten das Recht zu einem *ablehnenden* Urteil hergeleitet wird. Sie will den Freunden des Gemeindegedankens gegenüber einem einseitigen Intellektualismus und einer geringschätzigen Betrachtungsweise der praktischen Arbeit das Rückgrat stärken.«[164]

Die erste Konferenz am 5./6. April 1910 in Braunschweig gab der Bewegung neuen Auftrieb. Man erwartete vor allem von der Ausrichtung auf praktische Fragen eine

Annäherung der kirchlichen Lager: »Das Erlösende an dieser Konferenz ist die Erlösung von der Theologie.«[165] In seinem Eröffnungsvortrag unterstrich Schian, der »authentische Interpret der Konferenzideen«,[166] die Notwendigkeit, die Kirchenreform über die Reform der Gemeinden in Angriff zu nehmen. Er forderte erneut »die Schaffung wirklicher Gemeinden mit lebendigem Gemeindebewußtsein, mit kraftvoller Gemeindetätigkeit und mit frischer Selbständigkeit.«[167]

In der Folgezeit sorgten neben den Kongressen die vielen Veröffentlichungen in Form von »Heften« und »Mitteilungen« für ein erneutes Interesse an Fragen der Gemeindearbeit. Manches wurde in Bewegung gebracht, viele Reformansätze wurden diskutiert. Der erste Weltkrieg aber und die Veränderung der theologischen Landschaft danach drängten die Bewegung seit den 20er Jahren zurück. Dieses Schicksal war ihr beschieden, weil sie weithin mit der Liberalen Theologie verbunden gewesen war. Und gerade wegen ihrer pädagogischen und persönlichkeitsbildenden Intentionen wurde diese Theologie ja angegriffen.

Unter Aufnahme Sulze'scher Anregungen hatte das pädagogische Anliegen der Liberalen Theologie in ausgewogener Weise noch einmal Friedrich Niebergall zusammengefaßt. In seiner »Praktischen Theologie«[168] versteht er die gesamte pfarramtliche Tätigkeit als »kirchliche Erziehungsarbeit«.[169] Diese Erziehung geschieht in der pluralistischen volkskirchlichen Gemeinde, denn sie rechnet mit der »Mannigfaltigkeit der Arten und der Stufen religiösen Lebens«.[170] Die Erziehung versucht nicht, unmittelbar Glauben zu schaffen; sie ist vielmehr »mittelbare Arbeit, Arbeit an den Vorausstzungen und bleibenden Bedingungen der Frömmigkeit, weil unsere christliche Religion als sittliche Glaubensweise nicht abstrakt, sondern nur in Verbindung mit dem Leben bestehen kann.«[171] Leben ist bezogen auf Gemeinschaft, hat doch auch die Gemeinschaft erziehende Kräfte.

Nicht das Bekenntnis schafft Gemeinschaft, sondern Leben und Tätigkeit in ihr, »denn dogmatisch und religiös sind ganz verschiedene Dinge.«[172] In der Gemeinschaft bildet sich auch die religiöse Individualität: »Man war Kopie und wird Original. Einleben führt zum Erleben, Autorität zur Freiheit, Abhängigkeit von der Gemeinschaft zur Persönlichkeit.«[173]

Ziel der Erziehung ist die »christliche Persönlichkeit«, d.h. die Befreiung von »Fleisch« und »Gesetz«,[174] die den Menschen beherrschen: »Es sind die Triebe der Selbstsucht und der Sinnlichkeit und es ist der Druck, der vom Mechanismus des sinnlich-seelischen Lebens, sowie von der Macht der Umstände und der Leute ausgeht.«[175]

Persönlichkeits- und Gemeinschaftsbildung sind die zentralen Erziehungsziele Niebergalls. Das gibt der Gemeinde eine wichtige Bedeutung. Sie erzieht durch Wort, christliche Persönlichkeiten und die Gemeinschaft. Erziehung findet auch indirekt statt – durch andere Menschen, Situationen und den Einfluß von Gruppen. Die Offenheit für die Breite pädagogischer Einwirkungen gab Niebergall die Freiheit, den Erfahrungsaspekt des Glaubens zu beschreiben und die sozialpsychologischen Grundlagen kirchlicher Tätigkeit zu bedenken.

1918 erschien die 1. Auflage des Römerbriefkommentars von Karl Barth. Dieses Buch leitete eine theologische Wende ein, die mit der Ablehnung der Liberalen Theologie auch manche praktisch-theologischen Reformansätze verwarf, um die man sich seit Sulze bemüht hatte.

2.2.2 *Konfirmandenelternarbeit unter gemeindepädagogischem Aspekt*

Der Rekurs auf die Gemeindebewegung hat gezeigt, daß gegenwärtige Fragestellungen auf vergangene Ansätze und Einsichten zurückgreifen können. Unter kritischer Aufnahme Sulze'scher Anregungen erscheint es mir sinnvoll, die Konfirmandenelternarbeit unter dem Aspekt der Gruppenbildung in der Gemeinde zu betrachten.

– Gute Gruppenarbeit hat die Tendenz, die Eigenaktivität der Teilnehmer zu erhöhen. Im Fall der Konfirmandenelternarbeit bedeutet das, daß sie veranlaßt werden, die Verantwortung für die religiöse Erziehung ihrer Kinder stärker selbst zu übernehmen. Anstatt die »religiösen Fragen« vorschnell an den Pfarrer zu delegieren, beginnt ein Gespräch zwischen Pfarrer, Konfirmanden und Eltern. Das kann zu persönlicher Betroffenheit führen, aber auch eine Entlastung bedeuten. Die Eltern erleben vielleicht auch bei anderen eigene Unsicherheiten und Kommunikationsschwierigkeiten und werden dadurch ermutigt, sie gemeinsam anzugehen.

– Die Erwachsenen können im Gruppengespräch ihre eigenen Erfahrungen einbringen und versuchen, sie mit biblisch-christlichen Symbolen in Beziehung zu setzen. Dadurch können neue Lern- und Identitätserfahrungen entstehen. Im Gespräch kann der eigene Lebensentwurf Kontur bekommen und der persönliche Glaube auf den Begriff gebracht werden. Das Engagement für die Kinder kann zur persönlichen Betroffenheit führen. Betroffenheit entsteht wahrscheinlich eher durch das, was selbst erarbeitet wurde und dem eigenen Erfahrungshorizont entspricht. Daher sollte Elternarbeit nicht zuviel theologische Information bearbeiten und alle Aspekte eines Themas darstellen wollen. Bei der Fremdheit theologischer Begriffe und Inhalte wird eine durch eigene Mitarbeit gewonnene elementare Auslegung christlicher Grundaussagen eine stärkere Betroffenheit hervorrufen als enzyklopädische Vollständigkeit.

– In der Gruppe sind die Eltern nicht allein auf den Pfarrer ausgerichtet. Indem sie miteinander und voneinander lernen, entsteht ein »Wir«. Damit ist ein erster Schritt von der Passivität zu aktiver Gestaltung getan. Jede Gruppe, die vom Leiter nicht in Abhängigkeit gehalten wird, sondern sich auf mehr Selbstbestimmung zubewegt, ist dabei, formale Autorität abzubauen und ein Stück Basisdemokratie in der Gemeinde zu verwirklichen. Eine Gemeinde, die demokratisches Verhalten anstrebt, ist inhaltlich durch die Ermöglichung von Mitbestimmung, Öffentlichkeit und Kritik gekennzeichnet.[176] Voraussetzung dafür sind selbständige Gruppen.

– Jede Gruppe ist ein Beitrag zum Gemeindeaufbau, denn es gehen Wirkungen von ihr auf das Umfeld aus. Gruppen verhindern, daß religiöse Themen in der Sprachlosigkeit versinken und die Arbeit der Kirchengemeinde aus dem öffentlichen Blickfeld entschwindet. Außerdem wecken gelungene Gruppen in der Regel auch bei anderen die Lust, an ähnlichen Erfahrungen teilzunehmen. Eine einladende Atmosphäre aber kann nur von Gruppen ausgehen, die vom Leiter nicht in ein vorgegebenes Muster gepreßt werden. Die christliche Gemeinde ist keine »formierte Gesellschaft«, in der alle gleichen Tritt fassen sollen. Die Analysen der Volkskirche machen deutlich, daß ein vielfältiges Angebot auf verschiedene Bedürfnismuster und unterschiedliche Arten, seine Religion zu leben, eingehen muß. Das Ideal kann nicht mehr sein, alle Gemeindeglieder zu einer einheitlichen Ausprägung des Glaubens und der Bevorzugung einer Veranstaltungsform zu bewegen.

Im Anschluß an Friedrich Niebergall erscheint es mir angebracht, die verschiedenen pfarramtlichen Aktivitäten zumindest ansatzweise aufeinander zu beziehen und in einen gemeindepädagogischen Gesamtrahmen zu stellen. Das verlangt eine möglichst genaue Erfassung der Zielgruppe und die Bestimmung von Lernzielen. Für die Konfirmandenelternarbeit schlage ich folgende Lernziele vor:

– Ansatz der Elternarbeit und erstes Ziel sollte es sein, über den Konfirmandenunterricht zu informieren und mit den Eltern darüber ins Gespräch zu kommen. Dieser Schritt ist wichtig, um Vorurteile und Widerstände abzubauen. Daß Widerstände auftreten, ist zu erwarten. Manche Themen – Freundschaft und Partnerschaft, Umgang in der Familie und 4. Gebot – können bei den Eltern Befürchtungen oder Ärger auslösen. Damit der Pfarrer nicht als Gegenpol zur Familie erscheint, muß er Vertrauen schaffen und seinen Unterricht begründen. Dabei kann es sinnvoll sein, Kommunikationsschwierigkeiten, die sich aus unterschiedlichen Erwartungen ergeben, zu thematisieren. Auch die Konflikte, die durch die Ablösung der Jugendlichen vom Elternhaus entstehen, sollten behandelt werden. Sie wirken sich nicht nur auf die familiäre Kommunikation aus, sondern beeinflussen auch häufig Mitarbeit und Verhalten im Unterricht. Als Beispiel für diese Lernzielebene vgl. das Seminar »Autorität und Gehorsam: das 4. Gebot« (Siehe Kap. 6.1).

– Ein weiterführendes Lernziel ist es, unter den Erwachsenen ein Gespräch über die eigenen Lebens- und Sinnfragen zu ermöglichen und dabei die Bedeutung biblisch-christlicher Grundaussagen aufzuzeigen. Auf dieser Ebene werden die Erwachsenen nicht nur in ihrer Rolle als Eltern angesprochen, sondern als Menschen mit eigenen Fragen und Lebensproblemen. Häufig wird ein persönliches Gespräch nur schwer in Gang kommen und auch die Fähigkeit zu aktiver, gleichberechtigter Mitarbeit wird nur ansatzweise vorhanden sein. Aber ausgehend von den eigenen Konfirmandenerfahrungen und Problemen mit den Kindern sollte eine allmähliche Öffnung des Gesprächs zu persönlichen Aussagen versucht werden. Vielleicht können einige Eltern dann christliche Symbole mit ihrem Leben in Beziehung setzen und erkennen, daß diese den Raum für echtes Leben und Hoffnung schaffen wollen. Als Beispiel für diese Lernzielebene vgl. das Seminar »Leid und Hoffnung: Jesu Geschick als Grund des Glaubens und Hoffnung des Lebens« (siehe Kap. 6.2).

– Individuelle Erfahrungen und Einsichten bleiben instabil. Sie versinken in Unklarheit und Bedeutungslosigkeit. Nur was im Gegenüber zu anderen artikuliert und durch einen Gruppenrückhalt verstärkt wird, kann verhaltensrelevant werden. Die Konfirmandeneltern sollen daher erfahren, daß christliche Aussagen auf Gemeinschaft zielen. Schon die Erfahrung, sich mit anderen Menschen über persönliche Belange austauschen zu können, führt aus der Vereinzelung heraus. Dabei geht es nicht um Offenheit um jeden Preis, sondern um die bruchstückhafte Erfahrung von Solidarität. Das Ansprechen persönlicher Erfahrungen und Hoffnungen sowie die Erfahrung der Annahme haben insofern eine theologische Dimension als sie den Kreis von Leistung und Selbstrechtfertigung in Frage stellen. Die Konfirmandeneltern sollen daher erfahren, daß die christlichen Symbole der Hoffnung das als vollgültig beschreiben, was in der Gemeinschaft bruchstückhaft erlebt wird: die Überwindung der Selbstbezogenheit, vorurteilsfreie Annahme und ein Leben ohne Entfremdung.

Als Beispiel für diese Lernzielebene vgl. das Seminar »Abendmahl: Zeichen der Versöhnung und Gemeinschaft« (siehe Kap. 6.3).

– Der christliche Glaube richtet sich nicht im Vorfindlichen ein. So wie er Erfahrungen geglückten Lebens im persönlichen Umkreis schaffen will, so will er sich nicht mit dem Leid jenseits persönlicher Erfahrung abfinden. Aus der Hoffnung des Glaubens ergibt sich »eine unüberbietbare Kritik an der Unterdrückung und Erniedrigung von Menschen.«[177] Sowenig sich das Christentum in ethischen Appellen erschöpft, sowenig läßt es sich allein auf das jenseitige Heil vertrösten. Vielmehr stellt der Glaube selber »die Herrschaft des Menschen über den Menschen in Frage, weil er den Zweifel an der Unabänderlichkeit der Gefährdungen und Beeinträchtigungen des Lebens stärkt.«[178] Diesen Impuls des Glaubens aufzunehmen und die Sprache christlicher Hoffnung an Problemen der Weltgestaltung zu lernen, sollte ein weiteres Ziel der Elternarbeit sein. Dabei geht es darum, der individuellen Resignation entgegenzuarbeiten und Möglichkeiten eigenen Handelns aufzufinden. Ansatzpunkte gibt es reichlich: Aufrüstung und Weltfrieden, Probleme der Entwicklungsländer, Kommunalpolitik, Umweltzerstörung. Als Beispiel für diese Lernzielebene vgl. das Seminar »Schöpfung: Verantwortung für die Umwelt« (siehe Kap. 6.4.).

3. Methoden der Konfirmandenelternarbeit

3.1 Vorüberlegungen

Der Erfolg der Konfirmandenelternarbeit hängt von der Güte der Gruppenarbeit ab. Eine vertrauensvolle, offene Atmosphäre und ein hilfreiches Verhalten des Leiters sind Vorbedingung für einen wirksamen Lernprozeß. Diese Erkenntnis legt bestimmte Methoden der Gesprächsführung und Gruppenleitung nahe. Aus pädagogischen und theologischen Gründen sind Methoden gefordert, die folgenden Kriterien genügen[179]:
1. Kriterium: Die gruppenpädagogischen Methoden müssen von den Erfahrungen und der Lebenswelt der Teilnehmer ausgehen. Sie dürfen nicht dazu dienen, die eigentlichen Fragen der Betroffenen zu überspielen und ihnen fremde Lerninhalte und -ziele »überzustülpen«.
Pädagogisch begründet: Themen, die keinen Lebensbezug haben, lassen sich in der Erwachsenenbildung nicht sinnvoll behandeln. Nur was selbst erarbeitet wird und mit dem eigenen Erfahrungshintergrund vermittelt werden kann, schafft verändernde Lernprozesse. »Lehre« kann nur da zum »Leben« werden, wo sie sich mit der individuellen Lern- und Lebensgeschichte verbindet.
Theologisch begründet: Der Rechtfertigungsglaube macht frei von dem Zwang, alle theologischen Themen behandeln zu müssen. Er zielt auf die Veränderung der Lebenseinstellung und -praxis, nicht auf die Vollständigkeit eines Überzeugungssystems. Dieser Glaube sieht jeden Menschen als gleichberechtigten Partner Gottes an. Es gibt daher keinen prinzipiellen Unterschied zwischen Leiter und Teilnehmern; Erfahrung, Fragen und Interessen aller gelten gleich.
2. Kriterium: Die gruppenpädagogischen Methoden dürfen den Gruppenleiter nicht einseitig in die Rolle der Autorität drängen, von der bestimmte »Wahrheiten« ausgehen. Der Vorsprung an Fachwissen begründet zwar eine Sachautorität, diese darf aber nicht verabsolutiert werden. Vielmehr sind zunehmend mehr Teilnehmer an der Planung und Durchführung des gemeinsamen Lernprozesses zu beteiligen.
Pädagogisch begründet: Die Fixierung auf eine Person verhindert langfristig die Mündigkeit und Selbstbestimmung der Teilnehmer. Sie macht es unmöglich zu lernen, die Verantwortung für das eigene Leben und Lernen selbst zu übernehmen. Um die Selbständigkeit aller zu fördern, sind daher auch die Wünsche nach einer »gütigen Vaterfigur« zunehmend abzubauen.
Theologisch begründet: Die Aussage vom »Priestertum aller Gläubigen« ist die Zuspitzung des Glaubens an die Gleichheit aller Menschen vor Gott. Darum sind prinzipiell alle Unterschiede aufgehoben. Natürlich gibt es Entwicklungsstufen hinsichtlich der Kommunikationsfähigkeit sowie der psychischen und religiösen Reife. Daraus darf aber kein Herrschaftsgefälle zwischen Menschen abgeleitet werden – weder durch autoritäre Belehrung noch durch »gütige Väterlichkeit«.

3. Kriterium: Die gruppenpädagogischen Methoden sollen dazu beitragen, eine entspannte Atmosphäre zu schaffen und die Angst möglichst gering zu halten. Zwar ist eine Infragestellung eingefahrener Denk- und Verhaltensmuster anzustreben, als Grundlage der Arbeit aber sollte eine Atmosphäre der Annahme und des Vertrauens geschaffen werden.
Pädagogisch begründet: Lernen im Sinne von Veränderung setzt Angstfreiheit voraus. Massive und plötzliche Verunsicherung befreit nicht, sondern lähmt. Zumal für persönlich bedeutsame Themen gilt, daß sie erst in einer Atmosphäre des Vertrauens auftreten und Veränderungen einleiten können.
Theologisch begründet: Der christliche Glaube sieht den Menschen als Ganzheit. Er gilt ihm nicht als Empfänger theologischer Überzeugungen, sondern als ein Wesen mit Gefühlen, Ängsten und Hoffnungen. Der christliche Glaube ist realistisch: Er nimmt Ängste und Kommunikationsbarrieren ernst und rechnet mit ihnen. Er überspielt sie nicht durch die Phantasie einer »heilen Gruppe«, sondern sieht sie als einen Teil menschlicher Wirklichkeit. Die christliche Grundforderung nach Brüderlichkeit begründet dabei die Solidarität mit dem anderen auch in seiner Angst und Schwachheit.
4. Kriterium: Die gruppenpädagogischen Methoden sollen dem Fortschritt der Gruppenarbeit und -atmosphäre ein ebenso großes Gewicht beimessen wie den individuellen Lernfortschritten. Sie sollen dem einzelnen Raum geben, aber auch immer wieder den gemeinsamen Umgang reflektieren und fördern.
Pädagogisch begründet: Das Lernen des einzelnen wird auch vom Gruppenklima bestimmt. Durch die Gruppe können Veränderungen angestoßen und neue Einsichten gefördert werden. Eine gute Gruppe wirkt motivierend und erhöht damit die Attraktivität des Gesprächsgegenstandes.
Theologisch begründet: Der christliche Glaube schreibt dem einzelnen Menschen einen unermeßlichen Wert zu; er hat aber auch die Tendenz zur Überwindung von Vereinzelung und Isolierung. Der Glaube betrifft zwar letztlich den einzelnen in der Tiefe seines Lebens, aber er drängt auf Austausch und Handeln an und mit anderen. Der christliche Realismus betont den unermeßlichen Wert des einzelnen und sein Angewiesensein auf andere Menschen.
5. Kriterium: Die gruppenpädagogischen Methoden sollen hinsichtlich der Gesprächsthemen sowohl sachbezogene als auch persönliche Aussagen ermöglichen. Sie sollen dem Ausdruck von Gefühlen ebenso Raum geben wie dem Gespräch über Situationen der Alltagsrealität. Die Methoden sollen es dadurch ermöglichen, Ansätze zum Handeln und zu einer Übertragung des Gelernten in den Alltag zu reflektieren.
Pädagogisch begründet: Eine gute Lerngruppe bewegt sich flexibel zwischen emotionalen Themen der Gruppenrealität und sachbezogenen Themen der Alltagswirklichkeit. Im Sinne eines ganzheitlichen Lernens werden Verstand, Gefühl und Gemeinschaftserfahrung gleichermaßen angesprochen. Nur so kann das Lernen den ganzen Menschen umfassen und eine Übertragung des Gelernten in den Alltag eingeleitet werden.
Theologisch begründet: Theologische Aussagen sind immer auch Erfahrungsaussagen. Ein Glaube, dessen Erfahrungsdimension nicht beschreibbar ist, bleibt leer und unanschaulich. Der Glaube weist aber über die individuelle Erfahrung hinaus; seine Aussagen und Symbole transzendieren den Denk- und Lebenshorizont des einzelnen. Daher

gehören Betroffenheit und Einsicht, Emotionalität und Vernunft, Individuation und Gemeinschaftsfähigkeit zusammen.
Die angeführten Kriterien stellen wichtige Leitlinien für die kirchliche Arbeit mit Erwachsenen dar. Natürlich hängt das Gelingen einer Gruppenarbeit nicht nur von der Methode ab, aber es gibt gruppenpädagogische Ansätze, die einem christlichen Menschenbild und Bildungsziel eher gerecht werden.

3.2 Lernen als ganzheitlicher Vorgang – Erkenntnisse der psychoanalytisch orientierten Gruppenforschung

In den letzten zwanzig Jahren hat sich die Erkenntnis durchgesetzt, daß Lernen nicht nur ein kognitiver Vorgang ist. Auch affektive und soziale Faktoren spielen eine wichtige Rolle. Lernen – versteht man es umgreifend als Verhaltensänderung – zielt nicht nur auf die Befreiung des Denkens, sondern auch auf die Aufhebung hemmender Gefühlsreaktionen und sozialer Barrieren. Neben der Vermittlung von Sachwissen sollen Eigenständigkeit und Ausdrucksfähigkeit gestärkt werden. Diese Ziele können nur erreicht werden, wenn eine positive emotionale Einstellung gegenüber der Lern- und Gesprächsgruppe entwickelt wird. Dabei spielt sich der Gruppenprozeß auf zwei Ebenen ab: Hinter der Oberfläche des sichtbaren Verhaltens liegt die unausgesprochene Emotionalität der Teilnehmer – die Ängste, Erwartungen und Hoffnungen, die das Verhalten des einzelnen unbewußt bestimmen. Hier tritt auf, was die Psychoanalyse »Übertragung« nennt: Die Erfahrungen der ersten Lebensjahre mit als übermächtig erlebten Erwachsenen wirken später als (eventuell) situationsunangemessene Gefühls- und Verhaltensreaktionen weiter fort. Bestimmte Aspekte ursprünglicher Objekterfahrungen wiederholen sich in der Gruppe. Die anderen Teilnehmer werden unter einem bestimmten Blickwinkel wahrgenommen, Sympathie- und Antipathiegefühle bilden sich, einzelne werden in bestimmte Rollen gedrängt. Diese Übertragungs- und Projektionsmechanismen, die erst mit zunehmender Vertrautheit und Angstfreiheit zurückgehen, verhindern neue Lernerfahrungen. Für den Gruppenleiter ist es wichtig, diese Prozesse zu erkennen und richtig auf sie zu reagieren. Wenn er beispielsweise den »affektiven Wind« hinter scheinbaren Sachproblemen nicht erkennt und sich nur auf die Sachebene einläßt, kann er Gesprächsblockierungen nicht aufheben. Sachdiskussionen als solche zu führen und wenn nötig, auf die Gefühls- und Beziehungsebene einzugehen, ist eine wichtige Aufgabe des Gruppenleiters. Wenn man bedenkt, daß gerade der Eintritt in eine neue Gruppe ursprüngliche Identitätskrisen neu aufleben lassen kann, muß besonders die Anfangszeit einer Gruppe als krisenanfällig und angstauslösend gesehen werden. Eine Gruppe ist solange instabil und die Gruppenmitglieder sind solange einer Identitätskrise ausgesetzt, bis alle psychischen und kommunikativen Möglichkeiten des einzelnen sich entfalten können.
Um die Eigenständigkeit der Teilnehmer zu stärken, ist es nötig, passiv-rezeptives Lernen immer wieder durch aktiv-konstruktives abzulösen. Nur so wird die emotionale Bereitschaft geweckt, neue Lerninhalte aufzunehmen und sich persönlich mit ihnen

auseinanderzusetzen. Vorbedingung ist weitgehende Angstfreiheit, denn Menschen können nicht lernen, »bevor nicht ihre tatsächlichen Beziehungen, Beziehungserwartungen und -befürchtungen untereinander und dem Lehrenden gegenüber so weit geklärt sind, daß sie erwartungsfrei die Wirklichkeit wahrnehmen können.«[180] Lernhemmend ist jede Realitätsverzerrung, die eigene Ohnmachtsgefühle und Idealphantasien auf andere Gruppenmitglieder projiziert. Dadurch entstehen unrealistische Wahrnehmungen der Gruppenrealität: Einige werden glorifiziert, andere in die Rolle von »Sündenböcken« gedrängt. Je höher ein Gruppenideal ist, um so größer wird die individuelle Angstspannung und die daraus entstehende Gesprächsblockade. Solange bei einem Teilnehmer »die Selbsttäuschung über die Differenz zwischen Ich–Ideal und Real–Ich zugunsten des ersteren aufrecht erhalten bleibt, wird sowohl die Wahrnehmung der Wirklichkeit wie die Lernfähigkeit aller behindert.«[181] Der Abbau realitätsverzerrender Übertragungen setzt eine relative Angstfreiheit in der Gruppe voraus. In der Anfangsphase einer Gruppe beherrschen Phantasien, gebildet aus der individuellen Lern- und Lebensgeschichte, das Feld. Das Gruppenklima wird gespeist aus den »verjährten Angstinhalten«[182] der Teilnehmer. Erst mit abnehmender Angst löst sich das bedrohliche und diffuse Gegenüber der Gruppe in Einzelpersonen auf. Parallel dazu pendelt sich die individuell optimale Nähe bzw. Distanz der Gruppenmitglieder untereinander ein. Zu Beginn überwiegen die Abhängigkeitsgefühle, denen Omnipotenzangebote an den Gruppenleiter entsprechen: er soll die »hilflosen Kinder« mit Wissensstoff und Anregungen »versorgen«, da er ja der »väterliche« Fachmann ist. Geht der Leiter unreflektiert auf diese Angebote ein, hält er die Gruppe in einem infantilen Zustand. Sinnvoll ist es, der Gruppe nicht alle Entscheidungen abzunehmen, reale Autoritäts- und Kenntnisunterschiede aber auch nicht zu leugnen. Am besten bemüht sich der Leiter um eine gewisse Nähe zu allen, ohne einzelne zu bevorzugen. Je mehr er die emotionalen und sozialen Bedürfnisse der Teilnehmer erkennt und akzeptiert, um so intensiver wird das gemeinsame Lernen. Es gilt, den Wunsch nach persönlicher Veränderung sowie die Anlehnungsbedürfnisse aufzunehmen und in realitätsgerechte und hilfreiche Kooperation zu überführen. Nur so wird Angst vermindert und neues Lernen möglich.

3.3 Leiterverhalten und Gruppenatmosphäre – der pädagogische Beitrag der Gesprächspsychotherapie Carl Rogers'

Carl Rogers ist in erster Linie als Begründer der Gesprächspsychotherapie bekannt geworden. Daneben hat er sich aber schon früh mit pädagogischen Fragen beschäftigt. Grundlage seiner Auffassung von Lernen und Erziehung ist der Glaube an die Entwicklungsfähigkeit des Menschen: Jeder menschliche Organismus ist auf die Entfaltung positiver, lebensfördernder Kräfte angelegt. Diese »Kraft zum Guten«[183] gilt es in der Erziehung durch »signifikantes Lernen« zu fördern. »Signifikantes Lernen« wird folgendermaßen definiert:

- es betrifft den Menschen existentiell und »schließt persönliches Engagement ein«;[184]
- es geschieht auf eigenen Antrieb, ist also »selbst-initiiert«;[185]

– es berührt alle Bereiche der Persönlichkeit;
– der Lernende bewertet Lernfortgang und Lernergebnis selbst;
– der Lernende erlebt das Lernen als sinnvoll.

Um »signifikantes Lernen« zu ermöglichen, muß der Unterrichtende eine Atmosphäre der Freiheit und des Vertrauens schaffen. Das setzt eigene Offenheit und Echtheit voraus; der Unterrichtende darf sich und seine Gefühle nicht aus dem Lernprozeß heraushalten. Die Frage nach der richtigen Methode stellt sich für Rogers folgendermaßen: »Wie kann ich mich darin entwickeln, meine Schüler zum Lernen in Freiheit stärker zu ermutigen?«[186] Rogers ist nicht interessiert an der Frage, wie ein bestimmter Stoff zu lernen sei; Lehren als Vermittlung von Sachwissen hält er für anachronistisch. In unserer Zeit des schnellen Wandels ist es vielmehr überlebenswichtig, »Veränderung zu fördern und Lernen zu erleichtern. Der einzige Mensch, den man gebildet nennen kann, ist jener, der gelernt hat, wie man sich anpaßt und ändert; der erkannt hat, daß kein Wissen sicher ist, daß nur der Prozeß der Suche nach Wissen eine Basis für Sicherheit bietet. Das einzige, was in unserer modernen Welt als Ziel der Erziehung überhaupt einen Sinn haben kann, ist die Fähigkeit zur Veränderung und dazu, mehr dem Prozeß als dem statischen Wissen zu vertrauen.«[187] »Signifikantes Lernen« hängt nicht von der methodischen Fähigkeit des Unterrichtenden oder der curricularen Planung des Lernprozesses ab, sondern von menschlichen Qualitäten. Sie führen zu einer bestimmten Beziehung zwischen dem »Facilitator« – eine charakteristische Bezeichnung für den »Lernanreger und -förderer« – und dem Lernenden. Die menschlichen Eigenschaften, die das Lernen fördern, sind die von Rogers betonten Therapeutenvariablen, die auch einen effektiven Therapieprozeß bedingen.

Grundlegend ist die *Echtheit* oder das *»Real-Sein«*[188] des Unterrichtenden. Seine Gefühle und Motive sollen seinem Bewußtsein so zugänglich sein, daß er sie gegebenenfalls vermitteln kann. Indem der Unterrichtende seine Gefühle »lebt«, kann er den Lernenden unmittelbar und ohne Abwehr entgegentreten. Er kann sie als eigenständige Persönlichkeiten akzeptieren, ohne eigene verdrängte Affekte auf sie zu projizieren. Nicht die Rolle oder Methode prägt das Verhalten des »Facilitators«, sondern sein augenblickliches Erleben. Das setzt eine gewisse Ich-Stärke voraus, da gegebenenfalls auch »negative« Gefühle wie z.B. Ärger in nicht-destruktiver Weise ausgedrückt werden sollen.

Grundlegendes *Akzeptieren und Vertrauen* sollte die zweite Einstellungsqualität des Unterrichtenden sein. Die Wertschätzung des anderen bedeutet, »sich um den Lernenden zu kümmern, ohne dabei Besitz von ihm zu ergreifen. Sie ist verbunden mit Anerkennung dieser anderen Persönlichkeit als einer selbständigen Person, die es wert ist, ihr eigenes Recht zu haben.«[189] Rogers geht von der grundlegenden Überzeugung aus, daß jeder Mensch trotz aktueller Unvollkommenheiten Entwicklungsmöglichkeiten hat, die ihn in eine »gute« Richtung führen.

Die dritte Grundeinstellung des Unterrichtenden sollte *»Einfühlendes Verständnis«*[190] sein. Gemeint ist damit das Verstehen und Einfühlen in den inneren Bezugsrahmen eines anderen. Der Lernende wird sich dann zutiefst verstanden fühlen: »Endlich versteht jemand, wie ich mich fühle, wie ich mir vorkomme, ohne daß er mich analysieren oder beurteilen will. Jetzt kann ich endlich zu mir selbst kommen, mich entfalten und lernen.«[191]

Schon in den 50er Jahren hatte Rogers einige Grundüberzeugungen aus seinen Unterrichtserfahrungen abgeleitet.[192] Ausgangspunkt war die Erfahrung, einen anderen auf lange Sicht nichts lehren zu können und ihm nicht die Erfahrungen vermitteln zu können, die sein Verhalten signifikant beeinflussen. Persönliche Veränderung geschieht nur durch eigene Aktivität und persönliche Beteiligung. Rogers versteht schon hier Lernen als Veränderung, den Lernprozeß als persönliche Erfahrung und den Lernstoff als »Wahrheit ..., die man sich durch Erfahrung persönlich zu eigen gemacht und die man assimiliert hat.«[193] Traditionelles Lernen, d.h. die Übernahme von Sachinformation ohne existentiellen Bezug, hat nur schädliche Folgen, weil es die persönliche Entwicklung hemmt und die Entdeckerfreude signifikanten Lernens unterdrückt. Es verstärkt das, was durch Lernen eigentlich abgebaut werden sollte: »Für mich besteht einer der besten, aber auch schwersten Wege zu lernen darin, meine eigene Abwehrhaltung, zumindest teilweise, fallenzulassen und zu versuchen, den anderen Menschen in seiner Art zu verstehen – wie seine Erfahrung ihm selbst erscheint und welche Gefühle für ihn damit verbunden sind. Eine andere Art zu lernen ist es, mich mit meinen eigenen Unsicherheiten auseinanderzusetzen, das abzuklären versuchen, was mich verwirrt, und so der Bedeutung näherzukommen, die meine Erfahrung tatsächlich zu haben scheint.«[194] Ausgehend von seinen Erfahrungen hat Rogers die psychologischen Grundlagen des Lernens und der Lernförderung in jeweils zehn kurzen Thesen dargestellt. Da sie seine Position prägnant bezeichnen, möchte ich sie im folgenden anführen:

- »Menschen besitzen ein natürliches Potential zum Lernen ...;
- Signifikantes Lernen findet statt, wenn der Lerninhalt vom Lernenden als für seine eigenen Zwecke relevant wahrgenommen wird ...;
- Lernen, das – in der eigenen Vorstellung – eine Veränderung in der Organisation des Selbst einschließt, wird als bedrohlich empfunden und hat die Tendenz, Widerstand hervorzurufen ...;
- Solche Lernprozesse, die für das Selbst bedrohlich sind, werden leichter verstanden und assimiliert, wenn äußere Bedrohungen minimal sind ...;
- Wenn die Bedrohung des Selbst gering ist, kann eigene Erfahrung in differenzierter Weise wahrgenommen werden und der Lernprozeß kann voranschreiten ...;
- Signifikantes Lernen wird sehr oft durch Tun erreicht ...;
- Lernen wird befördert, wenn der Lernende den Lernprozeß verantwortlich mitbestimmt ...;
- Selbstinitiiertes Lernen, das die ganze Person des Lernenden – seine Gefühle wie seinen Intellekt – miteinbezieht, ist am eindringlichsten und in seinen Ergebnissen am dauerhaftesten ...;
- Unabhängigkeit, Kreativität und Selbstvertrauen werden gefördert, wenn Selbstkritik und Selbstbeurteilung von grundlegender Bedeutung sind, während Fremdbewertung zweitrangigen Charakter hat ...;
- Das sozial brauchbarste Lernverhalten in der modernen Welt ist jenes, bei dem das Lernen als Prozeß gelernt wird; darin drückt sich aus, daß man ständig für Erfahrungen offen ist und Wandlungsprozesse verarbeitet.«[195]

Aus diesen Prinzipien hat Rogers für den Unterrichtenden zehn Richtlinien abgeleitet:

– »Der Facilitator trägt viel dazu bei, die Ausgangsstimmung oder das anfängliche Klima für das Geschehen in der Gruppe oder der Klasse zu schaffen . . .;
– Der Facilitator hilft, die Ziele der einzelnen Mitglieder der Klasse wie die allgemeinen Absichten der Gruppe ans Licht zu bringen und abzuklären . . .;
– Er vertraut darauf, daß jeder Lernende wünscht, solche Vorhaben durchzuführen, die für ihn Sinn haben, worin ja die motivierende Kraft für signifikantes Lernen liegt . . .;
– Er bemüht sich, ein möglichst breites Angebot von Hilfsquellen, mit denen gelernt werden kann, zu organisieren und leicht verfügbar zu machen . . .;
– Sich selbst betrachtet der Facilitator als ein flexibles Hilfsmittel, das die Gruppe nutzen kann . . .;
– In seiner Reaktion auf Äußerungen in der Klasse akzeptiert er sowohl intellektuelle Inhalte wie emotionsgeladene Stellungnahmen. Dabei versucht er, jedem Aspekt annähernd soviel Gewicht zu geben, wie dieser für den einzelnen oder die Gruppe hat . . .;
– Wenn sich die Atmosphäre gegenseitiger Anerkennung in der Klasse festigt, kann der Facilitator in zunehmendem Maß zu einem Mitlernenden, zu einem Mitglied der Gruppe werden und seinen Standpunkt als lediglich einen unter mehreren zum Ausdruck bringen . . .;
– Er ergreift die Initiative, sich selbst – seine Gefühle wie seine Gedanken – der Gruppe mitzuteilen, ohne damit etwas zu fordern oder aufzudrängen. Er bringt einfach sich persönlich ein, ob nun die Lernenden davon Gebrauch machen oder nicht . . .;
– Im gesamten Erfahrungszusammenhang der Klasse bleibt er hellhörig gegenüber Äußerungen, die auf tiefe oder starke Gefühle hinweisen . . .;
– In seiner Funktion als Facilitator des Lernens bemüht sich der Leiter, seine eigenen Grenzen zu erkennen und zu akzeptieren.«[196]

Die angeführten Richtlinien zeigen, daß für Rogers die pädagogischen Methoden und Techniken in den Hintergrund treten. Wichtiger ist die Grundeinstellung des Unterrichtenden. Er soll elementare »positive« Umgangsformen vorleben und dadurch eine offene und vertrauensvolle Atmosphäre ermöglichen. Für dieses Verhalten, das ein Lernen aller Teilnehmer am Modell begünstigt, scheinen mir folgende Gründe zu sprechen: Ein distanziertes und interpretierendes Leiterverhalten verstärkt das Aufkommen starker Affekte und Übertragungen und läßt damit das Angstniveau in einer Gruppe ansteigen. Da eine thematisch ausgerichtete Gruppe aber keine primär therapeutische Zielrichtung hat, sollten starke »negative« Affekte nur soweit erlebt und thematisiert werden als sie den Lern- und Gesprächsprozeß beeinträchtigen. Ein Leiterverhalten im Sinne Rogers' könnte gerade in der Anfangsphase einer Gruppe Angst abzubauen helfen. Das geschieht vor allem durch freundliches, akzeptierendes und nicht-direktives Verhalten. Besonders ein hohes Maß an Direktivität und Lenkung hat negative Auswirkungen. Zum einen schränkt es die Selbstbestimmung und Eigenverantwortlichkeit der Teilnehmer ein, zum anderen erhöht es ihre Angstspannung.

Die negativen Folgen zu einengender Leitung für Lernen und persönliche Entwicklung haben Reinhard und Anne-Marie Tausch in ihren Untersuchungen nachgewiesen:[197] Unfreiheit und Unselbständigkeit nehmen zu, Werte und Überzeugungen werden nicht als Ausdruck der eigenen Person aufgestellt, das Denken verliert an Kreativität und Originalität, emotionale Spannungen treten auf.

Direktive Leitung äußert sich in Anordnungen, Verboten, Kontrollen, Belehrungen, Manipulationen, Ermahnungen und langen Monologen.

Non-direktive Leitung dagegen äußert sich so:

»– dem anderen Selbstbestimmung und persönliche Freiheit gewähren;
– dem anderen nicht befehlen – anordnen, ihn nicht kontrollieren, ihm nicht vorschreiben oder verbieten;
– ihn nicht belehren, nicht interpretieren, nicht manipulieren, nicht überreden, nicht ermahnen;
– ihn nicht ausfragen, nicht überprüfen;
– ihn nicht unterbrechen, nicht ausschließen;
– nur auf Wunsch des anderen selbst länger reden.«[198]

Ein derart beschriebenes Leiterverhalten dürfte auch für die kirchliche Erwachsenenbildung sinnvoll sein, drückt es doch aus, daß die Mündigkeit des einzelnen Christen sich auch in der Gestaltung von Lernprozeß und -inhalt zeigen sollte. Außerdem ist für die kirchliche Bildungsarbeit in der Gemeinde die Ermöglichung neuer Erfahrungen wichtiger als die Anhäufung theologischen Faktenwissens. Eine möglichst weitgehende Realisierung des von Rogers beschriebenen Basisverhaltens sollte daher den Umgang des Leiters mit der Gruppe bestimmen. Je mehr die dadurch entstehende Atmosphäre einen offenen Austausch ermöglicht, um so eher wird erreicht, daß die Gruppe sich selbst steuert und dem Leiter die Rolle des »Facilitators« ermöglicht. Damit werden Motivation und Aktivierung – Hauptbedingungen für Lernen und Veränderung – steigen, ebenfalls Selbständigkeit und Zufriedenheit.

Daß diese Ziele erreicht werden, hängt entscheidend vom Gruppenleiter ab. Besonders in der Anfangsphase einer Gruppe und bei Menschen, die gehemmt, verschlossen oder leiterzentriert sind, ist das von Rogers beschriebene Verhalten hilfreich. Aber auch unabhängig von zweckrationalen Erwägungen scheinen mir Akzeptieren, Verständnis und Echtheit menschliche Qualitäten zu sein, die um ihrer selbst willen geübt werden sollten. Darauf immer wieder hingewiesen zu haben, macht Rogers trotz eines etwas naiv-optimistischen Grundzuges sympathisch.

3.4 Die Balance zwischen Emotionalität und Thema – Ruth Cohns Ansatz der »Themenzentrierten Interaktion« (TZI)

Ruth Cohn – wie Carl Rogers der »Humanistischen Psychologie« zugehörig – hat in den 50er Jahren begonnen, psychotherapeutische Erfahrungen auf Lerngruppen zu übertragen. Dabei ging es ihr darum, das »tote« Lernen in Schule und Hochschule durch »lebendiges« Lernen zu ersetzen. »Lebendiges« Lernen setzt voraus, daß die Gefühle aller Gruppenmitglieder akzeptiert und in den Lernprozeß einbezogen werden: »Die thematische interaktionelle Methode beruht auf der Einsicht, daß Menschen zwar Tatsachen und Zusammenhänge mit dem Denken allein erfassen können, daß

jedoch sinnvolles Lernen den ganzen Menschen als psychosomatisches – daher auch gefühlsbetontes und sinnliches – Wesen betrifft.«[199] Lernstörungen und kreative Einfälle, Gefühlsäußerungen und Sachbeiträge müssen gleichberechtigt nebeneinander stehen. Wenn nötig, d.h. um Störungen abzubauen, ist die momentane Befindlichkeit auch alleiniges Thema. Es geht bei der TZI freilich nicht um individuelle Therapie, sondern um die Aufarbeitung der auf den aktuellen Lernprozeß einer Gruppe bezogenen Barrieren und Widerstände. Das »Ich« des Individuums ist bezogen auf das »Wir« der Gruppe. Das Gruppenklima soll akzeptierend sein, um einen möglichst ungestörten thematischen Austausch zu erleichtern; eine konstruktive Atmosphäre erleichtert auch die Bearbeitung »negativer« Gefühle. Neben das »Ich« und »Wir« tritt als dritter Faktor das Thema – das »Es«. Das Thema sollte einen Bezug zur Gruppe haben und für die Teilnehmer wichtig und interessant sein. Die drei Faktoren des Gruppengeschehens stehen in einem situativen Kontext (»Globus«), der durch den institutionellen Rahmen und die Motive und Interessen der Teilnehmer bestimmt ist.
Vom Gruppenleiter verlangt Cohn – darin Rogers ähnlich – eine »konstruktive Werteinstellung«,[200] die durch Echtheit und Kongruenz bestimmt sein sollte. Methodisch hat der Leiter für die Balance zwischen den drei Faktoren »Ich«, »Wir« und »Es« zu sorgen. Er hat ein Abgleiten in reine Selbsterfahrung oder akademische Sachdiskussion zu verhindern, indem er sich zum Anwalt des gerade Vernachlässigten macht. In »selektiver Authentizität«[201] soll der Leiter seine Gefühle und Sachinteressen eintragen. Nicht neutrale Zurückhaltung ist gefordert – sie verstärkt nur die Übertragungsphantasien – sondern Echtheit und Kongruenz: »Echtheit bedeutet das Bewußtwerden seiner Empfindungen und Gefühle, seiner geistigen Bezogenheit, und es bedeutet Klarheit seines Intellekts; Kongruenz bezieht sich auf die Fähigkeit, innere Bewußtheit nach außen in Gesten und Worten klar auszusagen.«[202] Der Leiter soll weder eine Rolle spielen noch sich seiner Aufgabe entziehen. Er soll vielmehr exemplarisch die Regeln des gemeinsamen Umgangs realisieren. Diese Regeln sollen sowohl die sachliche Arbeit als auch »das Streben nach dem Bewußtsein von Autonomie und zwischenmenschlicher Verbundenheit«[203] fördern. Sie sollen jedes Gruppenmitglied zu mehr Eigeninitiative und Selbstverantwortung führen. Das wird am klarsten im Grundpostulat ausgedrückt: »Sei dein eigener Chairman und bestimme, wann du reden oder schweigen willst und was du sagtst.«[204] Damit wird die Verantwortung für das eigene Handeln im »Hier und Jetzt« betont. Sowohl die Erkenntnis der Begrenztheit und Abhängigkeit als auch das Wissen um ein Stück Freiheit bestimmen den Augenblick der Entscheidung: »Ich bin nicht allmächtig; ich bin nicht ohnmächtig. Meine Macht ist begrenzt.«[205]
Das zweite Grundpostulat besagt: »Störungen haben Vorrang«.[206] Konzentrations- und Kommunikationsstörungen sind immer da; sie als gegeben anzunehmen, heißt menschliche Realität anzuerkennen. Destruktiv werden Störungen erst, wenn sie unausgesprochen bleiben. Daher fordert Cohn, sie anzusprechen und in den Gruppenprozeß einzubeziehen.
Beide Grundpostulate beziehen das Individuum auf die Realität; sie gehen aus von Grenzen und Störungen, aber auch von begrenzter Freiheit und Entscheidungsmöglichkeit. Ruth Cohn hält diese Postulate nicht für zufällig und willkürlich, sondern für »Klarstellungen existentieller Phänomene«.[207] Sie beziehen sich auf die eigene Erfahrung und rufen zur Anerkennung der Realität auf. Wer die Realität nicht verleugnet

und sein eigener »Chairman« ist, nimmt sich ernst und akzeptiert sich. Und nur wer »Ich« sagen kann, kann auch eine echte Beziehung zu anderen aufnehmen. So entsteht aus der Arbeit am gemeinsamen Thema allmählich das »Wir« der Gruppe.

Das Leitbild der TZI strebt einen Grad an Autonomie und Gesprächsfähigkeit an, der weithin nicht vorhanden sein wird. Daraus können unter Umständen Differenzen zwischen implizit vermitteltem Menschenbild und erfahrener Realität entstehen.[208] Entscheidend wird nun sein, wie der Gruppenleiter mit diesen Defiziterfahrungen umgeht. Läßt er sie als unausgesprochene Gruppenphantasien stehen, können sie leicht zur normativen Instanz werden und ein lernhinderndes Klima schaffen. Das Postulat »Sei dein eigener Chairman!« führt dann eventuell dazu, daß gerade das Gegenteil des mit dieser Aufforderung Intendierten erreicht wird. Um die Normsetzung durch unbewußte Gruppenphantasien zu verhindern, müssen defizitäre Lern- und Gesprächserfahrungen ausgedrückt und akzeptiert werden. Erst wenn die Realisierung der Autonomie nicht als schnell zu erbringende Leistung gesetzt wird, kann sich der Freiheitsspielraum des einzelnen langsam vergrößern. Ein bloß formal gesetzter Freiraum bedeutet noch nicht Freiheit und Autonomie, sondern nur eine Verstärkung verinnerlichter Abhängigkeiten. Auch ein formal beeinflussungsfreier Leiter wird mit Übertragungsphantasien ausgestattet und als Autoritätsfigur aufgebaut. Diese Phantasien sind als Realität zu akzeptieren, denn sie können erst allmählich abgebaut werden: »Es ist unmöglich, nicht zu beeinflussen. Es fragt sich nur, wie wir es tun. Ich bin überzeugt, daß Offenheit und Realismus gute Wege bahnen.«[209] Ermöglicht die Offenheit auch die Annahme aktuellen Unvermögens, dann ist die Chance gegeben, zu hohe Ideale und den mit ihnen verbundenen Leistungsdruck abzubauen. Dann ist auch die Möglichkeit eröffnet, in der Gruppe Erfahrungen von Solidarität zu machen.

Um eine egozentrische Isolierung zu vermeiden und Solidarität zu ermöglichen, haben Heigl-Evers und Heigl die ursprünglichen Regeln durch zwei du-orientierte Regeln ergänzt.

Die »Ortungs-Regel« verlangt ein möglichst genaues Verstehen des anderen: »Jeder Sender von Kommunikation in der Gruppe soll versuchen wahrzunehmen, wo der Adressat oder die Adressaten seiner Kommunikation sich im Lernprozeß und im Interaktionsprozeß der Gruppe gerade befinden; er soll versuchen, bevor und während er kommuniziert, den Standort des Partners zu bestimmen.«[210]

Die »Antizipations-Regel« verlangt, die Auswirkungen des eigenen Verhaltens auf die anderen zu bedenken: »Der einzelne soll bei der Behandlung von Problemen der Anwendung, d.h. bei der Anwendung des gelernten Verhaltens in der sozialen Realität die Folgen dieses Verhaltens antizipieren. Jeder möge, bevor er handelt, überdenken, wie sich sein Handeln auf das Erleben und Verhalten der anderen auswirkt.«[211]

Grundsätzlich ist die möglichst genaue Einbeziehung der anderen Gruppenmitglieder zu begrüßen. Ich vermute freilich, daß hierzu eine relativ ausgeprägte Introspektions- und Artikulationsfähigkeit schon vorhanden sein müssen. Je offener und TZI-erfahrener eine Gruppe ist, um so eher werden die du-orientierten Regeln zur Anwendung kommen können.

In unerfahrenen Gruppen – um sie wird es sich im Bereich der kirchlichen Erwachsenenarbeit weitgehend handeln – werden genügend Schwierigkeiten auftreten, individuelle Positionen und Störungen einzubringen. Bei kontinuierlicher Zusammenarbeit

dürfte es am sinnvollsten sein, von der Erkenntnis der eigenen Befindlichkeit allmählich den Blick für das Erfassen der anderen und des Gruppenprozesses zu weiten.
Einen wichtigen Beitrag zum Umgang in und mit Gruppen hat Ruth Cohn mit ihrer Forderung geleistet, Lern- und Gesprächsstörungen zu thematisieren und konstruktiv mit ihnen umzugehen. Störungen sind als Gegebenheit anzunehmen; zerstörend wirken sie nur, wenn sie nicht bearbeitet werden. Dann nämlich verhindern Störungen die ungeteilte Aufmerksamkeit und untergraben den Interaktionsfluß: »Antipathien und Verstörtheiten können den einzelnen versteinern und die Gruppe unterminieren.«[212]
Störungen zu akzeptieren heißt auch, den Menschen in seiner Realität anzuerkennen: »Diese Anerkennung erlöst den Betreffenden von der Angst, nicht so sein zu dürfen, wie er ist: ›Ich darf sein, wer ich bin, ich bin Ich‹ und wertvoll auch mit meinen Störungen und Widerständen und mit dem bewußten oder unbewußten Wunsch nach Hilfe, sie überwinden zu lernen.«[213] Die Störungsregel – so verstanden und praktiziert – hilft, Ideale von unbegrenzter Autonomie und kommunikativer Höchstleistung abzubauen.
Es erscheint mir sinnvoll, zwei Arten von Störungen zu unterscheiden – individuell bedingte und durch den Gruppenprozeß bzw. das Thema hervorgerufene Störungen.
Die erste Art hängt mit der spezifischen Abwehrstruktur zusammen, die ein Mensch im Laufe seines Lebens erworben hat. Eine rigide Abwehr äußert sich in Vorurteilen und emotionalen Widerständen, in verzerrter Wahrnehmung und der Projektion innerer Konflikte. Alles, was als Bedrohung des Selbstbildes erscheint, wird eine Störung provozieren. Um diesen Anteil an Lernhindernissen geringzuhalten, erscheint eine akzeptierende und angstfreie Atmosphäre noch immer als der beste Weg.
Daneben gibt es Störungen, die sich aus der Gruppeninteraktion ergeben. Sie hängen natürlich mit den individuell bedingten Störungen zusammen, werden aber auch von der Struktur der Gruppe beeinflußt. Schon die Gruppengröße wirkt sich aus: Mit zunehmender Teilnehmerzahl steigen die Übertragungen und Störungsmöglichkeiten an, und es verringert sich gleichzeitig die Möglichkeit, sie einzubringen und zu bearbeiten. Da auch der individuelle Anteil an der Kommunikation kleiner wird, sinkt die Zufriedenheit, denn Stellung in der Gruppe, Anteil am Gespräch und pesönliche Zufriedenheit hängen zusammen.
Störungen können sich auch aus der Aufbereitung des Lernstoffs und der Formulierung des Themas ergeben. Das Thema soll einerseits weit genug sein, persönliche Assoziationen hervorzurufen, aber andererseits konkret genug, eine gemeinsame Ausgangsbasis zu schaffen. Die Kunst besteht darin, ein Thema so zu formulieren, daß es sowohl für subjektive Erfahrungen als auch für objektive Sachverhalte offen ist. Eine konkrete Formulierung evoziert Bilder und Assoziationen, eine offene Fragestellung kann über den Gesichtskreis der Gruppenmitglieder hinausführen.
Das Thema sollte kurz und prägnant sein, aber nicht so einseitig und geschlossen, daß es eine bestimmte Denkrichtung vorwegnimmt; es sollte so gestellt werden, »daß konstruktiv weiterführende Gedanken ermöglicht werden, die über das Problem hinausführen und nicht den Horizont einseitig einmauern.«[214]
Das Thema sollte
– nicht kompliziert und vielschichtig, sondern präzis, einfach und konkret sein;
– Gegensatzpaare einbeziehen (z.B. Ärger und Freude, Nachteile und Vorteile);

– keine Erwartungen ausdrücken, da Erwartungen eine passive Haltung erzeugen;
– situationsentsprechend sein, d.h. Probleme aufgreifen, aber keine Probleme künstlich schaffen;
– realitätsentsprechend sein, d.h. keine illusionären Lösungen nahelegen;
– stimulierend und anregend sein (eventuell durch eine leicht provokative Formulierung);
– persönlich formuliert sein und den Bezug zur Person des Gesprächsleiters andeuten;
– möglichst alle Teilnehmer einbeziehen;
– positiv formuliert sein, um konstruktive Möglichkeiten zu evozieren;
– möglichst die emotionale und kognitive Ebene ansprechen.

Sinnvoll ist es auch, das Thema in einen einführenden und motivierenden Zusammenhang zu stellen. Die Einführung hat das Ziel, die kognitive und emotionale Aufmerksamkeit der Gruppe auf das Thema hinzuleiten. Methodisch sind mehrere Formen möglich: Kurzreferat, Bilder, Aufforderung zu persönlichen Assoziationen, Dialoge, Rollenspiele. Je unabgeschlossener und lebendiger eine Hinführung ist, um so eher wird sie motivieren, sich persönlich mit dem Thema auseinanderzusetzen. Freilich geht es auch hier – und das sollte man von Ruth Cohn lernen – nicht um eine bloße Unterrichtstechnologie, sondern um eine persönliche Grundhaltung: »Geben und Erhalten sind existentielle Bedürfnisse. Eines dieser Bedürfnisse nicht ausleben zu können, führt zur Störung des inneren Gleichgewichts. Lehrer tun gut daran, von ihren Schülern und durch ihre Schüler zu lernen.«[215]

3.5 Meditative Elemente in der Gruppenarbeit

Gespräche in offener und vertrauensvoller Atmosphäre bilden die Grundlage jeder Gruppenarbeit. Es gibt jedoch Phasen im Gruppenprozeß, in denen ein vorschnelles Gespräch wichtige Einsichten »zerreden« kann. Es gibt Themen, die zunächst die Besinnung und Konzentration des einzelnen erfordern.

In diesem Zusammenhang haben meditative Elemente in der Bildungsarbeit ihren Sinn. Sie können der Gefahr begegnen, daß das Gespräch leer wird und sich immer mehr von der Ebene persönlicher Erfahrungen entfernt. Meditative Phasen begegnen dem Leistungsdruck, der die Schweiger in einer Gruppe bedrückt und an den Rand drängt. In der Konfirmandenelternarbeit wird es nicht möglich sein, Meditation im Vollsinn zu betreiben. Einfache Übungen aber lassen sich relativ leicht in die Gruppenarbeit einführen. Die folgenden Beispiele verstehen sich als Vorschläge, die entsprechend der Erfahrung des Leiters und der Situation der Gruppe geändert werden können.

Beispiel (für Erwachsenengruppen): »Versuchen Sie, . . . sich nun ganz auf den Stuhl einzulassen, auf dem Sie sitzen. Konzentrieren Sie sich ganz auf die Berührung: mit der Sitzfläche – mit der Rückenlehne – mit dem Boden. Denken und spüren Sie nichts als diese Berührung . . . Fühlen Sie, werden Sie inne: Ich bin berührt und berühre. Ich bin in Berührung.

Nehmen Sie nun wahr: ich bin getragen – ich bin gehalten. Lassen Sie sich ganz auf diese Wirklichkeit ein, lassen Sie die Tatsache zu: Ich bin getragen – gehalten. Wiederholen Sie: getragen – gehalten – getragen – gehalten . . . Sie können daher loslassen, alle Spannung loslassen: auf der

Stirn – im Gesicht – im Nacken – in den Schultern. Sie können sich ganz auf den Stuhl einlassen – Sie sind getragen und gehalten ... Nehmen Sie immer neu wahr: getragen – gehalten. Ich kann loslassen – mich einlassen – mich verlassen. Und wiederum neu: getragen – gehalten – hier und jetzt – in dieser Berührung – getragen, gehalten ... Lassen Sie jetzt langsam die Aufmerksamkeit los – lösen Sie sich aus der Sammlung auf eines – kehren Sie zurück in die Umwelt dieses Raumes und der Menschen darin ...«[216]

Bild- und Symbolmeditation: Bilder und Symbole erreichen oft tiefere Schichten als rationales Denken und analysierende Diskussion. Die Religionen bedienen sich deshalb seit Jahrtausenden bildlicher Symbole. Das Verständnis für diese Symbole ist freilich weithin verlorengegangen. Durch meditative Übungen kann es zum Teil wiedergewonnen werden.

Beispiel: Ein elementares Symbol ist der Kreis, Ausdruck der Geborgenheit und Vollkommenheit, aber auch der abgeschlossenen Eingrenzung. Das Kreissymbol kann folgendermaßen meditiert werden: Den Teilnehmern wird ein Kreis (Dia, Tafel, Plakat) mit folgender Aufgabenstellung gegeben:
– Was fällt mir zu diesem Kreis ein?
– Welches Gefühl habe ich bei der Vorstellung, im Kreis zu sein?
– Welches Gefühl habe ich bei der Vorstellung, außerhalb des Kreises zu sein?
– Welches Gefühl habe ich bei der Vorstellung auf der Kreislinie zu sein?[217]
Die Einfälle werden niedergeschrieben und ausgetauscht. Dabei wird sich zeigen, daß häufig sehr persönliche Gefühle und Erfahrungen angerührt werden (Gefühle von Angst und Geborgenheit, Ausgeschlossensein und Freiheit).
Der Kreis symbolisiert die Ewigkeit und Unendlichkeit Gottes. Ohne Anfang und Ende umschließt er den Weltkreis, Ausdruck der Hoffnung auf Geborgenheit. Die Geborgenheit im ewigen Kreis Gottes kann die Kraft geben, eingefahrene Kreise zu durchbrechen, auf andere »Kreise« zuzugehen, das Um-sich-Kreisen aufzugeben. Das Verhalten Jesu gibt viele Beispiele dafür.

Zur Meditation eignen sich auch Bilder (z.B. Kunstpostkarten) und Fotos. Hilfreich sind Bilder, die einen Bezug zum Thema, zu den Erfahrungen der Teilnehmer und zu christlichen Grundaussagen haben.

Beispiele: Um die persönlichen Fragen zu erheben oder zu einem Thema hinzuführen, läßt man von jedem Teilnehmer ein Bild auswählen. Nach der Wahl wird er gebeten, seine Gefühle und Eindrücke niederzuschreiben. Anschließend kann ein Austausch in Kleingruppen oder im Plenum stattfinden: Was hat mich angesprochen? Was hat mich beunruhigt? Welche Erinnerungen sind in mir ausgelöst worden? Hat sich ein Bezug zu meinem gegenwärtigen Leben ergeben?
Möglich ist auch die Zusammenstellung mehrerer Bilder/Dias unter einem thematischen Aspekt: Suchen Sie 6 Bilder zu folgendem Thema/Bibelwort aus:
– Leben und Tod
– Alltag und Glaube
– Ich bin der Weinstock und ihr die Reben ...
– Ich bin die Auferstehung und das Leben ...
Wichtig ist, die Ergebnisse nicht zu bewerten und jeden Leistungsdruck zu vermeiden. Es geht nicht um objektive Kunstkriterien, sondern darum, mit Hilfe der Bilder die Tiefenschicht der Teilnehmer anzusprechen.

Wie Bilder kann man auch Texte meditieren, z.B. Metaphern oder Bibelverse. Dadurch wird die Vielschichtigkeit vieler Begriffe ebenso deutlich wie die Bildhaftigkeit biblischer Aussagen.

Beispiel: In der Mitte einer Kleingruppe liegt ein Plakat, auf dem z.B. steht »Liebe ist ...« oder »Vertrauen ist für mich ...«. In einer Schweigephase schreiben die Teilnehmer abwechselnd ihre

Einfälle auf (beispielsweise »Liebe ist wie das warme Licht einer Kerze«). Nach den ersten Einfällen kann ein schriftlicher Austausch stattfinden. Dazu wird das Plakat herumgegeben, so daß jeder die Äußerung seines Vorgängers aufgreifen und fortführen kann. Das alles geschieht schriftlich und ohne Worte. Nach ausreichender Zeit findet eine Besprechung in der Kleingruppe statt. In einer weiteren Runde können alle Plakate aufgehängt werden, so daß ein Austausch zwischen den verschiedenen Kleingruppen entsteht. Diese Übung ist gut geeignet, die Verschiedenartigkeit der Einfälle deutlich zu machen und dadurch zur intensiven Beschäftigung mit einem Thema anzuregen.

Meditation des Mitmenschen: In der Pubertätsphase haben Heranwachsende und Eltern zumeist eine belastete Beziehung. Die Jugendlichen lösen sich unter inneren und äußeren Kämpfen aus dem Elternhaus, negative Gefühle treten in unterschiedlichen Formen auf. Häufig fehlt es an Offenheit und gegenseitigem Geltenlassen. Das Aufeinanderhören und Miteinandersprechen ist schwierig geworden. In dieser Situation können meditative Übungen zur gegenseitigen Annahme beitragen und die positiven Gefühle in der Familie verstärken.[218]

Beispiel: – Erinnerung an eine Erfahrung von Liebe und Güte . . .
– Erleben der Wärme von Liebe und Güte; Verstärkung dieses Gefühls mit dem Wunsch, sich selber Liebe und Güte zu gewähren; Akzeptieren dieses Wunsches und Erfahrung der Entspannung: ich kann mich selber wichtig nehmen, mir Liebe geben und die Wärme, die in mir entsteht, akzeptieren und genießen . . .
– In uns wächst das Gefühl der Wärme und Geborgenheit. Wir spüren eine wachsende Lebendigkeit in uns, eine Kraft, die uns durchströmt . . .
– Diese Kraft lassen wir auf einen anderen Menschen überströmen – einen Menschen, der uns nahesteht und den wir lieben. Wir umfangen den anderen mit unserer Wärme, sprechen innerlich zu ihm, wünschen ihm Gutes . . .
– Wir schließen unsere Familie in den Wärmestrom ein. Wir stellen uns unsere Angehörigen vor, bedenken sie, wünschen ihnen Gutes . . .
Die Beziehung zwischen Eltern und Kindern kann sodann konkret meditiert werden.
Für die Eltern: Wie war mein Gefühl gegenüber meinem Kind in der ersten Zeit nach der Geburt? Wie ist es heute? Wie hat meine Einstellung zu meinem Kind unsere Beziehung beeinflußt? Habe ich mein Kind bevorzugt oder benachteiligt? Worüber ärgere ich mich? Was gefällt mir? Was möchte ich in der Beziehung zu meinem Kind ändern? Wo möchte ich mich ändern? Wann war das letzte gute Gespräch zwischen uns? Warum war es gut? Wie kann ich meinem Kind helfen, seinen eigenen Weg zu finden und ihn zu gehen? Ich versuche, auf mein Kind zu hören. Ich versuche, es aus seinem Inneren heraus zu verstehen. Ich umfange es mit dem Strom meiner Liebe . . .
Für die Kinder: Wie erlebe ich meinen Vater, meine Mutter? Wie sind sie bei der Arbeit . . . in der Freizeit? Zueinander? Zu mir? Was bedeutet es für sie, miteinander verheiratet zu sein? Was bedeutet es für sie, Kinder zu haben? Wie ist ihr Verhältnis zu mir? Zu meinen Geschwistern? . . . Ich denke daran, daß sie beide auch Kinder waren. In meinem Alter! Wie sie wohl damals waren? Ich stelle sie mir als Jugendliche vor . . . Ob sie wohl Schwierigkeiten mit ihren Eltern hatten? Ob ihre Eltern sie verstanden? Ob wir uns als Gleichaltrige verstanden hätten? . . .
Ich stelle mir meine Eltern vor und sage ihnen etwas . . .

3.6 Rollenspiel und »Bibliodrama«

Die Meditation führt den Menschen zu sich selbst. Sie verbindet die Besinnung auf das Innere mit seelisch-körperlicher Entspannung. Das Rollenspiel läßt das Individuum aus sich heraustreten und mit anderen Menschen eine Beziehung aufnehmen. Rollenspiele geben die Möglichkeit, fiktive und reale Konflikte darzustellen, bewußtzumachen und einer konstruktiven Lösung zuzuführen. Dabei ist die Darstellung im Spiel häufig eindringlicher und anschaulicher als das Gespräch. Gerade bei Beziehungskonflikten erlaubt es das Rollenspiel, das eigene Verhalten flexibler zu gestalten und die Partner genauer wahrzunehmen. So können beispielsweise eingefahrene Kommunikationsformen zwischen Eltern und Kindern aufgelockert werden. Diese Möglichkeit macht das Rollenspiel auch für die Konfirmandenelternarbeit wichtig. Das Spiel kann offene Gespräche nicht ersetzen, an manchen Stellen aber über sie hinausführen:

– Das Rollenspiel hat eine kathartische Wirkung. Das Aussprechen und Darstellen von Ärger und Wut, Angst und Verzweiflung, Liebe und Sehnsucht entlastet von bedrükkenden Gefühlen. Indem diese Gefühle als vorhanden akzeptiert werden, büßen sie an Macht ein. Die Beteiligten lernen, offener und angstfreier über ihre Beziehung zu sprechen.

– Das Rollenspiel setzt Phantasie und Kreativität frei. Es vermehrt das Einfühlungsvermögen für andere. Das ist wichtig, um Beziehungsstörungen und Gesprächsbarrieren zu überwinden. Gerade in Familien mit heranwachsenden Kindern ist die Kommunikation oft eingefahren und verhärtet. Hier mag die spielerische Darstellung der Konflikte die Fronten aufweichen. Das Rollenspiel fördert das Erproben neuer Verhaltensweisen und macht deutlich, was im Alltag oft nicht gesehen wird: es gibt eine Fülle von Möglichkeiten, sich darzustellen und die Beziehung zu anderen Menschen zu gestalten.

– Das Rollenspiel fördert die Gruppenbildung und Solidarität der Teilnehmer. Das Spielen bringt Spaß und trägt zu einer entspannten Atmosphäre bei. Da eine Bewertung nicht stattfindet, gehen Rivalitäts- und Konkurrenzgefühle zurück. Die dargestellte Sache gewinnt an Bedeutung. In der Gruppe kommt es leicher zu einem fruchtbaren Gespräch. Abstrakte und allgemeine Diskussionsbeiträge werden erschwert, da das Problem im Spiel anschaulich dargestellt wird. Mancher hat sich vielleicht zum Spiel überwinden müssen und ist nun stolz darauf, es geschafft zu haben.

In der Konfirmandenelternarbeit lassen sich Rollenspiele insbesondere bei zwei Themenbereichen einsetzen – bei der Darstellung von Beziehungskonflikten sowie bei der Erarbeitung biblischer Geschichten (»Bibliodrama«). Wichtig ist, daß zu Rollenspielen hingeführt wird und daß ihr Einsatz dosiert und reflektiert erfolgt. Spiele können weder das Gespräch noch die genaue Planung von Lernzielen ersetzen. Aus der Erfahrung mit Rollenspielen hat sich ein grobes Ablaufschema herausgebildet.[219] Dieses Schema bietet – flexibel angewandt – gerade auch dem wenig erfahrenen Leiter eine Hilfe.

Motivationsphase: Zu Beginn müssen die Beteiligten für das Spiel motiviert werden. Sie müssen sich auf das Thema einstellen und ein Gefühl von Vertrauen und Sicherheit bekommen. Die Motivation kann durch ein engagiertes Gespräch oder vorbereitende Übungen (Meditation, Pantomime, Regelspiele) erfolgen.

Wenn Interesse am Thema und Bereitschaft zum Spiel geweckt sind, muß die Problemsituation dargestellt werden. Ein Konflikt oder eine Ausgangssituation müssen so konkret beschrieben werden, daß die Rollen deutlich werden. Die Aufgabe des Leiters hierbei ist es, den Kern des Problems herauszustellen. Wenn das gelingt, beginnen die Teilnehmer sich mit den Rollen des Spiels zu identifizieren.

Nun erfolgt die Auswahl der Spieler. Sinnvoll wird es zunächst sein, Freiwillige zu bitten. Um zu vermeiden, daß immer nur die gleichen spielen, kann es zuweilen aber auch angebracht sein, einzelne Teilnehmer anzusprechen. Dabei ist darauf zu achten, niemanden zu bedrängen und Rollenverfestigungen zu vermeiden. Das heißt: ein schüchterner Jugendlicher sollte niemals die Rolle eines Schüchternen bekommen, sondern den »mutigen Draufgänger« spielen. Der aggressive Jugendliche sollte einmal den Part des »Musterkonfirmanden« übernehmen. Die nachgiebige Mutter sollte sich einmal in der Rolle der fordernden, durchsetzungsfähigen Frau versuchen. Durch diese Rollenverteilung wird die Klischeebildung aufgebrochen. Die Spieler erweitern eingefahrene Verhaltensmuster und entdecken neue Möglichkeiten. Sind die Rollen verteilt (eventuell mit einer Kurzcharakteristik auf einem Handzettel), können die Spieler sich über ihr Spiel verständigen. Für ungeübte Gruppen kann es hilfreich sein, einen groben Szenenablauf abzusprechen. Die detaillierte Gestaltung des Dialogs und andere Einzelheiten sollten allerdings nicht festgelegt werden.

Am Spiel beteiligt sind zumeist nur einige. Damit die Zuschauer nicht das Interesse verlieren, sollten ihnen Beobachtungsaufgaben zugeteilt werden. Aufgabe der Beobachter ist es, den Spielverlauf detailliert wahrzunehmen, sich in die Rollen der Spieler einzufühlen und mögliche Spielalternativen zu erkennen. Die Beobachtungsaufgabe kann sich auf das ganze Spiel oder einzelne Spieler erstrecken.

Mögliche Leitfragen zum Spielverlauf sind: Gelang es den Spielern, die vorgegebene Rolle lebendig darzustellen? War die Darstellung überzeugend? Welche Ausdrucksmöglichkeiten (verbal, mimisch, gestisch, aktional) standen den Spielern zur Verfügung? Welche wurden vernachlässigt? Sind die Spieler aufeinander eingegangen? Wurden Signale und Äußerungen der Mitspieler wahrgenommen? Wurde auf sie reagiert? Bestand Einigkeit über den Spielverlauf? Wie wurde sie hergestellt? Wurden Konflikte ausgedrückt oder umgangen? Traten Aggressionen auf? Wie wurde mit ihnen umgegangen? Gab es Hemmungen oder Brüche im Spielverlauf? An welchen Stellen? Warum?

Mögliche Leitfragen zum Inhalt sind: Welche Konfliktlösung wurde im Spiel gefunden? Ist die Lösung überzeugend und realistisch? Welche Konsequenzen ergeben sich aus der Lösung? Waren Alternativen möglich? Welche? Was spricht für sie, was gegen sie?

Spielphase: Das Spiel sollte in einer Atmosphäre der Konzentration stattfinden. Darauf sollte der Leiter durch klare Mitteilung der Regeln und Vorgehensweise hinweisen. Unruhige Jugendliche können eventuell durch besondere Beobachtungsaufgaben oder Hilfsdienste beruhigt werden. Der Leiter ist der Anwalt des Spiels. Um Widerstände gegen das Spielen abzubauen, kann er unter Umständen mitspielen. Der Nachteil ist freilich, daß er den Überblick verliert und sich der Möglichkeit begibt, an kritischen Punkten einzugreifen. Der Leiter wird eingreifen, wenn ein Spieler seine Rolle abbricht (freilich gilt: kurze Pausen aushalten und erst nach einiger Zeit eingreifen). Durch Fragen zur Situation oder inneren Verfassung des Spielers (Rollennamen benutzen!) lassen sich solche Störungen oft beheben. Es ist auch möglich, daß der Leiter oder ein Zuschauer sich als »Doppler« hinter den Spieler stellt und aus seiner Rolle heraus spricht. Mit dieser Technik, die systematisch im therapeutisch orientierten Psychodrama eingesetzt wird, kann die Einfühlung trainiert und ängstlichen Spielern eine Stütze gegeben werden. Der »Doppler« hat die Aufgabe, sich in die innere Welt »seines« Spielers zu versetzen und aus seiner Rolle heraus zu sprechen. Eine weitere Technik des Psychodramas ist der Rollenwechsel. Gerade bei Beziehungskonflikten kann es ange-

bracht sein, daß die Beteiligten durchgängig oder phasenweise den entgegengesetzten Part spielen. So kann es das Verständnis erleichtern, wenn ein Vater seinen heranwachsenden Sohn (oder seine Tochter) spielt und umgekehrt.
Wird das Spiel durch starke Aggressionen oder Hemmungen gestört, kann abgebrochen werden. Wichtig ist, daß der Abbruch nicht vorwurfsvoll geschieht, sondern als Tatsache akzeptiert wird. Es haben sich dann entweder andere Probleme in den Vordergrund gedrängt oder die Gruppe ist noch nicht spielfähig. Beides sollte kurz besprochen, aber auch als Realität akzeptiert werden. Ansonsten wird das Spiel beendet, wenn das beabsichtigte Ziel erreicht ist oder die Unmöglichkeit einer Lösung sich gezeigt hat.
Nachbesprechung: Was im Spiel sichtbar wurde, wird nun besprochen und in seinen Konsequenzen bedacht. Erfahrungen werden benannt, Alternativen erörtert, die Übertragbarkeit auf die Alltagsrealität reflektiert. Wichtig ist, daß zunächst keine Kritik an den Spielern geübt und deutlich zwischen ihrer Person und der Rolle unterschieden wird: »Robert, Du bist sehr freundlich auf Alexandra eingegangen. Ich konnte mir gut vorstellen, wie hilfreich das für sie war.« Dies ist besser als: »Robert, Du warst sehr gut.«
In der Diskussion kommen am besten zunächst die Spieler zu Wort. Sie werden gebeten, ihre Gefühle während des Spiels zu schildern. Danach teilen die Beobachter ihre Eindrücke mit. So entsteht allmählich ein Gesamtbild, das durchaus Widersprüche enthalten darf. Es ist wichtig zu sehen, daß es verschiedene Einschätzungen derselben Rollendarstellung gibt. Die Güte eines Rollenspiels liegt nicht in einem abschließenden, einheitlichen Ergebnis, sondern in dem lebendigen Prozeß der Darstellung und Auseinandersetzung.
Die Aufgabe des Leiters besteht darin, die Diskussion zu zentrieren und auf ungewohnte Rolleninterpretationen hinzuweisen. Der Leiter ist in dieser Phase der Anwalt neuer und kreativer Konfliktlösungsversuche. Er sollte Anstöße geben, um erstarrtes Denken, Glauben und Verhalten aufzulockern. Dadurch ergeben sich vielleicht Anstöße, die bis in den Alltag hinüberreichen. Rollenspiele sind nicht nur zur Darstellung eigener Erfahrungen und Konflikte geeignet. Sie können auch eine Möglichkeit bieten, biblische Texte in unvertrauter Weise lebendig werden zu lassen. Die Kenntnis biblischer Geschichten und Gestalten kann heute nicht mehr vorausgesetzt werden. Viele erwarten nichts mehr von diesem Buch. Um so überraschender kann es sein, wenn die Bibel transparent für eigene Fragen und Erfahrungen wird. Neue Methoden der Bibelarbeit haben im letzten Jahrzehnt Anstöße für eine vertiefte Beschäftigung mit biblischen Texten gegeben. Diese Methoden nehmen das auf, was für ein ganzheitliches Lernen wichtig ist: »Bildungsprozesse bewußt und gezielt in Gang bringen; Mitbestimmung der Ziele; Einbringen von Inhalten, die auf den Lebenskontext der Beteiligten bezogen sind; Aktivierung der Lernenden durch Methoden, die auf der Gefühls- und Wissensebene Beziehung ermöglichen; neues Rollenverhalten der Lehrenden; Beachtung der Vorgänge in Gruppen; Rücksichtnahme auf die emotionalen und kognitiven Bedürfnisse der Teilnehmer.«[220]
Eine Methode zur lebendigen Erarbeitung biblischer Geschichten ist das vom Rollenspiel beeinflußte *Bibliodrama.* Statt über eine Geschichte zu reden, spielt man sie. Statt zu reflektieren und eine allgemeine Wahrheit zu extrahieren, begibt man sich mit seiner

ganzen Person in die Auseinandersetzung. Damit führt ein gelungenes Bibliodrama zur persönlichen Begegnung mit einem Bibeltext. Aus der fernen Wahrheit wird persönliche Wirklichkeit.

Dem Spiel kann eine Entspannungs- und Hinführungsphase vorangehen. Sie hat die Aufgabe, die Vorherrschaft des Intellekts zu relativieren und auf die Geschichte einzustimmen. Der Text für das Spiel kann vorher festgelegt oder aus der Situation bestimmt werden. Im ersten Fall hat der Leiter die Sicherheit der Planung, im zweiten den Vorteil der aktuellen Bedeutsamkeit des Textes. Ziel ist es in jedem Fall, »Exegese im Lebenszusammenhang zu treiben, gegenwärtige, unabweisbar subjektiv gefärbte Erfahrungen in Kontakt zu bringen mit den Erfahrungen, die in der Geschichte und den Geschichten, Psalmen, Briefen und Sprüchen der Bibel stecken.«[221] Das heißt: der Text soll in Zustimmung oder Ablehnung, Bestätigung oder Verunsicherung, Nähe oder Distanz persönlich werden. Freilich darf die Bibel nicht bloße Projektionsfläche eigener Erfahrung sein und ihre eigene Stimme verlieren. Ihre Fremdheit und Erfahrungstranszendenz müssen erhalten bleiben. Methodisch bedeutet das: man geht vom Text aus und fragt dann nach subjektiven Reaktionen, Gefühlen und Einfällen. Diese können sich auf Personen oder Gegenstände beziehen. Dabei werden häufig Ambivalenzen sichtbar werden: Jesus wirkt vertrauenerweckend und unheimlich, Eva verführerisch und angsteinflößend. Das Spiel erlaubt es, diese Ambivalenzen auszudrücken. Auch unrealistische Rollenwahlen sind möglich. Man kann Gott oder den Teufel, Jesus oder Judas spielen. Dadurch können negative Persönlichkeitsanteile wie Haß und Neid, Zweifel und Resignation ausgedrückt werden. Die expressive Darstellung dieser Gefühle erweitert den Bereich der bewußten und zugelassenen Seiten der Persönlichkeit. Biblische Begriffe und Gestalten werden hilfreich für die Deutung des eigenen Lebens und der Wirklichkeit. Sie wirken therapeutisch, indem sie verschiedene Aspekte zulassen und damit den Wahrnehmungs- und Erfahrungshorizont vergrößern.

Das Nachgespräch versucht, subjektive Erfahrung und biblische Aussage zusammenzubringen. Exegetische Erkenntnisse werden in den Rahmen persönlicher Fragestellungen eingebracht, die Selbsterfahrung der Teilnehmer wird im Zusammenhang der biblischen Gestalten und Situationen thematisiert. Spiel und Nachgespräch sind persönlichkeitsnah, aber nicht primär therapeutisch. Methodisch bedeutet das: die Darstellung einer Rolle wird nur begrenzt vor dem individuellen Hintergrund des Spielers besprochen. Auch Störungen werden nur insoweit behandelt als sie den Spielablauf beeinträchtigt haben. Die Analyse individuellen Verhaltens und gruppendynamischer Prozesse ist nicht Selbstzweck, sondern auf die Darstellung des biblischen Textes bezogen. Ziel ist, daß die Bibel lebendig wird – in ihrer Fremdheit und Schroffheit, die Ärger und Unverständnis auslösen, aber auch in ihrer Nähe und Menschlichkeit, die das Herz öffnen und das Denken befreien.

3.7 Resümee: Die Notwendigkeit eines integrativen Ansatzes

Wir waren von der Frage ausgegangen, welche gruppenpädagogischen Methoden geeignet seien, in der kirchlichen Erwachsenenbildung ein ganzheitliches Lernen zu ermöglichen. Dabei hat sich gezeigt, daß die dargestellten Modelle unterschiedliche Aspekte des Lernprozesses beschreiben. Die psychoanalytische Gruppenforschung (Brocher) betont vor allem das affektive Beziehungsnetz in Gruppen, die persönlichen und gruppenpsychologischen Voraussetzungen des Lernens. Rogers postuliert eine humanistische Grundhaltung des Unterrichtenden und das Vertrauen in die Entwicklungskräfte des Individuums. Beide Ansätze setzen die Beschäftigung der Gruppe mit einem Sachthema voraus, bedenken dessen Funktion und Stellung aber nur wenig. Am weitesten hat Ruth Cohn den Zusammenhang von Emotionalität und Sachbezogenheit, von Thema und Interaktion reflektiert. Ihr Modell dürfte daher für die kirchliche Erwachsenenbildung am fruchtbarsten sein. Es ermöglicht den Teilnehmern am ehesten, in das Sachthema auch ihre Gefühle und Erfahrungen einzubeziehen. Dadurch wird verhindert, daß der Inhalt oder die Methode des Lernens einseitig verabsolutiert werden. Methoden sind nicht Selbstzweck, sondern bedürfen eines bestimmten Inhalts. Andererseits erfordert jeder Inhalt eine spezifische Methode: »Inhalte ohne Methoden sind blind, und Methoden ohne Inhalte leer . . . .«[222] Die Beschäftigung mit Erziehungsfragen erfordert ein anderes methodisches Vorgehen als die Erarbeitung eines biblischen Textes. Und umgekehrt: Methoden können eine Eigendynamik entwickeln. Ein Rollenspiel, das bloß einen Sachverhalt verdeutlichen sollte, kann tiefe Gefühle wecken, die vom intendierten Lernziel abführen. Methoden und Inhalte müssen zueinander passen, um das angestrebte Ziel zu erreichen. Sie müssen auch die Lernsituation berücksichtigen. Lernen findet mit konkreten Menschen in einer bestimmten Zeit an einem bestimmten Ort statt. Diese Realität bestimmt mit, wie und was gelernt wird. Was mit der einen Gruppe leicht möglich war, ist mit einer anderen vielleicht kaum zu erreichen. Trotz der Ähnlichkeit grundlegender Gruppenprozesse hat jede Lernsituation neue Bedingungen und Aspekte. Das relativiert die Eindeutigkeit allzu einfacher Theorien und die einseitige Betonung eines Lernfaktors. Inhalte und Methoden, Lernziel und Lernsituation hängen zusammen und bedingen einander. »Lebendiges Lernen« verlangt, alle Faktoren zu berücksichtigen und jeweils neu in eine flexible Balance zu bringen.

Für die dargestellten gruppenpädagogischen Ansätze gilt eine Einschränkung: Sie sind von Psychotherapeuten entwickelt und haben ihren ursprünglichen Ansatz in der Psychotherapie. Einsichten, die hier gelten, werden relativ ungebrochen auf den pädagogischen Bereich übertragen. Das zeigt sich vor allem an der Überzeugung, nur Lernen in Betroffenheit – Rogers: »signifikantes Lernen«, Cohn: »lebendiges Lernen« – sei sinnvoll sowie an der Bevorzugung der Sprache als Interaktionsmedium.

Die Forderung nach »lebendigem« Lernen wird sich leicht erfüllen lassen, wenn die Themen ich-nah und existentiell bedeutsam sind. Was aber geschieht bei Themen, deren persönlicher Bezug nur schwer herzustellen sein wird? Allzu flott betonen viele TZI-Theoretiker, daß jedes Thema – werde es nur richtig gewendet – eine persönliche Dimension habe. In einem gewissen Widerspruch dazu steht freilich die selbsterfahrungsnahe Ausrichtung fast aller TZI-Ausbildungsseminare. Mir scheint das darauf hinzudeuten, daß die Frage nach einem differenzierten Umgang mit Themen unter dem Aspekt ihrer Erfahrungsnähe noch weithin ungeklärt ist.

Die Bevorzugung der Sprache begünstigt Menschen, die es gelernt haben, sich verbal relativ ungehindert und differenziert auszudrücken.[223] Sprachungeübte Menschen wie

z.B. Unterschichtangehörige bleiben vom Bildungsprozeß weithin ausgeschlossen. Für sie müßten stärker nonverbale und aktionale Methoden eingesetzt werden.[224]
Die angeführten gruppenpädagogischen Modelle entwickeln sehr optimistische Zielvorstellungen. Diese Ziele lassen sich in therapeutischen und kommunikationsgeübten Gruppen sicher annähernd verwirklichen, in weiten Bereichen der Ortsgemeinde aber nur teilweise. Die vorherrschende emotionale und soziale Unmündigkeit vieler Erwachsener erschwert einen offenen und selbstverantworteten Umgang. Das macht die Forderung freilich noch dringlicher, eine »reife« Kommunikation, wie sie allen Ansätzen vorschwebt, anzustreben. Es geht nicht um eine pauschale Bejahung oder Ablehnung gruppenpädagogischer und gruppendynamischer Methoden. Diese Methoden gehen ja von Prozessen aus, die immer schon vorhanden sind (so haben z.B. Störungen Vorrang – ob der Gruppenleiter es weiß und thematisiert oder nicht). Zu fordern ist vielmehr eine Anwendung gruppenpädagogischer Methoden auf verschiedenen Ebenen – entsprechend der Erfahrung des Leiters und der Offenheit der Gruppe. Damit könnte eine allmähliche Annäherung an einen »reifen« und offenen Umgang eingeleitet werden. Erfahrungen zeigen, daß es auch in starren und ungeübten Gruppen gelingt, elementare Formen offener Kommunikation einzuüben, indem z.B. längere Zeit eine TZI-Regel zugrundegelegt oder ein kurzes Gespräch über den Gruppenprozeß institutionalisiert wird. Wichtig ist, daß der Leiter seine Möglichkeiten kennt, den Standort der Gruppe in etwa richtig einschätzt und eine allmähliche Öffnung zu gruppenbezogenen Methoden reflektiert durchführt. Dabei können die aufgeführten Ansätze Informationen über Leiterverhalten und Gruppenprozesse geben sowie als Zielvorstellung dienen. Gerade die kirchliche Erwachsenenbildung täte gut daran, Methode und Thema, Inhalt und Prozeß des Lernens als einander bedingende Faktoren gleichwertig zu behandeln. Nur so werden die Teilnehmer als Partner auf einem gemeinsamen Weg und als mündige Christen ernstgenommen.
Die dargestellten Ansätze weisen auf wichtige Prozesse der Gruppenarbeit hin und geben Hinweise zu ihrer Handhabung. Weithin ungeklärt ist freilich noch die theologische Reflexion ihres impliziten Menschenbildes. Statt unkritischer Übernahme oder pauschaler Ablehnung wären hier differenzierte Überlegungen nötig. Das Menschenbild der »Humanistischen Psychologie« enthält neben offenen Fragen auch kritisch zu bewertende Grundannahmen. Zu begrüßen sind die Bejahung einer ganzheitlichen Erfahrung, die Betonung mitmenschlicher Annahme und Solidarität sowie das Ziel einer offenen und selbstverantworteten Kommunikation. Zu beachten ist freilich der »blinde Fleck« dieser Ansätze: haßvoll Aggressives und Destruktives im Menschen, unaufhebbares Leid und Erfahrungen von Sinnlosigkeit kommen nur am Rande vor. Das Positive des persönlichen »Wachstums« wird einseitig betont, während »das Innewerden des ›Schattens‹ – nach C. G. Jung das A und O aller Selbsterfahrung – ebenso regelmäßig versäumt wird.«[225] Dieses Versäumnis hängt mit dem etwas simplen Menschenbild der »Humanistischen Psychologie« (v.a. bei Rogers) zusammen: Wenn die neurotischen Erstarrungen aufweichen und die Fassade abbröckelt, beginnen die Gefühle freier und offener zu fließen und das »wahre Selbst« sichtbar zu werden. Freilich läßt sich fragen, ob das »wahre Selbst« so schnell zu finden ist. Es sollte jedenfalls nicht vorschnell mit der zunehmenden Gesprächs- und Beziehungsfähigkeit von Menschen identifiziert werden. Zu leicht wird übersehen, daß die Selbstdarstellung

in Gruppen auch bei offener Kommunikation gefiltert ist. Die geäußerten Gefühle und Meinungen dienen leicht unbewußten Gruppennormen und der Darstellung eines Idealbildes. Die »Echtheit« kann Anleihen bei einem Jargon machen und wieder zum Klischee werden. Es sind dann eventuell »geschönte Gefühle«,[226] die auftreten und die die Selbsterkenntnis und Wahrnehmung des anderen eher verhindern als fördern. Um derartige Scheinwege in die Selbst- und Fremdtäuschung immer wieder zu verlassen, ist es nötig, vom Erleben im »Hier und Jetzt« immer wieder Abstand zu nehmen. Dazu bedarf es der Reflexion über unbewußte Normen und Ideale sowie der prinzipiellen Grenzen der Selbst- und Fremderkenntnis. Nur so gelingt es, nicht nur die erwünschten und »geschönten« Seiten der Persönlichkeit zu feiern, sondern auch den »Schatten« (Jung) und die »Tarnungen des Ich« (Bittner) zu erahnen.
Dieser Vorgang hätte eine wichtige theologische Bedeutung. Der Realismus des christlichen Glaubens hilft, den Menschen so zu sehen, wie er ist und nicht, wie er sein sollte. Das Paradox dieses Glaubens ist die Annahme des Menschen in der Realität seiner Schwachheit und seines »Schattens«. Daß Leben auch dort lebenswert und sinnvoll ist, wo es nicht »geschönt« ist, behauptet dieser Glaube.
Die evangelische Erwachsenenbildung hat von einem Menschenbild auszugehen, das den Menschen nicht mit seiner realen Lebensentfaltung identifiziert. Jeder Mensch ist letztlich mehr als das, was allen sichtbar vor Augen liegt. Auch wenn die Teilnehmer ihre Mündigkeit und Selbstbestimmung noch nicht realisieren können, sind sie doch daraufhin anzusprechen, denn vor Gott gelten sie als mündig und frei. Dieses Menschenbild verhindert sowohl pädagogischen Leistungszwang als auch religiöse Indoktrination. Ursprung und Ziel des christlichen Glaubens ist das Urbild des wahren Menschen – Jesus von Nazareth. An ihn knüpft der Glaube die Rechtfertigung des Schuldverfallenen und Unvollkommenen und den Zuspruch endlicher Annahme und Vollendung.

4. Beschreibung der Zielgruppe »Konfirmandeneltern«

Zielgruppenorientierte Gemeindearbeit setzt die Kenntnis der betreffenden Zielgruppen voraus. Im Unterschied zur Untersuchung anderer Lebensphasen lag die Beschäftigung mit dem mittleren Erwachsenenalter bis vor kurzem am Rande der Forschung. Diese Lebensspanne galt als relativ problemlos und festgelegt. Man nahm an, daß mit dem Abschluß der Adoleszenzphase die Entwicklung im wesentlichen abgeschlossen sei. Der Erwachsene galt als »fertig«, nur noch damit beschäftigt, das Erreichte im Leben zu bewähren. Erste Veränderungen dieser statischen Sicht brachten familiensoziologische Untersuchungen, die stärker den Wandel der Familie betonten. Die soziale und historische Bedingtheit der familiären Rollen und Werte wurde bewußt. Seit dem Ende der 60er Jahre wandte sich auch die Entwicklungspsychologie dem mittleren Erwachsenenalter zu. Man entdeckte Brüche und Krisen in dieser Lebensspanne, die zu einer Vielzahl empirischer Untersuchungen und der Differenzierung der theoretischen Erklärungsmodelle führten. Die Analyse individueller Lebensläufe hat seitdem zu einer immer schärferen Sicht des mittleren Erwachsenenalters geführt.

4.1 Die Familie in der gegenwärtigen Gesellschaft – soziologische Bedingungsfaktoren des mittleren Erwachsenenalters

4.1.1 Die Familie als Primär- und Intimgruppe

Über den Wandel der Familie ist in den letzten Jahren viel gesprochen und geschrieben worden. Dabei ist die Familie ebenso als »Instanz der gesellschaftlichen Anpassung«[227] angegriffen wie als Hort der Sicherheit verteidigt worden. Neue Formen von Partnerschaft und Gruppenleben zeigen, daß die Kleinfamilie nicht mehr die unhinterfragt übernommene Lebensform darstellt. Die Suche nach Alternativen hat ein beträchtliches Ausmaß erreicht. Das Gespür für die einengenden und schädigenden Folgen mancher Formen familiären Lebens hat zugenommen. Die soziale Verankerung der Familie ist lockerer geworden. Damit setzt sich ein Prozeß fort, der schon vor langer Zeit begonnen hat. Mit wachsender Differenzierung der Gesellschaft sind immer mehr Funktionen der Existenzsicherung aus der Familie ausgegliedert worden. Einschneidend ist die mit der Industrialisierung verstärkte Herausnahme der Produktion aus dem Familienbereich. Damit hört die Familie auf, die Grundeinheit der Arbeitsorganisation zu sein. Da die sich entwickelnde Industriegesellschaft höher qualifizierte Arbeitskräfte braucht, wird ein Teil der familiären Sozialisationsfunktionen auf spezielle Institutionen übertragen: Seit dem 17. Jahrhundert setzt sich allmählich die allgemeine Schulpflicht durch (zeitlich mit großen schichtspezifischen Unterschieden), um die Mitte des

19. Jahrhunderts beginnt die Einrichtung von Kindergärten. Gegen Ende dieses Jahrhunderts wird die Vorsorge und Fürsorge durch den Ausbau der Sozial- und Krankenversicherung der alleinigen Zuständigkeit der Familie entnommen. In unserem Jahrhundert vollzieht sich ein tiefgreifender Wandel hinsichtlich der Reproduktionsfunktion der Familie. Aus verschiedenen Gründen (Rückgang der Kindersterblichkeit, Anstieg der Erziehungskosten durch längere Ausbildungszeiten, größere Konsumfreudigkeit, Geburtenregelung) werden heute weniger Kinder geboren als früher. Das bedeutet, daß die Eltern nur einen relativ kurzen Zeitraum ihres Lebens mit der Betreuung der Kinder beschäftigt sind. Diese Entwicklung hat zu einer Funktionsverlagerung der Kleinfamilie geführt. Die Abgabe elementarer existenzsichernder Aufgaben hat andere Beziehungs- und Entfaltungsformen ermöglicht und das Familienleben vielfältiger gemacht. Mehr Nähe und Intimität, größere Freiheit und Entwicklung innerhalb der Familie sind möglich geworden. Auf der anderen Seite hat sich auch die Gefahr größerer Belastung und emotionaler Überforderung erhöht. Familientherapeuten haben anschaulich beschrieben, wie sehr eine Isolierung der Kleinfamilie elterliche Projektionen und Zwänge begünstigen kann. Die Kinder werden dadurch in eine Rolle als Partnerersatz, Sündenbock oder Träger der eigenen unerfüllten Wünsche gedrängt und dauerhaft geschädigt.[228] Beide Entwicklungen sind möglich: die Familie kann Wachstum und Selbständigkeit fördern, aber auch neurotische Entwicklungen bei einzelnen Mitgliedern begünstigen.

Die Familie braucht, um richtig funktionieren zu können, ein bestimmtes Maß an Zusammenhalt und Zusammengehörigkeitsgefühl. Dabei gilt: unterschreitet die erlebte Nähe und Intimität einen bestimmten Grad, so wird die Atmosphäre »kühl« und der Familienzusammenhalt bricht auseinander (auch wenn es zu keiner formellen Scheidung kommt). Wird dagegen die Nähe zu groß und die innerfamiliäre Kommunikation überwertig, kann eine zu große Abhängigkeit gefördert werden, die die Entwicklung der einzelnen hemmt.

Beide Extremformen werden als leidvoll erlebt und führen langfristig zu Persönlichkeitsstörungen und Kommunikationsproblemen in der Familie. Bei »gesunder« Interaktion dagegen erleben und praktizieren die Familienmitglieder Solidarität. Sie leben zusammen, der gemeinsame Haushalt ist allen jederzeit zugänglich und die Güter können von allen genutzt werden. Die Solidarität zeigt sich auch in einem psychologischen »Güteraustausch«, der Hilfeleistungen, Gefühle, Erfahrungen, Anregungen und Ratschläge umfaßt. Diese »Leistungen« – gegenseitige Hilfe und partnerschaftlicher Austausch – sind Hauptbestandteile des gegenwärtigen Familienideals. Die Verwirklichung dieses Ideals wird vor allem in der gemeinsamen Freizeit gesucht. Ihr kommt eine große Bedeutung für die Integration der Familie zu. In der Freizeit konstituiert die Familie sich, sie errichtet eine Basis für die gemeinsame Orientierung und Interaktion. Die Familienangehörigen stellen sich in der spezifischen Ausfüllung ihrer Rolle dar. Dadurch findet eine Vermittlung zwischen ihren Erfahrungen und den gemeinsamen Familienwerten und -zielen statt. Dieser Austausch ist wichtig, um Spannungen abzubauen und den Zusammenhalt erneut zu bestärken.

Familienstruktur und Freizeit beeinflussen sich in mancherlei Weise. Für die Gegenwart lassen sich wohl hauptsächlich zwei Trends aufzeigen: zum einen zeigt eine Repräsentativumfrage für den »Zweiten Familienbericht« (1975) eine vorherrschende

»Mutterzentrierung familialer Kommunikation«.[229] Nur ein Drittel der befragten Mütter berichtet, daß der Vater sich ausreichend mit den Kindern beschäftige; auch die Beaufsichtigung der Schulaufgaben sei zumeist Aufgabe der Frauen.
Der zweite Trend zeigt sich in der wachsenden Privatisierung der Freizeit, die eine Auflösung der traditionellen familiären Autoritätsverhältnisse mit sich bringt. Vor allem die Rolle des Mannes hat sich geändert. Er ist nicht mehr so sehr »Familienoberhaupt«, sondern eher veranlaßt, eine partnerschaftliche Beziehung zu Frau und Kindern aufzubauen. Dadurch kann die Begegnung mit ihm gleichberechtigter und intensiver werden.
Ein weiteres Problem bildet die große Anzahl der zumeist durch Scheidung entstandenen unvollständigen (»desorganisierten«) Familien. Daß sich hier die Probleme häufen, liegt auf der Hand: Doppelbelastung durch Haushalt und Beruf, soziale Isolierung, eventuelle Anklammerungstendenzen an die Kinder, Einsamkeit. Ein Bestandteil der kirchlichen Elternarbeit muß es sein, solchen Familien zu helfen, sie zu entlasten und ihnen die Möglichkeit zur Integration zu geben.
Die Art der familiären Kommunikation und Freizeitgestaltung wird weitgehend von der Arbeitssituation bestimmt. Arbeitszeit und Art der Tätigkeit prägen das Familienleben. Wer tagsüber eine monotone, mechanisierte Arbeit verrichten muß, wird nach Dienstschluß nicht zu selbständiger und kreativer Freizeitgestaltung fähig sein. Verschärft wird die psychische Belastung der Familie auch durch die Schichtarbeit: »Schichtarbeit bedeutet neben den physischen und nervlichen Umstellungsschwierigkeiten, die jeder Schichtwechsel mit sich bringt, eine schwere Belastung des Familienlebens und für alle Freizeitbetätigungen. Ein vernünftiger Tagesrhythmus, gemeinsame Mahlzeiten der ganzen Familie, ein regelmäßiger gemeinsamer Feierabend, all dies gibt es nicht. Aber auch die Geselligkeit, die Vereinsaktivität und die Teilnahme an kulturellen Veranstaltungen sind so erschwert, daß sie nach einigen Versuchen unterblieben.«[230] Die Schichtarbeit verstärkt die gesellschaftliche Isolierung der Familie und vermehrt die Erziehungsprobleme.
Je unbefriedigender und anstrengender die Arbeit ist, um so höher steigt der Wert der mit der Familie verbrachten Freizeit. Sie soll Entspannung, Abwechslung und Freude bringen; auf sie richten sich alle Erwartungen. In Familien mit heranwachsenden Kindern wird freilich die Freizeitgestaltung nicht mehr in der gewohnten Weise funktionieren. Die Kinder melden andere Bedürfnisse an und drängen aus der Familie heraus. Es erhebt sich die Frage, wieviel man noch gemeinsam tun kann und was man tun will. Die Jugendlichen verunsichern die familiären Umgangsformen, Einstellungen und Wertorientierungen. Die Verteidigung der eigenen Position und das Sich-Abfinden-Müssen (besser wäre: aktive Auseinandersetzung) mit den Heranwachsenden bilden die hauptsächliche Konfliktquelle. Es besteht die Gefahr, daß die Familie sich zu einer »regressiv-defensiven Schutzgemeinschaft«[231] verhärtet, in der die Angst vor Veränderung die Interaktionsmuster einfrieren läßt. Lebensnotwendig wäre es dagegen, die Fähigkeit zu einem »kritischen Dialog«[232] in der Familie herzustellen: »Im Dialog werden Unterschied, Anderssein, Unvorhersagbarkeit und Veränderung akzeptiert. Selbst eine dialogische Beziehung wird zwangsläufig vorhersagbare oder eingefahrene Interaktionsmuster entwickeln, die zur Sicherheit und Kontinuität, dem Gefühl des ›Zu-Haus-Seins‹ in der Beziehung gehören. Die Muster werden jedoch flexibler

sein und erlauben, auf Spontanität und Veränderung zu reagieren, weil sie nicht ständig die Funktion haben müssen, Unterschied und Veränderung fern zu halten.«[233]
Kirchliche Angebote sind im Freizeitbereich angesiedelt. Das schafft von Anfang an eine Konkurrenzsituation. Die Angebote müssen ein gewisses Attraktivitätsniveau überschreiten, um als mögliche Freizeitgestaltung in Betracht gezogen zu werden. Dieses Niveau wird unterschiedlich hoch sein. Im Unterschied zu älteren Menschen, die weniger Freizeitmöglichkeiten haben, sind Konfirmandeneltern stark durch berufliche und familiäre Verpflichtungen beansprucht. Sie werden daher nur schwer zu motivieren sein, wenn ihnen eine Veranstaltung als zusätzliche Belastung erscheint. Werden dagegen persönlich wichtige Fragen angesprochen und Aktivitäten für die ganze Familie angeboten, wird die Bereitschaft zur Teilnahme größer sein.

4.1.2 Die Familie als Sozialisationsinstanz aller Mitglieder

Der Begriff »Sozialisation« bezeichnet den Prozeß, der einen Menschen befähigt, Mitglied und Mitgestalter der Gesellschaft zu werden. Der Sozialisationsprozeß besteht in der Übermittlung gesellschaftsrelevanter und kulturspezifischer Werte und Normen. Die wichtige Bedeutung der Familie für die »Menschwerdung« des Kleinkindes ist intensiv untersucht worden. Das soll im folgenden nicht dargestellt werden. In unserem Zusammenhang interessieren zwei andere Aspekte: zum einen die Bedeutung der Familie bei der Übermittlung religiöser Werte und Verhaltensformen, zum anderen die sozialisierende Wirkung der Heranwachsenden (Konfirmanden) auf die Eltern.
Es spricht vieles für die Annahme, daß der Familie für die Übermittlung religiöser Einstellungen eine große Bedeutung zukommt. Empirische Untersuchungen haben ergeben, daß es hinsichtlich der religiösen Praxis eine »Familienkonformität« gibt. Diese ist am größten, wenn beide Eltern sich gleich verhalten; bei Abstinenz eines Elternteils oder in konfessionsverschiedenen Ehen sinkt die Konformität. Außerdem besteht der Trend, daß das Verhalten der Kinder sich mit wachsendem Alter dem der Eltern angleicht.[234] Es besteht freilich ein Dissens darüber, wie hoch der familiäre Einfluß zu veranschlagen ist. Manche Religionssoziologen gestehen der Familie eine notwendige, aber nicht hinreichende Bedeutung für die Aufrechterhaltung religiösen Verhaltens zu. Wichtiger seien vom Jugendalter an andere Sozialisationsinstanzen wie Freundeskreise oder Berufskollegen.
Wie auch immer, die religiöse Sozialisation erfolgt »in bedeutendem Maße in bzw. durch die Familie.«[235] Dabei geht die Familie selektiv vor, d.h. die religiösen Werte werden »nach den Kriterien des subjektiven Bedürfnisses, der Zustimmung und Auswahl der das familiale Sozialisationsmilieu bestimmenden Personen (Eltern) tradiert.«[236] Selektionsfilter sind vor allem die Praktiken und Ziele der Erziehung sowie die soziale Stellung der Familie. Freilich sind diese Zusammenhänge bisher kaum erforscht.[237]
In der Familie erlebt der Jugendliche einen bestimmten Umgang mit religiösen Symbolen und eine bestimmte Einstellung zu Religion und Kirche. Er spürt Emotionen, die mit diesen Themen verbunden sind. Dadurch erzieht die Familie permanent und durch die herrschende Atmosphäre auch indirekt. Im Freizeitbereich erlebt der Heranwach-

sende die vorhandene oder fehlende Inanspruchnahme kirchlicher Angebote. Gerade in diesem Bereich, der nicht durch vorgegebene Tätigkeiten festgelegt ist, entwickelt sich eine Hierarchie von Aktivitäten, die als angenehm, sinnvoll und wichtig angesehen werden. Da jede Familie nur einen begrenzten »Haushalt« von Freizeit und psychischer Energie besitzt, muß sie entscheiden, ob sie kirchliche Angebote als sozialisationsrelevant in Anspruch nimmt oder nicht. Öffnet eine Familie sich kirchlichen Aktivitäten, dann werden religiöse Themen und Werte kommunikabel und damit durch soziale Verankerung diskussionswürdig. Tauchen in der familiären Kommunikation religiöse Themen nicht auf, so entfällt diese Verankerung und es ist wahrscheinlich, daß ihre Bedeutung für das Individuum sinkt. Erstes Ziel jeder kirchlichen Eltern- und Familienarbeit sollte daher sein, religiösen Themen im Familiengespräch einen Platz zu verschaffen.

Sozialisation ist ein lebenslanger Prozeß mit wechselnden Sozialisationsagenten und phasenspezifischen Wirkungen. Auch die Konfirmandeneltern sind Einflüssen ausgesetzt, die zu einer ständigen Veränderung ihrer Selbst- und Weltsicht führen. Eine Einflußquelle – neben Beruf, Fernsehen usw. – sind die heranwachsenden Kinder. In der Zeit des Konfirmandenunterrichts werden sie sicher verstärkt Informationen und Eindrücke aus dem kirchlichen Bereich mitteilen. Das dürfte bei den Eltern zu einer erhöhten Aufnahmebereitschaft führen, werden damit doch auch Erinnerungen an die eigene Konfirmandenzeit geweckt. Ihren eigenen Unterricht empfanden die meisten Erwachsenen nach den Ergebnissen der EKD-Studie[238] als wirklichkeitsfern und langweilig (was zum Teil sicher auch ein Klischee geworden ist). Nehmen die Kinder nun an einem »modernen« Unterricht teil, so paßt das Berichtete nicht in das gewohnte Bild: Kreative und gruppenbezogene Arbeitsmethoden, Freizeiten und jugendspezifische Themen passen nicht zum traditionellen Bild des Konfirmandenunterrichts. Dieser Widerspruch mag die Eltern motivieren, etwas über diesen »neuen« Unterricht zu erfahren. Dabei wird das Interesse an der Person des Pfarrers und der Form des Unterrichts häufig größer sein als an den behandelten Inhalten.

Während der Konfirmandenzeit ihrer Kinder stehen die Eltern in einem besonderen Verhältnis zur Kirchengemeinde. Sie sind nicht nur volkskirchlich-anonyme Mitglieder, sondern die Eltern eines bestimmten Konfirmanden. Diese Rolle kann ein gewisses Verpflichtungsgefühl begründen: Die Eltern sind stärker daran interessiert, was die Kirchengemeinde macht, insbesondere in der Konfirmandenarbeit mit ihren Kindern. Daraus kann eine erhöhte Bereitschaft resultieren, sich zu informieren und zu engagieren. Das Engagement wird sich in den meisten Fällen auf die Teilnahme an einigen Seminar- und Elternabenden sowie auf den gelegentlichen Besuch des Gottesdienstes beschränken. Einige Eltern werden aber auch zur Mitarbeit bereit sein, vor allem wenn eigene Lebensfragen und -probleme angesprochen werden. Die Bereitschaft zur Mitarbeit wird mit dem Gefühl wachsen, für die eigene Lebensbewältigung Hilfe zu bekommen. Diese Hilfe kann um die Lebensmitte stärker erwünscht und nötig sein als vorher. Manche Fragen und Probleme brechen in dieser Lebensphase neu auf. Die Beziehung zum Ehepartner kann an Bedeutung gewinnen und vertieft werden. Aber auch Ehekrisen können auftreten; vielleicht soll der Partner alle Gefühle und Projektionen übernehmen, die bisher auf die Kinder gerichtet waren. Vielleicht wird der eigene Lebensentwurf neu bedacht. Damit könnte die religiöse Neugier wachsen. Vielleicht wird den Sinnfragen aber auch ausgewichen. Das Erleben der Konflikte und die Lösungsmöglichkeiten sind ambivalent. Die vielen kleinen Infragestellungen des Lebens können verdrängt werden. Unausweichlich stellt sich um die Lebensmitte jedoch die Aufgabe, die eigene Identität neu zu definieren.

4.2 Identität und Lebenszyklus – psychologische Bedingungsfaktoren des mittleren Erwachsenenalters

4.2.1 Der psychosoziale Ansatz Eriksons

Erik H. Erikson hatte in seinem frühen Hauptwerk »Kindheit und Gesellschaft« den Zusammenhang von biologisch-sexueller Entwicklung und Umweltanforderungen untersucht. Davon ausgehend hat er in der Folgezeit am Leitbegriff der »Identität« die Entwicklung der Persönlichkeit beschrieben. Die Ich-Identität – eine Grundvoraussetzung seelischer Gesundheit und sozialer Kompetenz – entwickelt sich stufenweise von der frühen Kindheit. Sie zeigt sich in der Erfahrung unverwechselbaren und kontinuierlichen Personseins: »Das bewußte Gefühl, eine persönliche Identität zu besitzen, beruht auf zwei gleichzeitigen Beobachtungen: der unmittelbaren Wahrnehmung der eigenen Gleichheit und Kontinuität in der Zeit, und der damit verbundenen Wahrnehmung, daß auch andere diese Gleichheit und Kontinuität erkennen. Was wir hier Ich-Identität nennen wollen, meint also mehr als die bloße Tatsache des Existierens, vermittelt durch persönliche Identität; es ist die Ich-Qualität dieser Existenz.«[239]
Der Prozeß der Identitätsbildung ist langwierig, kompliziert und störanfällig. In Analogie zu Freuds Phasenmodell der sexuellen Entwicklung nennt Erikson drei Grunderfahrungen, die für eine gesunde Entwicklung unentbehrlich sind: in verschiedenen Konfliktkonstellationen mit der Gefahr des Scheiterns muß das Kind ein Gefühl von Urvertrauen, Autonomie und Initiative erwerben. Diese Erfahrungen bilden die Voraussetzung, der »Identitätskrise« in der Adoleszenz gewachsen zu sein. Gelingt der Aufbau einer befriedigenden Identität, dann »führt die psychosoziale Entwicklung durch die Erfüllung der erwachsenen Phase zu einer endgültigen Integrität, zum Besitz einiger weniger Prinzipien, die sich, obwohl aus wechselnden Erfahrungen abgeleitet, doch als im wesentlichen unveränderlich erweisen.«[240] Der Erwachsene hat die Fähigkeit erworben, im persönlichen und gesellschaftlichen Wandel ein Gefühl von Kontinuität und Übereinstimmung mit sich selbst zu behalten. Identität bedeutet, »in den Wandlungsformen wesentliche Grundformen zu bewahren.«[241] Freilich ist die Entwicklung für den Erwachsenen nicht beendet. Erikson unterscheidet drei Lebensphasen mit spezifischen Aufgaben und Konflikten. Die erste Phase, die von der Berufswahl und der Gründung einer eigenen Familie bestimmt ist, kennzeichnet Erikson durch den Gegensatz von »Intimität und Distanzierung« gegenüber »Selbstbezogenheit«.[242] Das spannungsreiche Oszillieren zwischen Intimität und Distanz führt aus der egozentrischen Isolierung heraus und ermöglicht sowohl ein enges Miteinander mit einem anderen Menschen als auch die mit einem eigenen Standpunkt notwendig gegebene Abgrenzung.

Die Antinomie der zweiten Erwachsenenphase drückt Erikson mit dem Gegensatz von »Generativität« und »Stagnierung«[243] aus. Diese Begriffe deuten an, daß eine reife, genitale Liebesbeziehung auf die Erzeugung von Nachwuchs drängt. Das Ehepaar muß, um dem mit dem Lebenszyklus gegebenen Entwicklungsprozeß zu folgen, die Elternrolle übernehmen: »Generativität ist in erster Linie das Interesse an der Erzeugung und Erziehung der nächsten Generation . . .«.[244] Weitere Kennzeichen geglückter Elternschaft nennt Erikson freilich nicht. Nur indirekt wird deutlich, daß die Erziehung von Kindern ein »Vertrauen in die Gattung«[245] als Grundlage braucht. Was das bedeuten mag, bleibt offen.

Die letzte Lebensphase – Alter und Tod – bringt als Gefahr des Scheiterns »Ekel« und »Verzweiflung« mit sich, als gelungenen Entwicklungsschritt »Integrität«.[246] Dieser Begriff bezeichnet das Zusammenbringen aller Lebenserfahrungen in reifer Abgeklärtheit: der alte Mensch erkennt die Relativität des eigenen Lebenslaufes, ohne ein Gefühl der Sinnlosigkeit zu bekommen. Trotz aller individuellen Begrenztheit erlebt er sich als Glied der universalen Gattung; mit ihr hat er Anteil an einem umfassenden Sinn.[247]

Eriksons Ausführungen wurden oft zustimmend aufgenommen, aber kaum weitergeführt. Dabei liegt auf der Hand, daß einige Begriffe und Grundannahmen einer weiteren Ausführung bedürften. Schon der wichtige Terminus »Identität« ist weit gefaßt und unspezifisch. Zwar konstatiert Erikson eine Beziehung zu ähnlichen Begriffen[248] – zum Beispiel zu dem des »Selbst« bei G. H. Mead – aber er verzichtet darauf, eine Beziehung zu anderen Konzepten herzustellen. Er tut das freilich bewußt. Sein Vorgehen drückt aus, daß Begriffe, die sowohl psychische als auch soziale Prozesse beschreiben, nicht eindeutig zu bestimmen sind. Es gibt zur Zeit keine eindeutige und geschlossene sozialpsychologische Theorie der Interaktion von Individuum und Umwelt. Die Unschärfe der Beziehung von »Identität und Lebenszyklus« spiegelt damit ein allgemeines Dilemma wider. Zwar sind Aussagen mit einer gewissen Plausibilität möglich, aber mit größerer Entfernung von der Empirie steigt die Spekulativität der Begriffe und zuweilen auch die Banalität der Einsichten. Damit hängt zusammen, daß Eriksons Beschreibung der Kindheit theoretisch am besten abgesichert ist und die meisten neuen Einsichten erbringt; hier ist die Nähe zur Beobachtungsebene am größten und die sozial bedingte Verhaltensvariabilität gering. Das ist anders bei der Beschreibung des Erwachsenenalters: Die Ausführungen werden kurz und unanschaulich, sie sind weder theoretisch noch empirisch abgesichert. In die Beschreibung dringen Idealvorstellungen und untergründige Wertungen ein. Erikson umreißt den idealen Lebenslauf eines »reifen« Erwachsenen aus dem westlichen Kulturkreis. Seine Beschreibung enthält zutreffende Beobachtungen, angereichert mit viel Lebenserfahrung. Sie ist freilich oft noch unscharf und bedürfte einer weiteren Konkretion.

4.2.2 Aufnahme und Erweiterung des Erikson'schen Phasenmodells

Eine ausführliche Beschreibung des Lebenszyklus' haben in jüngster Zeit Barbara und Philip Newman vorgelegt.[249] Ihr Ziel ist es, Eriksons Phasenmodell mit neueren Daten und Erkenntnissen anzureichern. Den Vorteil dieser psychosozialen Entwicklungstheorie sehen sie darin, Stabilität und Wandel des Lebenslaufs zu erfassen.

Das mittlere Erwachsenenalter sehen die Autoren als Gipfel der persönlichen Fähigkeiten und Lebensmöglichkeiten. Das Individuum hat nun seine politische und religiöse Weltanschauung gefestigt, es hat gelernt, mit sich und anderen zurechtzukommen. Der Erwachsene zwischen dreißig und fünfzig ist bereit und fähig, für sich und andere Verantwortung zu übernehmen. Er steht nach Ansicht der Autoren auf der Höhe seiner Möglichkeiten und dennoch bedrängen ihn Infragestellungen und Ängste: gesellschaftliche Normen beschränken die persönliche Freiheit, das herannahende Alter macht Angst. Aus diesen widerstrebenden Erfahrungen ergeben sich spezifische Entwicklungsaufgaben.

Die Eltern müssen auf die veränderten Bedürfnisse der Kinder eingehen lernen und Verantwortung und Entscheidungsbefugnis abgeben. Damit nehmen sie Frustration und Ungeduld auf sich, denn die Kinder sind ihnen an Erfahrung und Einsicht unterlegen. Die Eltern müssen in sich ein ausbalanciertes Verhältnis von Autorität und Freiheit finden, um ihren Kindern Freiheit zu gewähren, ohne sich selber aufzugeben. Ursprüngliche Lebensziele müssen angesichts der heranwachsenden Kinder revidiert werden, neue Ziele müssen gefunden werden. Es wächst die Erkenntnis, sich zu ihrer Erreichung engagieren zu müssen. Die Einschätzung der eigenen Zukunft verbindet sich mit dem Wissen um die begrenzte Zeit. Die psychosoziale Krise beschreiben Barbara und Philip Newman mit den Begriffen Eriksons: »Generativität« und »Stagnation«.[250] Stagnation tritt auf, wenn ein Mensch sich den phasenspezifischen Anforderungen entzieht. Dann gerät seine seelische Entwicklung, sein Wachstum ins Stocken. Das ist der Fall, wenn Erwachsene über ihre Bedürfnisse nicht hinausgehen. Andere wollen dagegen die Fülle der Erfahrungen und Einsichten für die Zukunft fruchtbar machen. Sie wollen angesichts der eigenen Vergänglichkeit etwas Überdauerndes schaffen, indem sie die Erfahrung geglückten Lebens und auch das Wissen um die Vergänglichkeit zu übermitteln suchen.

Voraussetzung der Generativität ist das Erleben eigener Kreativität. Gemeint ist damit die Fähigkeit, alte Verhaltens- und Denkmuster aufzugeben und neue zu finden. Die Bedeutung eines kreativen Neuanfangs besteht darin, »daß er die Welt neu definiert und das Tor zu neuen Möglichkeiten öffnet.«[251] Damit ist ein Stück Befreiung von sozialen Normen gegeben, denn der einzelne kann ihnen seine eigene Entscheidung entgegensetzen. In dieser Auseinandersetzung entwickelt sich eine individuelle Lebensphilosophie. Sie umfaßt ein Wissen um die seelischen Bedürfnisse des Menschen, den Zusammenhang struktureller Kräfte und individuellen Handelns sowie eine Vorstellung der weiteren Entwicklung: »Durch Risikobereitschaft, gelegentliches Versagen, aber dennoch ein Vorherrschen erfolgreicher kreativer Bemühungen bekommt der Mensch ein Gespür von dem, woran er glaubt und was seinem Leben Sinn gibt.«[252]

Dieses Zitat mag die Kritik an Barbara und Philip Newman illustrieren. Trotz der Erweiterung des Ansatzes von Erikson beschreiben die Autoren einen idealtypischen Lebenslauf. Die Darstellung der Entwicklungsstufen hat eine Tendenz zu normativen Idealbeschreibungen, die auf den Erfahrungshintergrund der weißen amerikanischen Mittelschicht bezogen sind. Die Autoren verarbeiten zwar sehr viel mehr Einzelmaterial als Erikson, aber sie sind in demselben Zirkel gefangen wie ihr Lehrmeister – dem unentwirrbaren Gemisch von empirischer Beschreibung und idealtypischer Normierung. Das ist verständlich, da die Erforschung des mittleren Erwachsenenalters noch in den Anfängen steckt. Unverständlich ist freilich, daß die Autoren das in ihren Zielvorstellungen enthaltene Menschenbild nicht reflektieren.

4.2.3 Kritische Anmerkungen zu journalistischen Darstellungen der »midlife crisis«

In den letzten Jahren sind einige Darstellungen des mittleren Erwachsenenalters erschienen, die weitgehend darauf verzichten, ihre »Ergebnisse« theoretisch zu reflektieren oder methodisch zu untermauern. Unter dem Stichwort »midlife crisis« wurde vor allem ein bestimmter Erlebens- und Verhaltenstyp dargestellt. Gestützt auf literarische Belege, psychologische Gedankensplitter und einige Interviews wurden krisenhafte Entwicklungsverläufe beschrieben. Die journalistisch flotte Aufmachung der Bücher und der von der Werbung kräftig herausgestellte Hinweis auf ihre hilfreiche Wirkung sorgten für einen großen Leserkreis. Charakteristisch für die ganze Gattung ist das Werk der amerikanischen Journalistin Gail Sheehy »In der Mitte des Lebens. Die Bewältigung vorhersehbarer Krisen«.[253]

Nach Sheehy sieht sich jeder Mensch zwischen seinem fünfunddreißigsten und fünfundvierzigsten Lebensjahr der Realität von Vergänglichkeit und Tod gegenübergestellt. Damit wird das bisherige Lebensmuster brüchig; die Kräfte und Ziele, die bis dahin getragen haben und sinnvoll waren, fallen in sich zusammen: »Der Verlust der Jugend, das Nachlassen der körperlichen Kräfte, die wir stets als etwas Selbstverständliches angenommen haben, die nun als hohl erkannten stereotypen Rollen, mit denen wir uns bisher identifiziert haben, das geistige Dilemma, keine absolut gültigen Antworten parat zu haben – diese Schocks können (für sich oder zusammen) dieser Übergangszeit einen Krisencharakter verleihen.«[254]

Die Krise drückt sich in deprimierter Niedergeschlagenheit aus; alte Sicherheiten tragen nicht mehr, das Zeitgefühl verändert sich, das Vertrauen in eine offene Zukunft geht zurück, Langeweile kann sich ausbreiten. Der vom Ich-Ideal aufgebaute Lebenstraum muß revidiert und neue Authentizität gesucht werden. Der Begriff »Krise« drückt die Ambivalenz des Vorgangs aus. Die Infragestellung dieser Identitätskrise kann verdrängt werden, aber auch einen Reifeschritt bewirken. Mit den Worten eines von Sheehy interviewten Dreiundvierzigjährigen: »Ich habe im letzten Jahr entdeckt, wieviel ich von dem, was ich mir selbst nicht eingestehen wollte, unterdrückte. Gefühle, die ich mir nie eingestehen wollte, werden heute so stark, daß ich sie nicht länger verdrängen möchte. Ich bin bereit zu verantworten, was ich wirklich fühle. Ich brauche nun nicht mehr so tun, als existierten diese Gefühle nicht, brauche mich nicht mehr einer Vorstellung von dem, was ich sein sollte, unterzuordnen.«[255]

Der flotte Stil der einschlägigen Literatur zur »midlife crisis«[256] ermöglicht eine angenehme Lektüre, fordert aber auch zur Kritik heraus.

An manchen Stellen geht die Beschreibung in psychologische Ratschläge und Lebensrezepte über. Diese zeichnen sich zumeist durch hohe Allgemeinheit und Banalität aus: »Das wichtigste in der Mitte des Lebens ist – locker bleiben. Die Dinge auf sich zukommen lassen, auch in bezug auf den Partner. Den Gefühlen ihren Lauf lassen. Veränderungen geschehen lassen.«[257]

Solche Zitate deuten an, daß Bedrohungen – Leere und Sinnlosigkeit, Vergänglichkeit und Tod – zwar erkannt, aber doch verharmlost werden. Zum psychologischen »Fitness-Programm« und Krisenmanagement – vgl. den Untertitel »Die Bewältigung vorhersehbarer Krisen« – gehört dann eben auch die Integration »negativer« Gefühle und Erfahrungen. Die Bedeutung kognitiver Einstellungen, wie sie z.B. religiöse und weltanschauliche Sinngebungssysteme darstellen, wird von Sheehy nicht reflektiert. Unter dem Stichwort »Die geistig-seelische Krise«[258] beschreibt die Autorin auf anderthalb Seiten nur das Ausbrechen aus einer übernommenen Über-Ich-Religiosität. Daß die Krise um die Lebensmitte auch eine Orientierungs- und Sinnkrise ist, wird kaum gesehen.

Die von Sheehy befragte Stichprobe entstammt der wohlsituierten Mittelschicht. Es handelt sich fast durchgehend um Akademiker, die in guten Positionen oder freien Berufen arbeiten. Die bei dieser Stichprobe konstatierte »midlife crisis« könnte das Problem der Leute sein, die aller elementaren Lebensprobleme enthoben sind. Die konkrete Ausformung der Krise, die Sheehy vor allem als Problem der Selbstverwirklichung beschreibt, ist großenteils auf eine bestimmte soziale Schicht und Umwelt beschränkt. Auch wenn sich bestimmte Fragen und Probleme um die Lebensmitte häufen, so ist das Erleben der Krise sicher sehr verschieden. Sheehy macht den methodischen Fehler, bestimmte Erlebens- und Verhaltensweisen allein mit dem Faktor »Lebensalter« zu erklären, ohne soziale Bedingungsfaktoren mit einzubeziehen. Man kann vermuten, daß z.B. Arbeiter durch andere Ursachen in eine Lebenskrise kommen und sie anders erleben als Intellektuelle. Gerd Heinemann, Betriebspädagoge im Ruhrgebiet, hat unter Arbeitern zunehmende Resignation und Flucht in Surrogate (z.B. Alkohol und Fernsehen) bemerkt.[259] Die krisenverursachenden Faktoren sind sehr viel konkreter als die Selbstverwirklichungsnöte der Intellektuellen: körperlicher Abbau, Verschleiß am Arbeitsplatz, Angst vor Entlassung, zunehmende Sprachlosigkeit in der Familie. Nach Heinemanns Beobachtungen treten diese Anzeichen zwischen dem dreißigsten und fünfzigsten Lebensjahr auf. Das deutet darauf hin, daß die »midlife crisis« sich über einen längeren Zeitraum erstrecken kann und ein breites Spektrum von Erlebens- und Verhaltensweisen umfaßt.

4.2.4 Entwicklung der Persönlichkeit – ein lebenslanger Prozeß

Aus den bisher dargestellten Ansätzen dürfte deutlich geworden sein, daß eine starre Phasentheorie der komplexen Wirklichkeit nicht gerecht wird. Ein theoretischer Ansatz zur Erklärung von Entwicklung und Krisen der Persönlichkeit muß unter Aufnahme des Erikson'schen Ansatzes biologische, psychische und soziale Einflußgrößen berücksichtigen.

Das leistet trotz einiger Begrenzungen das Modell von Robert Havighurst.

Havighurst versteht Entwicklung als Ergebnis einer Auseinandersetzung mit lebensspezifischen Aufgaben (»developmental tasks«). Jedes Lebensalter stellt an das Individuum bestimmte Anforderungen, die in einem begrenzten Zeitraum aktiv angegangen werden müssen, um erfolgreich gelöst zu werden. Die Entwicklungsaufgaben werden von drei Faktoren bestimmt:

– vom biologischen Reifegrad bzw. dem biologisch-physiologischen Zustand eines Menschen,

– seinen individuellen Werten und Erwartungen,
– den gesellschaftlichen Normen und Anforderungen.

Positive Lösungen machen zufrieden, erbringen gesellschaftliche Anerkennung und ermöglichen die Bewältigung späterer Lebensaufgaben; negative Lösungen bewirken das Gegenteil. Entwicklung ist nach Havighurst also ein lebenslanger Prozeß – weder nur biologisch noch nur sozial bedingt: »Entwicklung, das Werden der Person, ist vielmehr stets das Resultat einer Interaktion 1. des sich entwickelnden (bzw. sich verändernden) Organismus mit 2. dem individuellen Selbst, seinen persönlichen Wertvorstellungen, 3. in einer spezifischen sozialen Situation.«[260] Das bedeutet: nicht ein Faktor allein – zum Beispiel das Lebensalter – bestimmt monokausal den Verlauf und das Ergebnis persönlicher Veränderung. Es müssen vielmehr alle drei genannten Faktorenbündel interagieren. So betrachtet, muß der Mensch sich immer wieder mit neuen Lebensaufgaben auseinandersetzen und neue Anpassungsleistungen erbringen.

Das mittlere Erwachsenenalter, vor allem zwischen dem dreißigsten und vierzigsten Lebensjahr, sieht Havighurst als eine relativ stabile Zeit an: »Es ist dies die Periode der geringsten Introspektion und Selbstwahrnehmung. Zweifel hinsichtlich der eigenen Person haben sich gelegt. Das Ich hat die Oberhand, die Reifung bringt keine neuen Veränderungen und die Lebenssituation ist im allgemeinen stabil und befriedigend. Die Persönlichkeitsstudien an Erwachsenen dieser Dekade zeigen an, daß sie eine Zeit relativ großer Stabilität, Angstfreiheit und allgemeinen psychischen Wohlbefindens ist.«[261]

Die folgende Dekade von vierzig bis fünzig wird nach Havighurst von den meisten Menschen als Höhepunkt des Lebens erfahren, »als eine Periode der Ausdehnung der Macht und des Einflusses, . . . als eine Periode des steigenden Interesses an öffentlichen Dingen und kulturellen Studien und Aktivitäten.«[262]

Die Entwicklungsanforderungen des mittleren Erwachsenenalters ergeben sich vor allem aus gesellschaftlichen Aufgaben. Sie fordern:

– die Kinder zu unterstützen, verantwortungsfähige und zufriedene Erwachsene zu werden,
– das Übernehmen einer verantwortlichen Tätigkeit in einem größeren sozialen Bereich,
– das Erreichen einer befriedigenden beruflichen Position (unter Umständen durch Weiterbildung, beispielsweise für Frauen, die wieder in das Berufsleben eintreten),
– die Entwicklung von Freizeitaktivitäten (auch als Vorbereitung auf das Alter),
– die Neubestimmung und Festigung der Beziehung zum Ehepartner,
– das Akzeptieren des einsetzenden körperlichen Verfalls,
– die Auseinandersetzung mit den eigenen Eltern, sofern sie noch leben.

Diese Entwicklungsforderungen treten mit unterschiedlicher Intensität auf; manche werden sehr stark erlebt, andere fast gar nicht. Die Variabilität läßt sich auf individuelle, ökologische, soziale und zeitgeschichtliche Einflüsse zurückführen. Unabhängig vom Lebensraum aber gilt, daß im Verlauf der Entwicklung die Lebenssituation sich immer wieder ändert. Mit jeder Veränderung sind Umorientierungen nötig, treten neue Aufgaben auf. Die Bemühungen, Lösungen zu finden, können sich zu einer spezifischen Lebensthematik verdichten, d.h. das Denken und Erleben eines Individuums bestimmen. Wird die Entwicklungsanforderung nicht gelöst, kann die Thematik zu einem Problem werden und durch die Bindung von Energie und Aktivität die Lebensentfaltung einschränken. Verstärkt sich dieser Prozeß, so entsteht eine Krise, besonders wenn es sich um eine existentiell bedeutsame Entscheidungssituation handelt. Das heißt: Krisen können im mittleren Erwachsenenalter auftreten, wenn ein Mensch in dieser Zeit starken Belastungen ausgesetzt ist und frühere Entwicklungsaufgaben nur unzureichend gelöst hat. Krisenhafte Entwicklungen sind aber kein notwendiger Bestandteil dieser Lebensphase; sie hängen weniger mit dem Alter als vielmehr mit bestimmten Konfliktverarbeitungsformen zusammen. Entwicklung – verstanden als Veränderung – ist nicht mit dem Erwachsenwerden beendet, sondern findet das ganze Leben statt. Menschliches Leben zu verstehen, ist daher nur möglich im Rahmen einer »Lebenslaufpsychologie.«[263]

4.2.5 Empirische Ergebnisse zur Psychologie des mittleren Erwachsenenalters

Im letzten Jahrzehnt sind verstärkt empirische Untersuchungen zur Psychologie des mittleren Erwachsenenalters durchgeführt worden.
Ich möchte im folgenden eine Integration der vorliegenden Ergebnisse unter vier Aspekten versuchen. Dieser Versuch wird dadurch erschwert, daß nur wenige konsistente Ergebnisse vorliegen; die Diskussion wird noch vorwiegend von Fragen der Methodologie und Theoriebildung bestimmt.[264] Außerdem sind die Studien zumeist auf einen bestimmten historischen und kulturellen Kontext bezogen. Zuwenig werden die Einflüsse sozialen Wandels oder historischer Ereignisse bedacht. Dabei konnte Lehr in einer Bonner Untersuchung[265] nachweisen, daß geschichtliche Ereignisse sehr häufig als Zäsuren im Lebenslauf empfunden werden; sie greifen in einen Entwicklungsprozeß ein und beeinflussen kontinuierliche Verlaufsformen. Daß auch soziale Stellung und Schichtzugehörigkeit den Lebenszyklus bestimmen, wird zwar gesehen, ist aber nur ansatzweise untersucht worden. In einem Forschungsüberblick konstatiert Neugarten,[266] daß die in den Vereinigten Staaten untersuchten Personen fast durchgängig der aufgeschlossenen, gebildeten, wohlhabenden Mittelschicht entstammen. Das macht eine Generalisierung der Ergebnisse auf alle Schichten fragwürdig. Dennoch lassen sich einige Trends aufweisen und unter grundlegenden Aspekten bündeln.
Arbeit und Beruf: Daß die Berufserfahrungen die Zufriedenheit und Möglichkeit der Selbstentfaltung stark beeinflussen, liegt auf der Hand. Dem entspricht, daß Männer ihr Leben und die familiären Ereignisse häufig vor dem Hintergrund ihrer beruflichen Entwicklung sehen. Sie gibt den Rahmen ab, in den sich die häuslichen Begebenheiten einfügen. Bei Frauen ist es zumeist umgekehrt: Bei ihnen bildet der Familienzyklus den festen Rahmen, auf den die beruflichen Erfahrungen bezogen werden.[267]
Der Beruf bildet oft eine Quelle der Unzufriedenheit. Sie entsteht, weil ursprüngliche Wünsche sich nicht in der vorgestellten Weise erfüllt haben. Besonders groß ist die Resignation bei denjenigen, die einen höheren Bildungsabschluß haben als für ihren Beruf benötigt. Sie haben leicht das Gefühl, ihre eigenen Ziele und den Stand der Altersgenossen nicht erreicht zu haben. Nach Befragungen herrscht die Ansicht, »daß Bildung der Weg zu ›anständiger‹ Bezahlung ist, und wenn der Schulentlassene nicht das bekommt, was als angemessene Bezahlung angesehen wird, werden er oder sie eher

unzufrieden sein als ... jemand, der die Schule vor der Abschlußprüfung verlassen hat.«[268]

Normalerweise ist nach ungefähr zwanzig Berufsjahren die höchste Position erreicht.[269] Vorstellungen, den Beruf zu wechseln, in jüngeren Jahren eine Ermöglichung der Hoffnung, sind im mittleren Erwachsenenalter oft unrealistisch. Die beruflichen Chancen werden – besonders in Zeiten wirtschaftlicher Rezession – mit steigendem Alter schlechter. In ihrem Selbstwertgefühl aber scheinen Menschen dieser Altersstufe stark vom Beruf abhängig zu sein. Unter den Faktoren, die als psychisch belastend empfunden werden, nehmen mit wachsendem Alter solche aus dem Arbeitsleben zu. Fast die Hälfte einer befragten Stichprobe gab an, daß die Lebenszufriedenheit mit Berufseinflüssen wie Stellenwechsel, Beförderung oder Angst vor Entlassung zusammenhänge.[270] Arbeiter – sie erleben sich schon mit vierzig als »middle-age«[271] – fühlen sich früher ohne weitere Entwicklungsmöglichkeit und von ihrer Arbeit stark entfremdet; ein großer Teil würde schon in diesem Alter die Arbeit aufgeben, wenn die Pension ausreichen würde. Männer in besseren Positionen erleben sich dagegen rund zehn Jahre später als »middle-age«; sie sind zufriedener mit ihrem Beruf und sehen mehr Alternativmöglichkeiten; ein weitaus geringerer Teil von ihnen würde sofort in Pension gehen.[272] Diese Unterschiede lassen erst nach, wenn die Männer sich dem Pensionsalter nähern und die aus dem Beruf abgeleitete Befriedigung an Bedeutung verliert.

Familienleben: Zu diesem Bereich erbringen die Untersuchungen inkonsistente Ergebnisse. Die Autoren der »midlife crisis« haben oft dramatische Familiensituationen beschrieben, während eine ganze Reihe von Forschungen diese Zeit als eine sehr ruhige und glückliche darstellt. Entgegen ursprünglichen Erwartungen haben z.B. Neugarten und Datan[273] herausgefunden, daß weder die Menopause noch der Weggang der Kinder aus dem Haus eine Belastung darstellen. Letzteres wurde sogar als Erleichterung und Ermöglichung größerer Selbstbestimmung angesehen. Die Autoren folgern daraus, daß nur unerwartete Ereignisse zu einer Krise führen; normale Einschnitte im Lebenszyklus dagegen würden erwartet und antizipatorisch entschärft: »Es sind die unerwarteten Ereignisse im Leben, nicht die erwarteten – also Scheidung, nicht Witwenschaft im hohen Alter, der Tod eines Kindes, nicht der Tod eines Elternteils –, die das traumatische Ereignis darstellen. Darüber hinaus ergeben sich bedeutende Belastungen aus Ereignissen, die den Ablauf und den Rhythmus des Lebenszyklus stören ...«[274]

Auch wenn diese Ablehnung einer einseitigen Krisentheorie berechtigt ist, muß wohl doch zwischen der kognitiven Antizipation von Ereignissen und der psychischen Belastung bei ihrem Eintreten unterschieden werden. Manche Erfahrungen werden erst dann in ihrer Tiefe spürbar, wenn sie auftreten. Das gilt auch für Erfahrungen, die nicht krisenhaft erlebt werden, aber lange Zeit das Leben eines Menschen bestimmen.

Hierzu gehören depressive Störungen, unter denen Frauen signifikant häufiger leiden als Männer. Sie werden wahrscheinlich durch die Monotonie der Hausarbeit oder den Konflikt zwischen Berufs- und Familienrolle verursacht.[275] Versucht die Frau in den Beruf zurückzukehren, wenn die Kinder größer geworden sind, muß sie oft mit weniger befriedigenden Tätigkeiten vorliebnehmen. Auch hinsichtlich der heranwachsenden Kinder müssen beide Eltern ursprüngliche Erwartungen und Realität neu aufeinander beziehen. Von der Pubertät an erkennen sie im Normalfall immer stärker, daß ihre Möglichkeiten, die Kinder zu formen und zu beeinflussen, begrenzt sind. Man kann davon ausgehen, daß Eltern immer – mehr oder weniger intensiv – Idealvorstellungen auf ihre Kinder projizieren.[276] Das Nicht-Erreichen dieser Ideale erfordert, mit der Begrenztheit der eigenen Möglichkeiten fertig zu werden.

Eine Reihe von Untersuchungen hat ergeben, daß sich im mittleren Erwachsenenalter rollenspezifische Verhaltensweisen und Erlebensformen wandeln. Als typisch geltende Züge des anderen Geschlechts kommen oft stärker zur Geltung. Die Männer, in der Anfangszeit der Ehe sehr häufig dominant, werden abhängiger und empfänglicher für Nähe. Viele Frauen dagegen geben aggressiven und egozentrischen Impulsen mehr Raum; sie werden dominanter und durchsetzungsfähiger. Das bedeutet, daß die familiären Rollenverhältnisse neu ausgehandelt werden müssen. Berücksichtigt man, daß der Umgang mit den Kindern und der Beruf in dieser Lebensphase problematische Bereiche sind, so ist das Auftreten von Konflikten zu erwarten. Daß sie nicht krisenhaft verlaufen müssen, belegt ein Großteil der Untersuchungen.

Persönlichkeitsveränderungen: Auch hinsichtlich der Frage, ob sich Persönlichkeitszüge und -eigenschaften im Erwachsenenalter verändern, ist die Forschungslage uneinheitlich.

Einige Untersuchungen legen die Ansicht nahe, daß eine kontinuierliche Entwicklung ohne hervorstechende Einschnitte stattfindet, andere Studien legen gegenteilige Schlußfolgerungen nahe. Die erste Ansicht wird am deutlichsten von Thomae vertreten; er betont die Konstanz grundlegender Persönlichkeitszüge wie Aktivität oder Selbstsicherheit. Natürlich leugnet er nicht die Tatsache von Veränderungen, aber sie sind »eher im Sinne der Abschwächung oder Intensivierung bestimmter Verhaltenstendenzen zu verstehen. Eine wichtige Dimension solcher Änderungen von der Kindheit bis ins Alter ist die Versachlichung (z.B. in sozialen Beziehungen oder im Umgang mit Hindernissen und Aufgaben), eine ähnliche die zunehmende Routinisierung im Tages- bzw. Handlungsablauf . . . Weitere Beispiele für solche kontinuierliche Änderungen liegen vor in zunehmender oder abnehmender Konflikbereitschaft oder in zunehmender Zentrierung auf einen Bereich . . .«[277] Thomae wendet sich damit zu Recht gegen eine mechanistisch argumentierende Phasentheorie, sei sie nun biologisch oder rollentheoretisch fundiert. Nicht die Objektivität von Ereignissen ist bestimmend, sondern ihre kognitive Repräsentanz und das subjektive Erleben. Aber gegen Thomae muß betont werden, daß sich spezifische Ereignisse in bestimmten Lebensphasen häufen. Damit entsteht ein ähnlicher Erfahrungshintergrund für eine Altersstufe.

Durchgängige Persönlichkeitsveränderungen im mittleren Erwachsenenalter festgestellt zu haben, meint vor allem die Chicagoer Forschungsgruppe um Bernice Neugarten. Während soziale Anpassungsprozesse und die Lebenszufriedenheit nach ihren Untersuchungen unabhängig vom Alter waren, beobachteten die Autoren einen zunehmenden Rückzug von der Außenwelt auf die Innerlichkeit, von einer aktiven zu einer passiveren Lebensführung. Die Außenwelt und die Beziehungen zu anderen Menschen verlieren an Intensität, da die Aufmerksamkeit sich nach innen richtet.[278]

Kritik an diesen Ergebnissen wurde hauptsächlich wegen einiger Meßinstrumente (projektive Verfahren) geübt; auch erbrachte eine deutsche Wiederholungsuntersuchung zum Teil abweichende Ergebnisse.[279] Dennoch scheint einiges für Neugartens These zu sprechen: Sie läßt sich zum einen theoretisch gut erklären,[280] zum anderen weist eine Reihe von Studien in diese Richtung.[281] Freilich müssen bis zu einer endgültigen Klärung noch weitere Untersuchungen durchgeführt werden.

Zeiterleben: Alle Probleme und Infragestellungen um die Lebensmitte lassen sich unter dem Aspekt der zeitlichen Dynamik des Lebenslaufes bündeln. Einerseits ist der Etablierungsprozeß für den einzelnen und die Familie im wesentlichen abgeschlossen, andererseits ist auf dem Höhepunkt des Lebens ein Großteil seiner Dauer und Erfüllung schon überschritten. Der Tod wird als eigene Möglichkeit sichtbar: »Die Tatsache, daß plötzlich der eigene Tod voller Realität und Unausweichlichkeit die psychologische Szene betritt, ist das zentrale und entscheidendste Merkmal der mittleren Lebensphase, ein Charakteristikum, das diese Periode so kritisch macht. Der Tod tritt in den bewußten Ich-Bereich, er wird, anstatt ein allgemeiner Begriff zu verbleiben, eine Erfahrung, die man im Zusammenhang mit dem Verlust eines anderen Menschen gemacht hat, eine persönliche Angelegenheit, unser eigener Tod, unsere eigene, wirkliche und tatsächliche Sterblichkeit.«[282] Zwar machen sich die Anzeichen des Alters erst langsam bemerkbar, aber in dieser Lebensphase treten schon gehäuft Sterbefälle auf, so daß der Tod zumindest im Bekanntenkreis erfahren wird.

Nach Untersuchungen Neugartens ändert sich auch die Zeitorientierung: Die meisten Menschen zählen nicht mehr die »Jahre seit der Geburt«, sonder fangen an, »die Zeit, die noch zum Leben bleibt«,[283] zu zählen. In ähnliche Richtung gehen die Ergebnisse einer belgischen Untersuchung. Ihr zufolge ist die Erstreckung der Zukunftsperspektive im späteren Leben eingeschränkt: »Versuchspersonen im zweiten Lebensabschnitt (nach 45) äußern, verglichen mit jungen Erwachsenen (26-45), relativ weniger Absichten hinsichtlich der fernen Zukunft (d.h. hinsichtlich des Zeitraums, der von der Gegenwart aus mehr als zwei Jahre entfernt ist).«[284] Während junge Erwachsene weitreichende Pläne machen, richten sich die Ziele mit steigendem Alter auf das Naheliegende und Machbare in einer offenen Gegenwart. Sie ist gekennzeichnet durch »eine wachsende Beschäftigung mit persönlichen Eigenschaften, mit allgemeinen Formen des Kontakts zu anderen, mit existentiellen Themen, welche die gegenwärtige Situation transzendieren . . ., ein wachsendes Interesse an umfassenderen sozialen Gruppen (Menschheit, Volk), deren Zukunft nicht begrenzt ist . . .«[285] Nach Meinung der Autoren vermeiden die meisten Menschen damit unrealistische Zukunftspläne, halten sich ihre persönliche Zukunft aber subjektiv offen.

Die individuelle Zeitperspektive bleibt offen, um die Konfrontation mit der eigenen zeitlichen Begrenztheit nicht als aussichtslos zu erfahren. Es ist für den Menschen offensichtlich lebenswichtig, das Gefühl eines offenen Zeithorizontes aufrechtzuerhalten.

4.3 Theologische Reflexion: Der Glaube an die Rechtfertigung und der fragmentarische Charakter des Lebens

Lebenserfahrungen fordern zumeist eine Deutung. Sie setzen ihren Sinn nicht aus sich selbst heraus, sondern verlangen nach einer Sinngebung. Dabei bezieht sich der gegebene Sinn auf die Ganzheit des Lebens und die Tiefe seiner Erfahrungen. Die Fragen nach dem Sinn von Erfahrungen sind immer auch religiöse Fragen: »Religiös sein bedeutet, leidenschaftlich nach dem Sinn unseres Lebens fragen und für Antworten offen sein, auch wenn sie uns tief erschüttern.«[286] Dabei ist vorausgesetzt, daß den Menschen die Frage nach seinem Leben immer wieder bewegt, »die Frage danach, woher er kommt, wohin er geht, was er tun und was er aus sich machen soll in der kurzen Spanne zwischen Geburt und Tod.«[287]

Religiöse Fragen und Erfahrungen treten nicht isoliert auf, sondern verborgen in den normalen Lebensfragen und -erfahrungen. Sie sind enthalten in Emotionen, Motiven und kognitiven Einstellungen, die über die aktuelle Situation hinausweisen. Daher hängt der Glaube eines Menschen untrennbar mit seiner psychischen Struktur zusammen. Die Persönlichkeitsstruktur, verstanden als die Verdichtung früherer Erfahrungen, bestimmt sowohl die Grundthemen und -konflikte eines Lebenslaufs als auch die einer Person unzugänglichen Erfahrungsbereiche.

Fragmentarische Erfahrungen verdichten sich zu einer bestimmten Lebenssicht und damit zu religiösen Grundeinstellungen. Diese können nicht einseitig aus Defizit- oder Erfüllungserfahrungen abgeleitet werden. Sowohl das Gelingen als auch das Scheitern in Lebensaufgaben kann eine religiöse Dimension bekommen. Es gibt Menschen, deren Glaube ihrem Urvertrauen und der Fülle geglückten Lebens entspringt. Und es gibt andere, deren Glaube primär die Sehnsucht nach Vertrauen und sinnvollem Leben ausdrückt. Der Glaube beider hat die gleiche Berechtigung und »Wahrheit«, denn religiös wird eine Erfahrung, wenn sie auf die Ganzheit des Lebens und seinen Sinn bezogen wird.

Religiöse Fragen lassen sich nicht von Lebensfragen abgrenzen. Dazu hängen sie zu eng mit den persönlichen Lebenserfahrungen zusammen. Sie lassen sich aber auch nicht objektiv aus der psychologischen Analyse erheben. Die empirische Beschreibung der conditio humana verbleibt in der Zweideutigkeit des Fragmentarischen; der Bezug auf die Ganzheit des menschlichen Lebenslaufs ist wie die Voraussetzung persönlicher Identität eine religiöse Annahme, d.h. empirisch nicht aufweisbar, sondern Aussage des Vertrauens. Religiöse Fragen und persönliche Erfahrungen sind aufeinander bezogen; sie bedingen einander und gehen auseinander hervor. Dieser Zusammenhang allein rechtfertigt schon die Beschäftigung mit der Beziehung zwischen religiösen Fragen und Lebensphasen. Hinzu kommt die Notwendigkeit, theologische Aussagen alters- und gruppenspezifisch verständlich zu machen. Ein Teil des kirchlichen Kommunikationsdilemmas liegt daran, daß theologische Sätze häufig auf einer allgemeinen und abstrakten Ebene angesiedelt sind. Es fällt schwer, sie auf die konkrete Ebene alltäglicher Lebenspraxis umzusetzen. Es fehlt an der Vermittlung grundlegender theologischer Aussagen mit Handlungskonzepten, die konkret genug sind, bei der Alltagsbewältigung zu helfen, aber zugleich allgemein genug, christliche Grundaussagen durchscheinen zu lassen.

Lassen sich nun aus der psychologischen Beschreibung des mittleren Erwachsenenalters einige Hinweise auf die Konkretion theologischer Aussagen ableiten? Ich denke, daß das mit Vorsicht und unter Vorbehalt möglich ist. Zwar wird das »Lebensthema« eines Menschen von vielen Faktoren geprägt, aber zwei Aspekte bestimmen doch sehr stark die Fragen und Erfahrungen um die Lebensmitte:

– der Widerspruch zwischen den ursprünglichen Wünschen und Hoffnungen und der eingetretenen Realität;
– die Erfahrung der begrenzten Zeit.

Um die Lebensmitte verschärft sich die Notwendigkeit, das hinter den ursprünglichen Träumen und Erwartungen zurückgeblicbene Leben als das eigene anzunehmen. Viele Hoffnungen haben sich nicht in der erwarteten Weise erfüllt, die Gesamtheit der Erfahrungen ist ein Torso geblieben. Alte Wunschbilder tragen nicht mehr so leicht; konnte ihre Erfüllung in früheren Jahren von der Zukunft erwartet werden, so macht die geringer werdende Zeit diese Selbsttäuschung schwieriger.

Ein Gefühl der Fremdheit gegenüber dem eigenen Leben kann eintreten: »Im Grunde wissen in den Jahren der Lebensmitte wenig Menschen mehr, wie sie eigentlich zu sich selbst gekommen sind, zu ihren Vergnügungen, ihrer Weltanschauung, ihrer Frau, ihrem Charakter, Beruf und ihren Erfolgen, aber sie haben das Gefühl, daß sich nun nicht mehr viel ändern kann. Es ließe sich sogar behaupten, daß sie betrogen worden seien, denn man kann nirgends einen zureichenden Grund dafür entdecken, daß alles gerade so kam, wie es gekommen ist; es hätte auch anders kommen können; die Ereignisse sind ja zum wenigsten von ihnen selbst ausgegangen, meistens hingen sie von allerhand Umständen ab, von der Laune, dem Leben, dem Tod ganz anderer Menschen, und sind gleichsam bloß im gegebenen Zeitpunkt auf sie zugeeilt. So lag in der Jugend das Leben noch wie ein unerschöpflicher Morgen vor ihnen, nach allen Seiten voll von Möglichkeiten und Nichts, und schon am Mittag ist mit einemmal etwas da, das beanspruchen darf, nun ihr Leben zu sein, und das ist im ganzen doch so überraschend, wie wenn eines Tags plötzlich ein Mensch dasitzt, mit dem man zwanzig Jahre lang korrespondiert hat, ohne ihn zu kennen, und man hat ihn sich ganz anders vorgestellt.«[288]

Es geht nun darum, den eigenen »Schatten« zuzulassen und sich realistisch mit seinen Widersprüchen sehen zu lernen. Das ist ein langwieriger und schwieriger Prozeß; er enthält aber die Chance der Wahrhaftigkeit sich selbst und anderen gegenüber.

Religiöse Fragen setzen die Antworten nicht selbsttätig aus sich heraus. Sie werden vielmehr durch Symbole und sie deutende theologische Sätze vermittelt. Theologische Sätze zielen auf die letzte Begründung menschlichen Lebens, auf das, was Menschen zutiefst betrifft. Um die Lebensmitte ist das in erster Linie der Widerspruch zwischen ursprünglichen Wünschen und dem Erreichten sowie die Erfahrung von Zeit und Vergänglichkeit. Beides wird auch durch die folgende und die vorangehende Generation aktualisiert: die Kinder repräsentieren Wünsche und Ideale, der Tod der eigenen Eltern läßt die Vergänglichkeit erfahren. Beide Infragestellungen fordern die Integration disparater und fragmentarischer Erfahrungen zu einer sinnvollen Einheit und Ganzheit des Lebens. Dieses Ziel freilich wird niemals erreicht. Jeder Mensch muß mit partieller Sinnlosigkeit und Selbstverwirklichung leben. Mit dieser grundsätzlichen Zerrissenheit und Unvollkommenheit sinnvoll leben zu können, ist eine Grundannahme christlich-realistischer Anthropologie.

Dieser Gedanke liegt auch der Lehre von der Rechtfertigung zugrunde. Die Rechtfertigungslehre – das Zentrum reformatorischer Theologie – zeichnet sich in der Gegenwart durch eine Fülle verschiedener Interpretationen aus. Die Frage nach dem Lebensbezug dieses Denkmodells hat sich ausgeweitet; zugleich hat sich das Problem der Konsensusbildung verschärft.[289]

Paulus betonte die mit Tod und Auferstehung Christi gegebene, neue Gerechtigkeit, die dem Sünder ohne die Erfüllung des Gesetzes von Gott zugesprochen wird. Diese Botschaft trifft den unter Gesetz, Sünde und Tod verzweifelnden Menschen (Röm 7). Sie deckt die ihm innewohnende Zerrissenheit auf: »Ich will das Gute und tue das Böse« (Röm 7,15). Aus der Verfallenheit an seinen Selbsterlösungs- und Vervollkommnungszwang kann der Mensch sich nicht selbst befreien (Paulus vergleicht das »Gesetz« mit Knechtschaft und Gefängnis: Gal 3, 22 ff.; 4, 1 ff.). Die Pointe der paulinischen Rechtfertigungslehre besteht nun darin, daß Gott dem Menschen seine Gerechtigkeit zueignet; der sündige und auf sich bezogene Mensch wird im Glauben durch die ihm »fremde« Gerechtigkeit gerecht. Der Mensch wird damit in eine heilvolle Beziehung zu Gott gesetzt und von der Verfallenheit an sich und versklavende Mächte befreit. Er wird frei, in Hoffnung seinen Lebensweg zu gehen, »indem er die Schöpfung als ersten, Erlösung als letzten Ruf über sich und seiner Welt begreift, unablässig vom Nächsten und Fernsten gefordert oder gesegnet, von Ängsten und Dämonen angefochten, vor den Zwang des Sterbens gestellt . . .«.[290] Gerufen aus den Erstarrungen und Verfestigungen seines Lebens vertraut der Glaubende auf die göttliche Verheißung der Neuschöpfung. Er kann die Bruchstückhaftigkeit und Diskontinuität seiner Existenz annehmen, weil Heil und Kontinuität allein von Gott gewirkt werden. So ist der Mensch für Paulus beides – in sich selbst verstrickt und sich entfremdet, aber »in Christus« auch versöhnt und mit sich identisch. Dabei gilt: »Die Wahrheit über uns selbst wird hier nur insofern deutlich, als wir nicht aus uns selber zur Ruhe mit uns selber kommen, gegen unsern Willen, durch ein rätselhaftes Gegenüber in uns selbst irritiert, unruhige Wesen bleiben. Wir hören auf, menschlich zu sein, wenn man sich diesem Gegenüber in sich selbst entzieht und dem Konflikt mit sich selbst durch fremde Gewalt entzogen wird. Es ist unser geheimer Adel, derart über uns selbst reflektieren, uns selbst kritisieren, uns der Frage nach Recht und Wahrheit stellen zu müssen.«[291]
Wo der Mensch sein Heil und seine Ganzheit nicht selber als Grundlage seiner Existenz schaffen muß, wird er frei für Beziehungen in der Gemeinschaft und frei für ein Leben in Hoffnung: »Was es um den Menschen wirklich ist, steht noch aus. Es empfängt gegenwärtig nur von da aus Kontur, daß Christus als der gekreuzigte Gehorsame zugleich der Weltenrichter und das Kriterium der neuen Schöpfung genannt wird.«[292]
Daraus folgt, daß die Menschen »sich nicht selber Wesen und Bestand geben, sondern auf Gnade angewiesen bleiben, die jeden Morgen neu und nie abgeschlossen ist.«[293]

Luther hat die paulinische Entgegensetzung von Gesetzesgerechtigkeit und Glaubensgerechtigkeit aufgenommen und anthropologisch zugespitzt. Der Mensch, durch Verzweiflung und Leistungszwang an sich gefesselt, gewinnt Freiheit, indem er Gottes heilvolle Zuwendung in Christus anerkennt. Für Luther ist der Mensch gerade auch in seiner Frömmigkeit und Sittlichkeit unter das »Gesetz« versklavt. Die »Ursünde«, das Sich-Rühmen und Vertrauen auf seine eigene Leistung, sitzt in den verborgensten Winkeln des menschlichen Herzens. Aus sich heraus kann niemand seine Gerechtigkeit und einen tragfähigen Sinn seines Lebens finden. Erkennt der Mensch das, so wird er in der Anfechtung seiner Nichtigkeit bewußt. Die scheinbaren Fundamente seines Lebens – »gute« und »fromme« Werke, das Vertrauen auf die autonome Entscheidung des freien Willens – zerbrechen. Einsamkeit und Resignation, Hoffnungslosigkeit und Todesangst zerstören jede Selbstbehauptung: »Wir seind allsampt zu dem Tod gefodert und wird keiner für den andern sterben. Sondern ein iglicher in eigner Person für sich mit dem Tod kämpfen. In die Ohren künden wir wohl schreien. Aber ein jeglicher müß für sich selber geschickt sein in der Zeit des Tods; ich würd denn nit bei dir sein noch du bei mir.«[294] Seine existentielle Verlorenheit kann der Mensch nur überwinden, indem er sein Leben nicht mehr auf die eigene Leistungsgerechtigkeit gründet. Damit ist er auch von der Verzweiflung über das Nicht-Erreichen und Nicht-Gelingen befreit. An die Stelle der Gerichtsangst tritt die Erlösungsgewißheit. Sie befreit vom Urteil anderer Menschen und von Selbstbewertung und Selbstverurteilung. Die Gewißheit, von Gott angenommen zu sein, beendet den Zwang, seinen Lebenswert allein durch die Anerkennung anderer Menschen verdienen zu müssen. Diese Grunderfahrung Luthers – die »Bedingungslosigkeit von Heilsangebot und Heilsannahme«[295] – ist der Ausgangs- und Zielpunkt reformatorischer Theologie geworden. Das bedeutet für das Verständnis der Rechtfertigungslehre folgendes:

– Die Gottesfrage hängt eng mit dem »Gewissen« zusammen. Hier erfährt der Mensch Anklage und Befreiung, Verzweiflung und Tröstung: »Der Weg zum Himmel ist die Linie eines unsichtbaren Punktes: das Gewissen«.[296] Das Innere des Menschen muß umgewandelt werden, wenn es zu Veränderungen im Denken, Fühlen und Handeln kommen soll.

– Der Glaube des Menschen stellt sich nach der Rechtfertigungslehre als Beziehung dar: Verheißung Gottes und menschliches Zutrauen sind aufeinander bezogen. Indem der Mensch von Gott angenommen wird, erfährt er Freiheit und Gewißheit. Dadurch wird er frei, sich und andere Menschen anzunehmen.

– Die Rechtfertigung »allein durch Glauben« schließt die faktische Gerechtsprechung des Menschen mit ein. Für Luther ist damit das Urteil des Endgerichts vorweggenommen. Das ist der Grund menschlicher Gewißheit und Identität. Der Glaubende kann sich daher in seiner Zwiespältigkeit bejahen – in seinem Gelingen und Scheitern, seinen sittlichen Möglichkeiten und seiner Schuld. Das »ermöglicht einen gelösten Gebrauch der natürlichen Vernunft in der menschlichen Praxis, erlaubt weltliches Handeln mit aufgerichtetem Gewissen auch angesichts der Unübersehbarkeit der Bedingungen und Folgen menschlicher Praxis in dieser Welt – ein Gedanke, der angesichts der Dauerreflexion gegenwärtiger Weltorientierung fundamentale Bedeutung hat.«[297]

Die Differenzierung der Lebens- und Erfahrungsbereiche in der Neuzeit hat eine doktrinäre und eindeutige Interpretation der Rechtfertigungslehre unmöglich gemacht. Mit dem Verlust des als selbstverständlich geltenden dogmatischen Bezugsrahmens ist häufig auch die zentrale Stellung dieses theologischen Denkmodells verlorengegangen. Dabei wird übersehen, daß der Grundansatz der Rechtfertigungslehre und die in ihr zur Sprache kommenden Erfahrungen sehr wohl Lebensgefühl und -probleme des heutigen Menschen ausdrücken. Gefordert ist aber eine elementare Auslegung dieses Denkmodells vor dem Hintergrund heutiger Erfahrungen.

Paul Tillich hat bereits 1924 versucht, das Prinzip der Rechtfertigung für unsere Zeit neu zu formulieren. Als grundlegende Erfahrung der Gegenwart hat er den Verlust der unmittelbaren Gewißheit Gottes angesehen, der sich im Zweifel an Sinn und Wahrheit äußert: »Der Zweifler im religiös bedeutungsvollen Sinn ist derjenige Mensch, der mit dem Verlust der religiösen Unmittelbarkeit Gott, die Wahrheit und den Lebenssinn verloren hat oder auf irgendeinem Punkte des Weges zu diesem Verlust steht und doch nicht in diesem Verlust ausruhen kann, sondern getroffen ist von der Forderung, Sinn, Wahrheit und Gott zu finden.«[298] Seitdem der Rahmen der klassischen Dogmatik und auch die unhinterfragte Metaphysik jedweder Art von Vernunftreligion, zerbrochen sind, ist Sinn nicht selbstverständlich aus Natur, Geschichte oder Kultur ableitbar. Diesem Verlust der Einheit des Ganzen entspricht der Verlust der Einheit der Person. Wie die Rechtfertigung des Sünders nicht dessen Sünden beendet, so bedeutet die Rechtfertigung des Zweiflers nicht das Aufhören aller Zweifel.

Die Rechtfertigung des Zweiflers geschieht durch Glauben auf Hoffnung: »es ist der Durchbruch der Gewißheit, daß die Wahrheit, die der Zweifler sucht, der Lebenssinn, um den der Verzweifelte ringt, nicht das Ziel, sondern die Voraussetzung alles Zweifels bis zur Verzweiflung ist.«[299] So offenbart sich »der Gott der Gottlosen, die Wahrheit der Wahrheitslosen, die Sinnfülle der Sinnentleerten.«[300] Damit ist die Pointe der Rechtfertigungslehre aufgenommen: Gerechtigkeit und Sinn menschlichen Lebens gehen der konkreten Realisierung und den begrenzten Erfahrungen gelungenen Lebens voraus. Auch für den kognitiven Bereich gilt die Ablehnung »guter Werke« als Vorbedingung für gerechtfertigtes und sinnvolles Leben. Freilich müßte die bei Tillich primär noetisch verstandene Kategorie »Zweifel« so weit gefaßt werden, daß alle Erfahrungen gelungenen oder versagten Lebenssinns eingeschlossen würden. Die Lehre von der Rechtfertigung würde dann die Möglichkeit ausdrücken, das immer nur fragmentarisch gelungene Leben als sinnvoll anzunehmen. In einer Zeit, die dazu neigt, marktwirtschaftliche Kategorien nach dem Muster von »Zuwachsraten« und »Vermögensbeständen« auch auf den seelischen Haushalt zu übertragen, erscheint es angebracht, eine direkte Entsprechung von Lebenssinn und Selbstverwirklichungserfolg abzulehnen. Das ist auch die Pointe der Rechtfertigungslehre. Sie bietet ein Denkmodell, das geeignet ist, die Verschärfung der Sinnfrage, wie sie um die Lebensmitte gegeben ist und religiöse Symbole, die das Voraussein von Heil und Sinn ausdrücken, miteinander zu vermitteln. Ich möchte versuchen, das unter drei Aspekten zu zeigen.

– Die Rechtfertigungslehre impliziert eine Anthropologie, die den Glauben ausdrückt, daß Gott den Menschen aus der Versklavung an seine Vergangenheit erlöst. Gott befreit den Menschen dazu, sein bisheriges Leben vertrauensvoll anzunehmen.

Die Hoffnung auf einen umfassenden Sinn findet eine Vergewisserung in den fragmentarischen Erfahrungen von Annahme und Geborgenheit. Sinn wird zuerst in personalen Beziehungen erlebt. Das gilt bereits für das Kind, das die Erfahrung von Annahme notwendig braucht, um ein Urvertrauen entwickeln zu können.

Die Annahme geht der Leistung, die Gnade dem Verdienst voraus. Häufig freilich lehrt das Leben das Gegenteil. Die Erfahrungen von Sinn werden andauernd bedroht: Nicht alle Eltern lieben ihre Kinder, Liebe und Ablehnung liegen oft dicht beieinander, Bilder engen den anderen ein und fordern bestimmte Leistungen von ihm. Durch Liebesunfähigkeit und Leistungszwang zerstören Menschen immer wieder das Vertrauen und die Gemeinschaft, die sie zum Leben notwendig brauchen. Leben ist daher immer gebrochenes Leben, Identität immer beschädigte Identität. Verletzungen und Leid werden gerade auch von vertrauten und nahestehenden Menschen zugefügt.

Der Rechtfertigungsglaube drückt aus, daß der Mensch sich mit den Narben und Beschädigungen seiner Vergangenheit annehmen kann. Nicht aus Resignation, die nur die Übermacht der negativen Erfahrungen sieht oder Bequemlichkeit, die sich willig in das Vorhandene schickt. Rechte Annahme des Vergangenen schließt die Klage und den Protest ein. Die Klage – beispielhaft dafür sind die alttestamentlichen Klagepsalmen – macht den unterdrückten Gefühlen und Ängsten Luft und gibt ihnen Sprache und Ausdruck. Der Protest läßt Menschen wieder »Ich« sagen und ist ein erster Schritt zur Stärkung der eigenen Identität und zur Befreiung.
Der Rechtfertigungsglaube, der von der unbedingten Annahme durch Gott ausgeht, befreit von der Versklavung an die eigene Geschichte. Damit ist ein erster Schritt zur Veränderung getan, ein Schritt in Richtung auf ein befreites Leben in der Gegenwart.

– Die Rechtfertigungslehre impliziert eine Anthropologie, die ausdrückt, daß Gott den Menschen zum Leben in der Gegenwart und zu einem verantworteten Umgang mit anderen Menschen befreit.

Lebenswert und -sinn muß der Mensch sich nicht durch Leistung verdienen. Er kann sich in seinen begrenzten Sinnerfahrungen annehmen, denn sein Menschsein geht nicht im Erreichten und Vorhandenen auf. Es scheint dem Menschen eigentümlich zu sein, den Sinn seiner Existenz aus seiner Leistung zu ziehen. Das ist an sich nicht negativ, da die Erfahrung von Aktivität und Gelingen hilfreich ist. Destruktiv ist aber die Identifizierung von Leistung, Nutzen und Sinn nach dem Motto: Es ist nur soviel Sinn vorhanden wie durch Leistung erworben wird. Eine solche Sicht ignoriert das Scheitern und den Verzicht – zwei Erfahrungen, die jedes Leben mehr oder weniger prägen. Die Verdrängung des Nicht-Gelingens muß letztendlich zur Unmenschlichkeit sich selbst und anderen gegenüber führen. Demgegenüber hält der christliche Glaube daran fest, daß umfassender Sinn nicht machbar ist.
Persönliche Entwicklung ist sinnvoll und notwendig; das gilt gerade für die Arbeit in der Kirche, in der die Überwindung infantiler Glaubensformen noch eine weitreichende Aufgabe darstellt. Gefährlich ist aber die Gleichsetzung von Entwicklungsresultat und Lebenssinn, denn sie führt zu egozentrischer Selbstüberschätzung, Leistungsdruck und Verachtung der noch »Unentwickelten«.
Der Rechtfertigungsglaube sagt aus, daß Gott von der permanenten Reflexion des eigenen Verhaltens befreit. Das war auch Luthers Erfahrung – die Erlösung vom Zwang, durch das ständige Ausgerichtetsein auf »gute Werke« den Lebensgrund immer wieder neu aufbauen zu müssen.
Diese Erfahrung ist auch der mittleren Generation nicht unbekannt. Innerhalb und außerhalb der Familie sind die Erwachsenen dieser Altersstufe häufig einem Legitimationsdruck ausgesetzt. Ansichten und Verhalten, Überzeugungen und Lebensstil sollen vor anderen gerechtfertigt werden. Dieser Druck kann bei den Eltern zu aggressiven Reaktionen oder der Tabuisierung weiter Erfahrungsbereiche führen. Erst das Vertrauen auf unbedingtes Angenommensein erlaubt es, auf andere Menschen angstfrei zuzugehen, mit ihnen verantwortlich umzugehen und sich in der Gemeinschaft zu öffnen. Nur wer im Bewußtsein der Rechtfertigung lebt, kann auf »Fassaden« verzichten und lebendige Beziehungen aufnehmen.
Der Rechtfertigungsglaube führt nicht zur Passivität. So wie er auf ein befreites

Handeln und Leben zielt, will er auch andere Menschen in die Befreiung mit hineinnehmen. Er richtet sich gegen den Fatalismus, der die Unabänderlichkeit der Verhältnisse hinnimmt und sich mit der allgemeinen Unmenschlichkeit eingerichtet hat. Die Rechtfertigungslehre ist damit ein kritisches Prinzip gegenüber dem eigenen Leben, gegenüber der Art, wie Menschen miteinander umgehen, gegenüber Institutionen und politischen Verhältnissen. Weil der Rechtfertigungsglaube die Befreiung von der Vergangenheit ausdrückt, zielt er auf neue Erfahrungen in der Gegenwart. Er macht Mut, sich auf Neues und Überraschendes einzulassen.

– *Der Rechtfertigungsglaube ist ein Ausdruck des Mutes und der Hoffnung, trotz aller Angst und Anfechtung an eine heilvolle Zukunft zu glauben.*

Sinnerfülltes Leben, solches, das einen sinntragenden Grund glaubt und seine Verwirklichung vor sich sieht, setzt Hoffnung voraus. Diese Hoffnung drückt sich in umfassenden Symbolen der Verheißung aus, ist doch der »unbiblische Begriff des ›Sinnes‹ . . . nur eine Übersetzung dessen, was die Bibel ›Verheißung‹ nennt.«[301] Die Hoffnung entsteht durch Erfahrungen, geht aber über sie hinaus, indem sie sich in Symbolen wie »Auferstehung«, »Ewiges Leben« und »Reich Gottes« ausdrückt. Diese Symbole, heute weithin unverstanden, können ihre Kraft als überschießende Deutung fragmentarischer Sinnerfahrung nur zurückgewinnen, wenn sie den Menschen ganzheitlich ergreifen; nur dann kann »geschichtliche Wirklichkeit . . . zur Wahrheit werden.«[302]
Das Denkmodell der Rechtfertigungslehre, zugespitzt als die Rechtfertigung des am Sinn seines Lebens Zweifelnden, kann helfen, die abstrakte Sinnfrage zur persönlichen Wahrheit werden zu lassen. Der christliche Glaube wird freilich andauernd durch die negativen Erfahrungen von Leid und Sinnlosigkeit in Frage gestellt. Sie lassen die Hoffnung oft klein werden und machen es schwer, an einen umfassenden Sinn zu glauben. Leicht mag dann die Versuchung entstehen, das Negative aus der bewußten Wahrnehmung zu verdrängen. Auch der christliche Glaube steht immer in der Gefahr, als religiöse Ideologie eine verzerrte und unrealistische Sicht der Wirklichkeit zu unterstützen. Der Rechtfertigungsglaube – ein kritisches Prinzip auch gegenüber jeder Religion und Frömmigkeit – verwischt die Ambivalenz des Lebens und der Geschichte nicht. Er legt die unbeantworteten Fragen frei und lehrt die Welt realistisch sehen, in der Erkenntnis des Leidens stemmt er sich gegen das Leid.
Die christliche Hoffnung schließt das Leid und die Sinnlosigkeit mit ein. Sie protestiert und kämpft dagegen, weiß aber um beides – die »Güte der Schöpfung und die Entfremdung der Existenz«.[303] Die Hoffnung weist auf einen umfassenden Sinn, der Welt und Einzelschicksal umgreift; individueller und universaler Sinn hängen zusammen. Beides umfaßt das zentrale Symbol christlicher Hoffnung – das »Reich Gottes«, um dessen Kommen die Christen seit Jesu Tagen beten. Mit ihm ist die universale Herrschaft Gottes über alles gemeint, das Aufhören von Leid und Sinnlosigkeit, die Überwindung der Entfremdung.
Der Glaube an das »Reich Gottes« bewegt sich auf einem schmalen Grat zwischen ideologischer Vertröstung und lebendigmachender Hoffnung. Oft genug wird dieser Glaube durch das Vorfindliche bedrängt. Aber immer wieder hofft er auf die Verheißung, denn: »Wer sind wir, daß wir entscheiden könnten, es gebe keine Hoffnung mehr.«[304]

5. Praxis der Konfirmandenelternarbeit

5.1 Bisherige Erfahrungen

Erfahrungen mit der Konfirmandenelternarbeit gibt es seit einem knappen Jahrzehnt. Diese Erfahrungen sind je nach Gemeindesituation und Arbeitsform unterschiedlich. Überwiegend weisen sie in eine positive Richtung. Bei vielen Eltern ist die Bereitschaft da, sich auf Angebote der Elternarbeit einzulassen. Der Konfirmandenunterricht der Kinder schafft eine gewisse Offenheit gegenüber der Kirche. Hinzu kommen häufig Erziehungsprobleme und eigene religiöse Fragen. Es gibt genug Themen, über die man sprechen kann und es sind mehr Eltern zum Gespräch bereit, als sich aus der Teilnahme an herkömmlichen Veranstaltungen ablesen läßt. Diese Bereitschaft zu nutzen, kann der Gemeindearbeit neue Wege eröffnen.
Im folgenden gebe ich zwei Gespräche wieder, die ich im November 1981 mit erfahrenen Praktikern der Konfirmandenelternarbeit führte. Ernst Jochum ist Gemeindepfarrer in Bad Godesberg, Florian Sorkale war Gemeindepfarrer in Koblenz und ist jetzt Mitarbeiter am Pädagogisch-Theologischen Institut der Rheinischen Landeskirche (PTI) in Bad Godesberg.

Gespräch mit Pfarrer Ernst Jochum

Hennig: Wann haben Sie mit der Konfirmandenelternarbeit angefangen, Herr Jochum?
Jochum: Das erste, ziemlich ausgedehnte Wochenende war 1974. Wir haben damals am Donnerstag – es war der 1. Mai – den ganzen Tag und am Samstagnachmittag gearbeitet. Am Sonntag folgte ein Gottesdienst mit anschließendem Nachgespräch. Ich bin zu dieser Arbeit auf Anstoß des PTI gekommen. Dort hatte man damals mit der Konfirmandenelternarbeit angefangen und mich gefragt, ob ich nicht mitmachen wollte. Zuerst war ich unsicher, weil ich so etwas noch nie gemacht hatte und mir den konkreten Ablauf der Arbeit nicht vorstellen konnte. Hinzu kam die große Zahl – wir waren zusammen 100 Leute. Die Erfahrung damals war aber ungeheuer positiv. Neu war, daß Menschen, die der Kirche ferner stehen, mitgemacht und sich engagiert haben. Das war sicher der Kinder wegen, denn von jedem Konfirmanden war mindestens ein Elternteil anwesend. Der gelungene Anfang lag auch an den PTI-Mitarbeitern und der guten Vorbereitung. Als wichtig erwies es sich, mit Spielen anzufangen, die miteinander vertraut machen. Das haben die Erwachsenen nach meiner Erfahrung nötiger als die Jugendlichen.

H.: Sie haben die Elternarbeit mit einer sehr zeitintensiven Form angefangen. Hat sich das bewährt?

J.: Ja, ich glaube, daß darin zum Teil der Erfolg begründet war. Man konnte sich einen ganzen Tag aneinander gewöhnen. Wir haben hier zusammen Mittag gegessen und Kaffee getrunken, so daß eine sehr gelockerte Atmosphäre entstand. Wichtig war auch, daß wir die Möglichkeit gaben, jüngere Geschwister ab acht Jahren mitzubringen. Die Kleineren konnten bei der Gruppenarbeit mitmachen oder hier spielen. Heute ist es so, daß auch ältere Geschwister, die schon konfirmiert sind, mitkommen. Die bekommen dann auf diese Weise wieder Kontakt mit der Kirche.

H.: Diese Geschwister kommen nicht als Helfer, sondern als Teilnehmer?

J.: Ja, manchmal mit einem leicht überlegenen Lächeln. Aber sie engagieren sich inhaltlich meistens stark. Diese Arbeit hat in der Gemeinde schon eine Tradition bekommen. Viele Eltern stellen sich darauf ein. Heute ist es manchmal schwieriger, die Konfirmanden zu bewegen, ein Stück ihrer Freizeit herzugeben. Das Freizeitbedürfnis ist stärker geworden. Daher haben wir den zeitlichen Rahmen geändert. Wir arbeiten jetzt zwei Stunden am Freitagabend von 18–20 Uhr und dann hauptsächlich am Samstagnachmittag. Es ist nötig, mit den Eltern den zeitlichen Rahmen abzusprechen und klarzumachen, warum man diese Zeit braucht. Den Eltern muß auch gesagt werden, wie wir miteinander arbeiten wollen. Die meisten erwarten einen Vortrag mit anschließender Diskussion. Sie wissen nicht, daß wir anders arbeiten – mit Singen, Spielen, Gruppenarbeit usw.

H.: Welche Bedeutung haben die Spiele in der Arbeit?

J.: Ich habe die Erfahrung gemacht, daß die Wochenenden, an denen die anfängliche Spielphase sehr kurz war, nicht so positiv verliefen. Es ist wichtig, daß die Erwachsenen sich aneinander gewöhnen. Im Spiel können sie die Erfahrung des Versagens machen und leichter akzeptieren, daß etwas nicht gelingt. Das ermöglicht es ihnen, sich auch sachlich zu äußern, ohne daß es gleich richtig und druckreif sein muß.

H.: Haben die Eltern Angst, etwas Falsches zu sagen oder einer Leistungsnorm nicht zu genügen?

J.: Das ist sicherlich so. Es gibt ja immer Eltern, die das Reden gewöhnt sind. Es gibt auch immer einige Dauerredner. Es gibt aber auch Eltern, die überhaupt nichts sagen. Entweder hören sie zu oder sie wagen es einfach nicht, etwas zu sagen.

H.: Welche Erfahrung haben Sie mit der Zusammensetzung der Teilnehmer gemacht?

J.: Die Teilnehmer kommen aus allen Schichten. Es ist eher so, daß Eltern mit höherer Bildung wegbleiben, weil sie unserer Arbeit nicht so große Bedeutung beimessen und etwas anderes vorhaben. Bei Arbeitern und Leuten aus der unteren Angestelltenschicht kommt mindestens die Mutter mit.

H.: Kommen mehr Frauen als Männer?

J.: Ja, obwohl der Anteil der Väter prozentual weit über dem liegt, was man in der Gemeinde sonst an Mitarbeit erlebt. Bei ungefähr der Hälfte derer, die kommen, sind auch die Väter dabei. Insgesamt ist von ca. 80 Prozent der Konfirmanden mindestens ein Elternteil dabei.

H.: Das ist, verglichen mit anderen Erfahrungen, eine hohe Zahl.

J.: Ja, aber ich sage den Eltern immer, daß die Teilnahme wichtig ist. An den

Wochenenden passiert inhaltlich und im Gruppenprozeß Wichtiges, so daß es gut ist, wenn die Jugendlichen zu Hause einen Ansprechpartner haben.

H.: Wie arbeiten Sie?

J.: Mit Eltern und Jugendlichen in Gruppen. Jede Gruppe hat einen Begleiter, der weiß, worauf es ankommt und der darauf achtet, daß sich das Gespräch nicht »verläuft«. Der Gottesdienst am Sonntag bringt die Ergebnisse des Wochenendes zusammen und versucht, die theologische Aussage zu vertiefen. Manchmal bringt erst der Gottesdienst diese Aussage, weil sie zuvor nicht erarbeitet werden konnte.

H.: Welche Erfahrung haben Sie mit Mitarbeitern gemacht?

J.: Wir haben in letzter Zeit zu dritt die Wochenenden vorbereitet. Das ist zuwenig. Früher hatte ich Eltern mit herangezogen. Das war aber schwierig, weil die Eltern sehr zurückhaltend waren und sich für nicht kompetent hielten. Ich möchte in Zukunft stärker ältere Jugendliche einbeziehen, aber auch noch einmal versuchen, die Eltern anzusprechen.

H.: Welche Themenbereiche haben Sie bis jetzt behandelt?

J.: Das erste Seminar ging über das Thema »Wer bin ich? Wozu lebe ich? – Die Frage nach dem Sinn des Lebens«. Diese Thematik hat sich bewährt und wir haben das Seminar in veränderter Form einige Male wiederholt. Um die Konfirmanden am Abendmahl teilnehmen zu lassen, haben wir das Thema »Abendmahl« behandelt. Das war für die Eltern interessanter als für die Jugendlichen, die ja hier noch etliches an Information vermittelt bekommen mußten.
Ausgesprochen gut war eine Veranstaltung über die Probleme der Dritten Welt. Die Konfirmanden gründeten danach einen Arbeitskreis, der noch heute besteht. Stark von der Zusammensetzung und Offenheit der Gruppe hängt die Behandlung des Themas »Eltern und Kinder: Das 4. Gebot« ab. Dazu muß ich noch sagen: Die Jugendlichen sind diskussionsmüder geworden. Gespräche untereinander kommen nur schwer auf, viele erwarten, daß einer vor ihnen steht und alles macht. Bei Elternwochenenden kann das anders sein. Manchmal werden die Jugendlichen durch die Eltern provoziert. Dann müssen die Gruppenbegleiter aber darauf achten, daß alle zu Wort kommen. Sonst werden die Konfirmanden beiseitegedrängt.

H.: Daß das verhindert wird, ist ja auch eine methodische Frage. Mit welchen Methoden haben Sie in der Elternarbeit gute Erfahrungen gemacht?

J.: Neben der Kleingruppenarbeit hat sich bei uns das Brief-Spiel (vgl. S. 104) sehr bewährt. Gute Erfahrungen haben wir auch mit Rollenspielen gemacht, wenn sich Eltern darauf einlassen. Rollenspiele lösen viele Verkrampfungen in der ganzen Gruppe. Intensiv und persönlich war oft die Arbeit mit Fotos, d.h. das Aussuchen und Kommentieren von Bildern. Das hat viele zum Nachdenken gebracht. Wichtig ist, daß wir mehrere Methoden zur Auswahl anbieten, so daß sich jeder auf irgendetwas einlassen kann.

H.: Wo sehen Sie die größten Schwierigkeiten in der Konfirmandenelternarbeit?

J.: Alles so zu planen und durchzuführen, daß Jugendliche und Erwachsene gleichermaßen zum Zuge kommen. Hierbei spielen die schon erwähnten Gruppenbegleiter eine wichtige Rolle. Schwierigkeiten sehe ich auch darin, zu einem Ergebnis zu kommen, das die Eltern befriedigt. Viele erwarten ein Resultat am Schluß, das man als Antwort mit nach Hause nehmen kann. Man muß schon zu Anfang deutlich machen, daß es bei aller Bemühung um Antworten zunächst wichtig ist, sich mit den Fragen auseinanderzusetzen.

H.: Wie groß ist die Bereitschaft der Eltern, an den Veranstaltungen teilzunehmen?

J.: Erstaunlich groß, wenn ich das mit anderen Gemeindeaktivitäten vergleiche. Das liegt sicher an den Kindern. Aber es ist auch eine eigene Motivation da, die sich auch bei gelegentlichem Mißlingen durchhält. Die Eltern motivieren manchmal ihre Kinder, indem sie schon vor den Wochenenden zu Hause darüber sprechen.

H.: Wie reagieren die Jugendlichen auf die Anwesenheit der Eltern?

J.: Die Konfirmanden tun sich meistens mit Altersgenossen zusammen, weil sie unter sich bleiben wollen. Es gibt aber auch Phasen, wo sie gern hören, was die Erwachsenen sagen. Manche erleben, daß ihre Eltern ganz unerwartete Dinge sagen. Das ist dann überraschend und das finden sie prima.

H.: Werden von den Eltern auch eigene Probleme angesprochen?

J.: Das kommt immer wieder vor, zum Beispiel wenn es um Fragen zwischen Eltern und Kindern geht. Dann sprechen die Erwachsenen häufig die Probleme mit ihren eigenen Eltern an – unter welchem Druck sie sich fühlen und mit welchen Ansprüchen sie sich auseinandersetzen müssen. Eltern haben auch schon sehr deutlich gesagt, wie stark sie der Beruf belastet.

H.: Wie reagieren die Jugendlichen auf solche Aussagen?

J.: Sie hören staunend zu und merken, daß die Eltern auch Probleme haben. Ob das etwas verändert, weiß ich nicht.

H.: Werden innerfamiliäre Konflikte angesprochen?

J.: Davor hütet man sich zumeist. Von einzelnen Familien weiß ich, daß es Anstöße gegeben hat, die weitergewirkt haben.

H.: Haben sich einzelne Eltern aufgrund der Konfirmandenelternarbeit stärker in der Gemeinde engagiert?

J.: Das gibt es vereinzelt. Eine Mutter hat sich danach ins Presbyterium wählen lassen, eine andere hat sich im Dritte-Welt-Arbeitskreis engagiert. Kontinuierliches Engagement ist aber die Ausnahme. Häufiger sind Eltern bereit, an einzelnen konkreten und begrenzten Aktionen mitzumachen. Wichtig ist für viele, daß sie neue Erfahrungen mit der Kirche machen. Sie erleben Gemeinde, indem sie anders miteinander umgehen als in anderen Bereichen. Das gibt manchen neue Anstöße.

Gespräch mit Pfarrer Florian Sorkale

Hennig: Wann hast Du mit der Konfirmandenelternarbeit angefangen, Florian?

Sorkale: Seit 1973 habe ich versucht, Eltern als Mitarbeiter für die Konfirmandenkurse zu gewinnen. Ich habe sie auf die gemeinsame Verantwortung und ihre Fähigkeiten und Begabungen angesprochen. Einige Eltern haben mitgemacht, obwohl das am Anfang neu für sie war. Wichtig war, daß sie zunächst nur bei einem Kurs von 4-5 Doppelstunden mitarbeiteten, so daß ihr Einsatz begrenzt war. In der Praxis hat eine Mutter mit einem Co-Leiter ihrer Wahl einen Kurs geleitet.

H.: Worin lagen die Hemmungen bei den Eltern?

S.: Zunächst im Gefühl, der Leitung nicht gewachsen zu sein. Ein zweiter Widerstand lag in der Fremdheit gegenüber der Kirchengemeinde. Die Eltern gaben ihre Kinder zum Unterricht, wollten selber aber nicht in eine Funktionärsrolle kommen. Sie wollten sich nicht exponieren.

H.: Zu welchen Themen haben die Eltern Kurse durchgeführt?

S.: Ein Thema hieß »Spiel und Spaß im Altenheim«. Die Jugendlichen besuchten alte Menschen, sprachen mit ihnen, ließen sich aus ihrer Jugend berichten und gingen mit ihnen in die Stadt. Ein anderer Kurs hieß »Vorgestellt – ausprobiert – ausgestellt«. Hier zeigten Mütter ihre gestalterischen Fähigkeiten – Basteln, Töpfern, Hinterglasmalerei, einen Rupfenteppich herstellen. Die Jugendlichen überlegten dann, was sie als Gruppe für eine andere Gruppe in der Gemeinde tun könnten. Sie machten dann beispielsweise eine Hinterglasmalerei für den Kindergottesdienst oder einen Rupfenteppich für das Gemeindehaus.

H.: Welche Eltern arbeiteten mit?

S.: Fast ausschließlich Frauen und zwar solche, die geistig beweglich waren. Das waren Mütter, die die Erziehung selbständig durchführten, weil die Männer viel unterwegs waren oder Frauen, die sich mit ihren Partnern auseinander gelebt hatten. Insgesamt waren die ersten Erfahrungen ermutigend.

H.: In Deiner jetzigen Tätigkeit am PTI lernst Du viele Gemeinden kennen. Welche Themenbereiche erweisen sich insgesamt als sinnvoll für die Konfirmandenelternarbeit?

S.: Ein gewisses Zögern gibt es bei stark dogmatischen Themen wie »Gottesfrage« und »Gebet«. Leichter zugänglich sind Themen wie »Gebote«, »Diakonie« oder »Taufe«. Es ist aber ein Unterschied, ob die Eltern beim Konfirmandenunterricht mitarbeiten oder bloße Teilnehmer bei Elternveranstaltungen sind. Im zweiten Fall lassen sie sich auf mehr ein.

H.: Wo siehst Du im Augenblick die größten Schwierigkeiten für die Konfirmandenelternarbeit?

S.: Bei den Pfarrern, die für alles verantwortlich sind bzw. sich für alles verantwortlich fühlen. Diese Einstellung macht es schwer, Eltern nicht nur als »Kunden« zu behandeln, sondern ihnen auch eigene Verantwortung zu übertragen. Ein zweites Problem liegt in der allgemeinen Erwartungshaltung der Kirche gegenüber. Viele Eltern sehen den Konfirmandenunterricht nicht als gemeinsame Aufgabe, sondern erwarten eine Dienstleistung. Diese Haltung kann man nur ändern, wenn man begrenzte und überschaubare Angebote macht. Außerdem muß man den Eltern auch manches an eigener Verantwortung zumuten.

H.: Wie würdest Du die Bereitschaft der Eltern einschätzen, an Angeboten der Konfirmandenelternarbeit teilzunehmen?

S.: Die Bereitschaft ist latent groß. Die Eltern wollen etwas für ihre Kinder tun. Dadurch entsteht eine offene Situation, die nicht von Ablehnung bestimmt ist. Wichtig ist es, bei der Situation der Eltern zu sein und darauf zu verzichten, vorgegebene Stoffe um jeden Preis durchzuziehen.

H.: Was hat das für methodische und didaktische Konsequenzen?

S.: Ich brauche für den Beginn jeder Veranstaltung eine Methode, die jedem die

Möglichkeit gibt, sich mit dem, was er mitbringt, zu äußern. Jeder muß seine Frage, Sorge, Erfahrung irgendwie äußern können. Für mich ist ehernes Gesetz: Ehe ich etwas sage, hat erst einmal jeder andere etwas gesagt. Dann bekomme ich für die Arbeit alle Stichworte, die ich brauche.

H.: Wie reagieren die Jugendlichen auf die Anwesenheit der Eltern?

S.: Das Problem ist, daß sie sich zunächst kontrolliert fühlen. Wenn die Arbeitsformen aber so angelegt sind, daß Erwachsene und Jugendliche in derselben Ausgangslage sind, geht das bald weg. Die Konfirmanden entdecken dann manchmal, daß ihre Eltern ganz anders sind als zu Hause. Sie erleben sie eventuell als Fragende und Suchende. Sie erleben die Eltern auch mit neuen Fähigkeiten, z.B. beim Rollenspiel. Gelegentlich bekommen die Konfirmanden Lust, ihren Eltern etwas zu sagen oder deutlich zu machen. Oft haben die Eltern dabei größere Probleme, denn sie denken, sie dürften sich vor den Kindern nicht blamieren.

H.: Sprechen die Eltern auch eigene Probleme an?

S.: Das ist nicht die Regel, kommt zuweilen aber vor. So habe ich neulich erlebt, daß Eltern aussprachen, wie belastend sie oft ihre Elternrolle erleben, weil so viel von ihnen erwartet wird. Die Offenheit hängt auch von den Arbeitsformen ab. Wenn es nur über den Kopf geht, kommen solche Äußerungen nicht. Sobald aber durch andere Arbeitsweisen gemeinsame Erlebnisse entstehen, werden solche Gefühle und Probleme angesprochen. Dann ist für mich ein wichtiges Ziel der Konfirmandenelternarbeit erreicht, nämlich deutlich zu machen, daß die Eltern ihre Kinder in dieser Zeit nicht allein lassen. Auch wenn es Probleme und Schwierigkeiten gibt, bleibt man dabei, sie gemeinsam anzugehen . . .

5.2 Formen der Konfirmandenelternarbeit

Elternarbeit kann verschiedene Formen annehmen und in unterschiedlicher Weise auf den Konfirmandenunterricht bezogen sein. Die Vielzahl möglicher Themen und Ziele bedingt verschiedene Veranstaltungstypen. Vom Elternabend bis zum gemeinsamen Wochenende ist vieles möglich. Was angebracht ist, hängt von den Gegebenheiten der Gemeinde und den Interessen der Mitarbeiter ab. Sichtet man die Versuche und Modelle der letzten Jahre, so ergeben sich mehrere Grundtypen der Elternarbeit.[305]

Typ 1: Gemeinsame Eröffnungsveranstaltung für Eltern und Konfirmanden

Eine gemeinsame Veranstaltung zu Beginn der Konfirmandenzeit macht deutlich, daß der Unterricht nicht isoliert gesehen wird, sondern die Familie einbeziehen will. Die Jugendlichen und Eltern erhalten Gelegenheit, ihre Unsicherheiten und Hoffnungen auszudrücken. Der Austausch unterschiedlicher Erwartungen kann der Anfang eines Gesprächs in der Familie werden.[306] Gerade für den Beginn ist es wichtig, die Schwellenangst möglichst gering zu halten und keine Prüfungsatmosphäre aufkommen

zu lassen. Zu leicht könnte dadurch die Mitarbeit der Eltern verhindert werden. Es sollte vielmehr von Anfang an Wert auf eine entspannte Atmosphäre sowie aktivierende und spielerische Arbeitsformen gelegt werden. Ob das durch einen »Empfang«[307] oder durch ein gemeinsames Wochenende zum Kennenlernen[308] geschieht, hängt von der jeweiligen Situation ab.
Der Vorteil einer gemeinsamen Anfangsveranstaltung liegt darin, daß Erwachsene und Jugendliche sich kennenlernen und dem Pfarrer als Gruppe gegenübertreten. Der Nachteil ist, daß der Pfarrer sich nicht gesondert auf jede Familie einstellen kann. In der Gruppe kommen manche Anfragen nicht zum Zuge. Daher werden in manchen Gemeinden die Familien einzeln zur Anmeldung eingeladen.[309] Im Gespräch kann der Pfarrer etwas über die Einstellung zur Kirche und die Vorstellungen vom Konfirmandenunterricht erfahren sowie seine Ziele darlegen. Es gehört freilich kommunikatives Geschick dazu, ein solches Gespräch nicht als »Prüfung« der Eltern erscheinen zu lassen. Ein amtlicher Anstrich entsteht ja schon dadurch, daß die Betroffenen zum Pfarramt kommen. Um negative Assoziationen zu vermeiden, sollte das Gespräch in akzeptierender und gelöster Atmosphäre stattfinden.

Typ 2: Gelegentlicher Kontakt mit den Eltern (Hausbesuch, Einladung, Elternbriefe)

Mit diesen Arbeitsformen wendet der Pfarrer sich an einzelne Eltern, ohne eine regelmäßige Gruppenarbeit zu initiieren. Man lernt sich kennen und verbessert dadurch die Atmosphäre, ohne ein gemeindepädagogisches Konzept zugrunde zu legen. In erster Linie ist hier an den Hausbesuch zu denken.[310] Der Hausbesuch – sehr unterschiedlich bewertet – kann bei den Eltern gut an den Unterricht anknüpfen. Das persönliche Gespräch ermöglicht ein Kennenlernen und ein genaues Begründen der Unterrichtsinhalte und -ziele. Oft wird das Gespräch einen seelsorgerlichen Aspekt bekommen. Darin zeigt sich freilich auch die Grenze des Hausbesuchs: Er ist allein auf eine Familie ausgerichtet. Die Erwachsenen lernen sich untereinander nicht kennen und auch der Dialog zwischen den Generationen wird nicht systematisch angeregt. Die dominante Stellung des Pfarrers bleibt bestehen.
Das ist anders bei der Einladung mehrerer Familien in die Privatwohnung des Pfarrers.[311] Der persönliche Charakter des Gesprächs ermöglicht ein unerwartetes, unverkrampftes Kennenlernen. Der Pfarrer erscheint als normaler »Nachbar«. Da mehrere Eltern anwesend sind, können vielfältige Aspekte ins Spiel kommen und das Gespräch ist nicht ausschließlich auf den Pfarrer fixiert. Ob ein solches Gespräch thematisch ausgerichtet sein sollte – das Thema könnte durch Kurztexte oder Bilder eingebracht werden – erscheint mir fraglich. Der Rahmen würde es nahelegen, kein »Programm« vorzugeben, sondern die Unterhaltung möglichst frei fließen zu lassen.
Um angesprochene Fragen weiter zu vertiefen, gibt es hin und wieder Elternbriefe zum Konfirmandenunterricht.[312] Sie können Informationen und Materialien verbreiten und damit Angesprochenes vertiefen. Briefe allein aber werden kaum ausreichen, ein Gespräch anzuregen. Dazu bedarf es des persönlichen Kontakts.

Typ 3: Elternabende (ohne Konfirmanden)

Elternabende sind von der Schule bekannt und fristen dort als »Pflichtübung« zumeist ein trauriges Dasein. Häufig sind sie bloße Informationsveranstaltungen, die nur wenige Teilnehmer zur Diskussion bewegen. Solche Elternabende – zumeist vor der Konfirmation angesiedelt – können kaum zu tieferen Auseinandersetzungen führen, da keine aktivierenden Arbeitsmethoden verwandt werden. Dennoch können Veranstaltungen ohne Komfirmanden sinnvoll sein. Voraussetzung ist allerdings, daß die Elternabende eine Beziehung zum Unterricht haben und durch ihn aufgeworfene Fragen behandeln. Diese Fragen mögen zunächst scheinbare Äußerlichkeiten betreffen wie den Gottesdienstbesuch der Jugendlichen[313] oder die Vorbereitung der Konfirmation.[314] Bei solchen Themen ist es möglich, das Unterrichtskonzept zu begründen und familiären Konflikten vorzubeugen. Andere Themen ergeben sich vielleicht aus dem Konfirmandenunterricht. So kann es sinnvoll sein, am Ende einer Unterrichtseinheit ein oder zwei Elternabende zu dem behandelten Thema anzubieten, um Fragen aufzunehmen, die sich aus den Berichten der Kinder ergeben haben.[315] Auch zur Vorbereitung einer Unterrichtseinheit können – vor allem bei umstrittenen Themen – die Eltern mitbeteiligt werden.[316] Damit übernehmen sie selbst einen Teil der Verantwortung und können eigene Fragen indirekt verhandeln.

Besonders vor Freizeiten sind Elternabende wichtig, um auf neue Erfahrungen der Kinder oder eventuelle Konflikte vorzubereiten.[317] Umfangreiche Themen erfordern vielleicht eine längere Behandlung, die eine Integration mehrerer Unterrichtsstunden und Elternabende nahelegt.[318] Die Chance einer häuslichen Fortsetzung des Gesprächs ist hierbei recht groß. Außerdem werden die Konfirmanden nicht gleich der argumentativen Übermacht der Erwachsenen ausgesetzt – ein Problem, das bei einem gemeinsamen Abschlußabend auftreten kann.

Typ 4: Gemeinsame Veranstaltungen für Eltern und Konfirmanden

Bei den bisher beschriebenen Veranstaltungsformen waren Eltern und Jugendliche getrennt. Das erleichtert die Gesprächsführung, da die Gruppe homogen ist. Nun erscheint es bei manchen Fragen aber sinnvoll, Eltern und Konfirmanden miteinander ins Gespräch zu bringen. Dadurch kann die Auseinandersetzung intensiver und realitätsnäher geführt werden. Für die Gruppenleitung ergeben sich allerdings Schwierigkeiten, weil die Erwachsenen immer wieder dazu neigen, die Jugendlichen zu majorisieren.

In manchen Gemeinden wird am Ende einer Unterrichtseinheit ein gemeinsamer Abschlußabend durchgeführt; die Konfirmanden stellen die geleistete Arbeit vor und anschließend werden einige Aspekte diskutiert. Solche Veranstaltungen ermöglichen eine Information über den Konfirmandenunterricht und werden dem familiären Gespräch sicher Impulse geben. Eine vertiefte Auseinandersetzung oder ein stärkeres Aufnehmen der Fragen der Erwachsenen wird an einem Abend aber kaum möglich sein. Aus dieser Erkenntnis heraus gibt es Versuche, mehrere gemeinsame Seminarabende zu einem Thema durchzuführen.[319] Es besteht dann die Möglichkeit, kreative

Arbeitsmethoden einzusetzen und ein Thema intensiv zu behandeln. Ein Problem ist freilich, daß die Eltern über mehrere Wochen die Termine planen müssen und daher nur bei hoher Motivation regelmäßig kommen.
Ist die Fluktuation bei den Teilnehmern aber zu groß, werden thematische Arbeit und Gruppenprozeß immer wieder zurückgeworfen. Aus diesem Grunde sind in den letzten Jahren vor allem Kompaktveranstaltungen in Form gemeinsamer Wochenenden erprobt worden. Sie bieten ausreichend Zeit, Atmosphäre und thematische Arbeit möglichst intensiv zu gestalten. Sinnvoll ist es, das Thema im Konfirmandenunterricht vorzubereiten. Am Wochenende findet dann – eventuell in einem anderen Ort – eine gemeinsame Freizeit statt.[320]
Faßt man auch den Konfirmandenunterricht zusammen, so ergibt sich ein Seminar über drei Tage.[321] Am Freitagnachmittag beginnen die Konfirmanden mit der Erarbeitung des Themas. Die Mitarbeiter können sich allein auf die Jugendlichen konzentrieren und diese können für das Gespräch mit den Eltern ihren Standpunkt klären. Am Samstagnachmittag kommen dann die Eltern hinzu: nach der Vorstellung des bis dahin Erarbeiteten wird das Thema in gemischten Kleingruppen vertieft. Am Sonntag findet ein Familiengottesdienst statt, der die Ergebnisse des Seminars aufnimmt. Danach können ein Abschlußgespräch und ein gemeinsames Mittagessen den Abschluß bilden. Diese Arbeitsform hat den Nachteil einer größeren zeitlichen Beanspruchung. Die Erfahrung zeigt aber, daß in Gemeinden, die einige Jahre regelmäßig Wochenendseminare durchführen, eine Tradition entsteht; die Eltern planen für die Konfirmandenzeit bereits einige Wochenenden ein. Der Vorteil ist eine relativ große Intensität der gemeinsamen Erfahrungen – sowohl thematisch als auch atmosphärisch. Man hat Zeit für die persönliche Begegnung, ohne daß die Gespräche zu kurz kommen müßten.

Typ 5: Mitarbeit der Eltern beim Konfirmandenunterricht

Betont man die Verantwortung und Selbständigkeit der Eltern bei der Erziehung ihrer Kinder, dann liegt es nahe, sie auch bei der Gestaltung und Durchführung des Konfirmandenunterrichts zu beteiligen. Ein erster Schritt dazu ist die Einrichtung von Elternbeiräten.[322] Solche Beiräte können alle beteiligten Gruppen zu einem kontinuierlichen Gespräch zusammenbringen. Eine Gefahr dabei ist, daß nur über Organisatorisches gesprochen wird. Das wäre auf die Dauer sicher unbefriedigend und entspräche auch nicht der Zielsetzung der Elternarbeit.
Inhaltliche Fragen treten in den Vordergrund, wenn die Eltern selbständig die Leitung von Konfirmandengruppen übernehmen – sei es sporadisch bei Freizeiten oder kontinuierlich.[323] Zu Beginn wird es schwierig sein, Eltern zur Mitarbeit zu motivieren, weil die Unsicherheit hinsichtlich der eigenen Kenntnisse und pädagogischen Fähigkeiten eine hohe Schwelle bildet. Gelingt es dem Pfarrer aber, diese Ängste aufzunehmen und durch neue Erfahrungen zu revidieren (z.B. durch Rollenspiele zur Gesprächsführung), so werden einige Eltern zur Mitarbeit bereit sein.
Die bisherigen Erfahrungen zeigen, daß die Eltern zu Beginn vor allem an einem guten Unterricht für ihre Kinder interessiert sind. Mit der Zeit treten die eigenen persönlichen

und religiösen Fragen stärker in den Vordergrund. Das ist sicher auch nötig, um die Motivation der Gruppe über längere Zeit aufrecht zu erhalten. Die Eltern sind keine Hilfslehrer, die dem Pfarrer die Kleinarbeit abnehmen, sondern an sich und der christlichen Tradition Lernende. Es geht nicht nur darum, den theologischen Kenntnisstand der Eltern zu erhöhen, sondern zugleich sollen deren Betroffenheit und Fragen aufgenommen werden und mit theologischen Begriffen vermittelt werden. Wenn das gelingt, werden Lebens- und Glaubensfragen sich annähern, und die Eltern werden zu lernenden Lehrern.

Der Vorteil für den Konfirmandenunterricht liegt auf der Hand: Kleine Gruppen, die sich eventuell in den Wohnungen der Mitarbeiter treffen, erlauben ein Eingehen auf jeden einzelnen. Der Unterricht erhält eine persönliche Dimension, die die Freude und Motivation der Konfirmanden erhöht. Sie erleben nicht nur den Pfarrer als theologischen Lehrer, sondern Gemeindeglieder, die unter Umständen auch weniger einem theologischen Jargon ausgeliefert sind.

Die Schwierigkeit dieser Unterrichtsform besteht darin, den »familiären« Rahmen immer wieder zu übersteigen, um eine Abkapselung der Kleingruppen zu verhindern. Dazu ist es nötig, mit allen Konfirmanden regemäßig zusammenzukommen (z.B. zu Wochenendseminaren); auch die Mitarbeit bei Gemeindeveranstaltungen oder -praktika kann diesen Zweck erfüllen. Sicher wird auch diese Form der Elternarbeit das Gemeindeleben nicht grundsätzlich ändern. Aber vielleicht machen die Konfirmanden bessere Erfahrungen mit dem Unterricht und vielleicht spüren einige Eltern, daß »Religion« und »Leben« einander annähern und daß Eigenaktivität die Selbständigkeit fördert – die eigene und die der Jugendlichen. Und das wird Auswirkungen auf das Gemeindeleben haben.

5.3 Konfirmandenelternarbeit und Familiengottesdienst

Familiengottesdienste erweisen sich als wichtiger Bestandteil der Konfirmandenelternarbeit. Oft sind die Gottesdienste festlicher Höhepunkt und Abschluß der gemeinsamen Arbeit und Gespräche. Sie ermöglichen es, offene Fragen aufzunehmen, ungelöste Probleme in nicht-sprachlicher Weise auszudrücken und das theologische Anliegen herauszustellen. Die Bedeutung der Familiengottesdienste legt es nahe, sie als integralen Bestandteil der Konfirmandenelternarbeit zu verstehen und grundsätzlich über die Beziehung von Gottesdiensten und Bildungsveranstaltungen nachzudenken.

Kirchliche Erwachsenenbildung steht immer in der Gefahr, die Balance zwischen Rationalität und Emotionalität, Denken und ganzheitlicher Erfahrung zu verlieren. Zu leicht prägt die Ebene der sprachlichen Kommunikation die Begegnung: Es werden Informationen vermittelt, Probleme analysiert und Alternativen diskutiert. An die Stelle ganzheitlichen Lernens, das Verstand und Erleben gleichermaßen umfaßt, tritt schnell »Kopflastigkeit«. Gerade bei religiösen Themen aber muß das letztlich in die Aporie führen. Der bloße Diskurs führt nicht auf die letzte Einheit menschlicher Erfahrung und persönlicher Identität, sondern zu den Fragmenten disparater Einzelerfahrungen. Die Begründung menschlicher Hoffnung läßt sich nur durch eine ganzheitliche Erfahrung finden. Sie muß auch andere Ebenen umfassen als das Denken und die Ausdrucksmöglichkeiten der Sprache. Die fragmentarische Erfahrung möglicher Ganzheit relativiert das bloß rational Erfaßte; sie betont den vorläufigen Charakter unseres Wissens und Weltbildes. Die Sprache dieser Erfahrung vom Grund der Hoffnung, der über alle Erfahrung hinausweist, übersteigt Argumentation und Rationalität, Information und Gespräch. Sie verweist auf die Ebene von Spiel und Feier, von Ritual und Symbol, näherhin auf den Familiengottesdienst als Ort symbolischer Interaktion.

Unter Aufnahme eines Vorschlages von Peter Cornehl möchte ich den Familiengottesdienst im Rahmen der Konfirmandenelternarbeit folgendermaßen verstehen: in ihm »vollzieht sich das ›darstellende Handeln‹ der Kirche als öffentliche symbolische Kommunikation der christlichen Erfahrung im Medium biblischer und kirchlicher Überlieferung zum Zwecke der Orientierung, Expression und Affirmation.« Der Gottesdienst lebt »von der symbolischen Evidenz, mit der es gelingt, Gedanken und Affekte, Erfahrungen und Erwartungen in sinnlich faßbare und erlebbare gemeinschaftliche Vollzüge umzusetzen und überzeugende Handlungsabläufe zu gestalten, die dem einzelnen Beteiligung ermöglichen, ohne ihn zu überwältigen.«[324]

Diese Beschreibung des Gottesdienstes legt es nahe, den Familiengottesdienst als Ermöglichung symbolischer und ritueller Interaktion als notwendigen Bestandteil der Elternarbeit zu verstehen. Vergegenwärtigte Symbole und lebendige Rituale erreichen tiefere Schichten als der rationale Diskurs. Die Darstellung biblischer Geschichten im Rollenspiel, die Gestaltung eines Bildes, das gegenseitige Darbringen des Abendmahls sind Zeichenhandlungen, die über sich selbst hinausweisen. Sie können das zwischen Eltern und Kindern Nicht-Aussagbare ausdrücken und darstellen. Damit sprechen sie eine andere Erfahrungsebene an als das Gespräch.

In Symbolen und Ritualen – sofern sie lebendig und aussagekräftig sind – stellt sich »Religion« in Bildern und Handlungen des alltäglichen Lebens dar. Im Unterschied zum pädagogischen »Programm« jedes Lern- und Bildungsbemühens entziehen sich Rituale einer Zweckbestimmung. Sie sind mehrdeutig und sprachüberschreitend und lassen sich nicht in einen curricularen Rahmen pressen. Sie entziehen sich pädagogischer Zielsetzung und gewähren den individuellen Assoziationen Raum. Damit ist dem einzelnen mehr Freiheit gegeben, sie vor dem Hintergrund seiner Lebensgeschichte und Erfahrungswelt zu interpretieren.

Symbole und Rituale drücken ein »Mehr« an Sinn aus. In ihnen will deutlich werden, daß der christliche Glaube von Erfahrungen lebt, aber am bruchstückhaften Alltagswissen eine übergreifende Hoffnung festmacht. Rituale bekunden den Wunsch, daß das Leben nicht im Vorhandenen und Vorgegebenen aufgehen möge.

Familiengottesdienste ermöglichen, daß sich Eltern und Kinder in ritualisierter Form als gleichberechtigte Partner begegnen. Damit können – anknüpfend an alltägliche Symbole und Rituale – Fragen, Einsichten und Hoffnungen ausgedrückt werden. Ein Gespräch zwischen den Generationen kann eröffnet, neue Umgangsformen können versucht werden. Die so entstehende Hoffnung auf Annahme und Verstehen kann symbolisch dargestellt werden. Die Möglichkeit »wahren« Lebens scheint unter den zwiespältigen Alltagserfahrungen auf. Der Familiengottesdienst kann die Gegenwart bedenken lassen und Hoffnung für die Zukunft eröffnen. Er kann Eltern und Kinder zu gemeinsamer Feier vereinen und die Unabgeschlossenheit und Vielschichtigkeit der familiären Erfahrungen offenhalten. Der Familiengottesdienst ermöglicht Feier und Spiel, Beteiligung und Distanz, Verstehen und die Suche nach der eigenen Identität. Sein »Lernziel« ist die Ermöglichung neuer Erfahrungen und der zeichenhafte Hinweis auf den letzten Grund menschlicher Hoffnung.[325]

6. Modelle der Konfirmandenelternarbeit – Eine Beschreibung von vier Wochenendveranstaltungen

6.1 Autorität und Gehorsam: Das 4. Gebot[326]

Die Konfirmanden befinden sich in der Phase der beginnenden Ablösung vom Elternhaus. Das macht das Familienleben oft schwierig und konfliktreich. Hilflosigkeit und Protest, Nähe und Aggression wechseln einander ab. Die notwendige Ablösung wird häufig durch Unverständnis erschwert. Mit autoritären Erziehungsformen versuchen manche Eltern, ihre Lebenseinstellung den Kindern aufzudrängen. Auf der anderen Seite lehnen viele Jugendliche pauschal und barsch die Werte der Erwachsenen ab. Vorurteile und Kommunikationsbarrieren bestimmen häufig die Beziehung. In dieser Situation ist es wichtig, miteinander ins Gespräch zu kommen. Der Konfirmandenelternarbeit fällt dabei die Aufgabe zu, die hilfreiche und befreiende Intention der biblischen Tradition in das Gespräch einzutragen. Für eine Veranstaltung über das 4. Gebot lassen sich folgende Lernziele aufstellen:

– Die Konfirmanden sollen die Möglichkeit erhalten, über ihre Probleme, die sich aus dem Konflikt von beginnender Selbständigkeit und noch vorhandener Abhängigkeit ergeben, mit den Eltern ins Gespräch zu kommen.

– Die Konfirmanden sollen lernen, sich ein Stück weit in die Eltern hineinzuversetzen. Sie sollen spüren, daß auch bei ihnen Angst und Unsicherheit vorhanden sein können.

– Die Eltern sollen die Möglichkeit erhalten, die Fragen, Probleme und Vorwürfe der Jugendlichen offen zu hören. Damit soll der Anfang zu einem sachlichen Gespräch gemacht werden.

– Die Eltern sollen lernen, ihre Kinder als werdende Erwachsene zu begreifen und zu akzeptieren.

– Eltern und Kinder sollen das 4. Gebot als Anleitung zu einem realitätsgerechten Umgang erfahren. Sie sollen erkennen, daß beide Seiten Verpflichtungen haben und daß die Liebe das offene Austragen der Konflikte miteinschließt.[327]

Freitagnachmittag:
Konfirmanden allein

1. Arbeitseinheit: Ankommen – Kennenlernen – Einstellen auf das Wochenende
Zeit: 45 Minuten

Die erste Phase soll es den Jugendlichen ermöglichen, sich auf Thema und Arbeitsweise des Wochenendes einzustellen und Ansätze zu einem Gruppengefühl aufzubauen. Die

Thematik verlangt ein gewisses Vertrauen zu den anderen und die Bereitschaft, sich persönlich ein Stück weit zu öffnen. Dazu müssen die Jugendlichen erfahren, was sie an diesem Wochenende erwartet. Ein kurzer Überblick über den Ablauf und die Vorstellung der Mitarbeiter zeigt, daß es anders zugehen soll als in der Schule. Bewegungs- und Kennenlernspiele lockern die Atmosphäre und schaffen Vertrautheit.[328]

2. Arbeitseinheit: Ein konstruktiver Familienstreit
Zeit: 45 Minuten

Anhand eines Beispiels wird ein Erziehungskonflikt beschrieben, der mit einer konstruktiven Lösung endet. Die Geschichte »Nur keinen Streit vermeiden« zeigt, daß Eltern und Kinder durch ein klärendes Gespräch einen tragfähigen Kompromiß finden können. Die Geschichte zeigt auch, wie wichtig das Aussprechen der Motive und Emotionen ist. Den Jugendlichen soll exemplarisch deutlich gemacht werden, daß es hilfreiche und klärende Formen der Auseinandersetzung gibt.
Methodische Hinweise: Die Geschichte »Nur keinen Streit vermeiden« (Anhang M 1, S. 132) wird im Plenum vorgelesen (eventuell ohne Schluß). Danach werden Kleingruppen gebildet, die folgende Aufgabe bekommen:

Versucht, euch in eine Person der Geschichte – Vater oder Sohn – hineinzuversetzen: Welche Gedanken und Gefühle mag er haben? Was ärgert ihn am anderen? Warum versucht er, seine Meinung durchzusetzen? Was möchte er erreichen? Schreibt einen Brief aus der Sicht dessen, in den ihr euch eingefühlt habt. Begründet euer Verhalten und macht es dem anderen deutlich. Wenn ihr fertig seid, besprecht die Briefe in eurer Gruppe und wählt zwei Briefe aus, die den anderen vorgestellt werden sollen.

Alternative Darstellungsformen: Rollenspiel, Fotos aussuchen und kommentieren, Erstellen einer Diageschichte mit max. 6-8 Bildern, Anfertigen einer Collage.

3. Arbeitseinheit: Austausch und Vertiefung im Plenum
Zeit: 45 Minuten

Zunächst erhalten die Kleingruppen die Gelegenheit, ihre Ergebnisse vorzustellen. Die ausgewählten Briefe werden verlesen, die Kriterien der Auswahl mitgeteilt (ist dem Alternativvorschlag gefolgt worden, so stellen die Gruppen ihre Rollenspiele, Fotozusammenstellungen, Diaserien usw. vor).
Im Gespräch sollte auf folgende Aspekte eingegangen werden: Wie erleben die Jugendlichen ihre Eltern bei Erziehungskonflikten und familiären Auseinandersetzungen? Wie offen werden die Konflikte ausgetragen? Was erleben die Jugendlichen als negativ, was enttäuscht sie, worunter leiden sie? An welchen Stellen wünschen sie sich andere Formen der Auseinandersetzung? An welchen konkreten Punkten können sie zu einer Veränderung beitragen?

4. Arbeitseinheit: Rechte und Pflichten im Lebenslauf
Zeit: 45 Minuten

(Wenn man nicht ausreichend Zeit zur Verfügung hat, kann man den ersten Tag nach der 3. Einheit beenden.)

In dieser Arbeitsphase geht es darum, lebenslaufspezifische Pflichten und Freiheiten zu erarbeiten. Den Konfirmanden soll deutlich werden, daß ein größerer Freiheitsraum auch größere Verantwortung mit sich bringt. Die Jugendlichen sollen das auf ihr eigenes Verhalten beziehen, aber auch erkennen, daß die Erwachsenen ihnen Offenheit und Partnerschaft schulden.
Methodische Hinweise: Nach der Einteilung in Kleingruppen erhält jeder das Arbeitsblatt M 2 (S. 135).

Aufgabenstellung: Füllt zuerst – jeder für sich – das Arbeitsblatt aus. Schaut euch dazu die Aussagen auf dem Blatt an. Tragt in die Kästchen jeweils die Altersstufe ein, zu der die Aussage am besten paßt. Einige Sätze passen zu mehreren Altersstufen. Wenn jeder damit fertig ist, vergleicht die Ergebnisse in eurer Gruppe. Wenn es Unstimmigkeiten gibt, überlegt euch, warum es dazu gekommen ist.

Alternative: Einfälle und Anfragen zum Elterngebot (vgl. KU-Praxis 12/13, 156 f)
Zeit: 45 Minuten

Das 4. Gebot – auf einer Papierbahn groß notiert – wird sichtbar aufgehängt und vorgelesen. Ohne ausführliche Erläuterungen werden die Konfirmanden aufgefordert, ihre Gedanken, Einfälle und Anfragen auf einen Zettel zu schreiben (anonym). Die Zettel werden eingesammelt, vorgelesen und nach der Ähnlichkeit ihrer Aussagen an der Wand gruppiert. Anschließend wird gemeinsam versucht, Überschriften bzw. Leitaspekte für jede Gruppe zu finden. Dabei wird sich ein Gespräch über die Aussagen ergeben. Der Leiter kann abschließend versuchen, die Ergebnisse unter zentralen Aspekten zu bündeln.
Sinnvoll ist es, den Tag in einer entspannten und gelockerten Atmosphäre zu beenden (Gruppenspiele, Volkstänze).

Samstagnachmittag:
Konfirmanden und Eltern

Die Eltern treffen auf eine Gruppe, die am Vortag schon gemeinsame Lern- und Gesprächserfahrungen gemacht hat. Um die anfängliche Unsicherheit zu verringern, muß ihnen das Erarbeitete mitgeteilt werden. Dadurch wird es den Eltern erleichtert, sich in den Gruppenprozeß »einzufädeln«. Zur Kenntnisnahme hängen die von den Konfirmanden geschriebenen Briefe im Raum. Auf zwei leeren Papierbahnen stehen die Überschriften: »Wie wir uns unsere Eltern wünschen . . .« »Wie wir uns unsere Kinder wünschen . . . .« Die Eintreffenden werden ermuntert, sich alles anzuschauen und Einfälle auf die Papierbahnen zu schreiben. Die Mitarbeiter halten sich als Gesprächspartner bereit; jeder Anschein von Leistungserwartungen sollte vermieden werden. Nach einer ausreichenden Zeit zum »Ankommen« wird in die erste Arbeitsphase übergeleitet.

5. Arbeitseinheit: Wir lernen uns kennen und stellen uns auf das Thema ein
Zeit: 45 Minuten

Diese Phase dient dem Kennenlernen und der atmosphärischen Auflockerung. Auch Erwachsene bedürfen dabei der Hilfestellung, die Kennenlern- und Lockerungsspiele bieten.[329]

6. Arbeitseinheit: Idealbilder und Konflikte
Zeit: 60 Minuten

Ein konstruktives Gespräch zwischen Eltern und Kindern setzt eine gewisse Einsicht in das Beziehungsgeflecht voraus. Eigene Idealbilder und Projektionen müssen erkannt und von den Erwartungen des anderen unterschieden werden. Die Eltern sollen wahrnehmen, daß sie ihren Kindern häufig eigene Wünsche und Wertvorstellungen aufbürden; die Konfirmanden sollen erkennen, daß sie innere Konflikte der Identitätsbildung – Abhängigkeit und Rebellion – an ihren Eltern abhandeln. Um erste Einsichten auf diesem Wege zu erreichen, sollen Idealbilder und Konflikte herausgearbeitet werden.

Methodische Hinweise: Es werden gemischte Kleingruppen gebildet, wobei darauf zu achten ist, daß Familienmitglieder getrennt sind. Jeder Teilnehmer erhält ein Blatt M 3 (S. 138) mit folgender Aufgabenstellung:

Eltern und Kinder sollen überlegen, was sie am anderen stört und was ihnen gefällt. Dazu erhält jeder ein Blatt, auf dem verschiedene Aussagen stehen. Schneiden Sie zunächst die Aussagen heraus, die Sie für richtig halten und kleben Sie sie auf ein Plakat – die Eltern auf ein Plakat mit der Überschrift »Was uns an unseren Kindern gefällt, was uns stört . . .«, die Konfirmanden auf ein Plakat »Was uns an unseren Eltern gefällt, was uns stört . . .«. Zusätzlich zu den ausgeschnittenen Aussagen können Sie auch eigene Sätze formulieren und aufkleben. Wenn die Plakate fertig sind, vergleichen Sie sie in der Gruppe: Wo sind Gemeinsamkeiten?, wo Unterschiede? Lassen sich die Aussagen unter bestimmten Aspekten ordnen?

(Anschließend: Kaffeepause)

Die Plakate sind für alle sichtbar aufgehängt; eventuell können die Mitarbeiter eine Sichtung vornehmen und die wichtigsten Ergebnisse dem Plenum kurz mitteilen. Damit kann zur nächsten Phase übergeleitet werden.

7. Arbeitseinheit: Konstruktive Konfliktregelung
Zeit: 90–120 Minuten

Wurden in der vorangegangenen Phase die vielfältigen Konfliktmöglichkeiten benannt, so soll nun eine konstruktive Art des Umgangs mit Konflikten erarbeitet werden. Das ist über ein Fremdbeispiel leichter als durch eigene Erfahrungen. Die Aufgabe fordert dazu auf, sowohl die eigenen Interessen zu vertreten als auch Verständnis für den anderen aufzubringen. Ausgangspunkt ist die Geschichte »Glückliche Familie«, bei der es um die Gestaltung der Freizeit bei unterschiedlichen Interessen geht.

Methodische Hinweise: Die Geschichte »Glückliche Familie« (M 4, S. 139) kann

verlesen oder als Hörspiel über ein Tonband eingespielt werden. In gemischten Kleingruppen sollen Vorschläge für eine Konfliktlösung erarbeitet werden. Aufgabe ist es, die Lösung als Rollenspiel vorzubereiten.
Dauer der Kleingruppenphase: ca. 30 Min.
Danach werden die Rollenspiele im Plenum vorgeführt. Wichtig ist, daß keine Bewertung erfolgt. Mögliche Aspekte für das Gespräch sind: Wurde der Konflikt ausgehalten oder vorschnell harmonisiert? Wie kam die Lösung zustande? Ist der Kompromiß tragfähig? Wessen Interessen wurden am meisten berücksichtigt, wessen am wenigsten? Was läßt sich aus dem Rollenspiel auf den Alltag übertragen?
Die Diskussion endet mit einer kurzen zusammenfassenden Abschlußbetrachtung des Pfarrers. Er kann vor dem Hintergrund der Rollenspiele die hilfreiche Intention des Elterngebots für den gemeinsamen Umgang beschreiben: das 4. Gebot umreißt einen Lebensraum der Achtung und Liebe, in dem Interessengegensätze möglich sind, weil partnerschaftlich miteinander umgegangen wird. Offenheit und Eigenständigkeit sind allemal christliche Tugenden, während das Vorspielen einer heilen Familienwelt oder Autorität um jeden Preis christlich nicht legitimiert werden dürfen.
Abschließend können die Teilnehmer für sich ein kurzes Resümee versuchen (aus dem Material für den Gottesdienst genommen werden kann). Eltern und Konfirmanden erhalten einen Bogen mit vier Halbsätzen, die sie (anonym) vervollständigen sollen.

Für die Eltern:
- Bei meinem Kind vermisse ich ...
- Ich finde bei meinem Kind gut ...
- Meinem Kind gegenüber will ich ...
- Ich hätte mir von meinen Eltern gewünscht ...

Für die Konfirmanden:
- Bei meinen Eltern vermisse ich ...
- Ich finde bei meinen Eltern gut ...
- Ich sehe jetzt an meinen Eltern anders ...
- Wenn ich Vater/Mutter wäre, würde ich ...

Sonntagvormittag: Gottesdienst und Abschlußgespräch

8. Einheit: Gottesdienst

Der Gottesdienst sollte von möglichst vielen Seminarteilnehmern gestaltet werden. Ergebnisse werden als Plakate, Collagen oder Bilder ausgestellt und in Berichten mitgeteilt; Lieder und Gebete nehmen Anliegen des Seminars auf.
Die Predigt – mögliche Texte sind Ex 20,12; Eph 6,1-4; Gen 2,24 und Matth 12,48 – sollte Fragen und Erkenntnisse des Seminars aufnehmen und theologisch weiterführen: Das 4. Gebot ist keine autoritäre Gehorsamsverpflichtung, sondern bietet einen Lebensraum, der durch gegenseitige Verpflichtung, Liebe und Achtung geprägt ist. Dieses Gebot befreit zum konstruktiven Umgang mit Konflikten.

9. Arbeitseinheit: Was wir euch noch fragen wollen – was wir euch noch sagen wollen: das Brief-Spiel
Zeit: 60 Minuten

Bei der gemeinsamen Arbeit konnte manches nur angedeutet werden. Die Zeit reicht nicht aus, alle Aspekte der Thematik zu erörtern. Abschließend soll daher Gelegenheit gegeben werden, Fragen zu stellen und die eigene Position zu verdeutlichen. Dadurch können Mißverständnisse korrigiert und Anstöße für das familiäre Gespräch gegeben werden. Das Brief-Spiel[330] ermöglicht es, auch heikle Themen anzusprechen.
Methodische Hinweise: Erwachsene, Jugendliche und Mitarbeiter sitzen in Fünfer- oder Sechsergruppen an Tischen. Auf jedem Tisch steht ein Schild mit der »Adresse«: E 1, E 2 . . . für die Elterngruppen, K 1, K 2 . . . für die Konfirmandengruppen, MA 1, MA 2 . . . für die Mitarbeitergruppen. Im Spiel kann jeder jedem schreiben und Fragen stellen oder Mitteilungen geben: E 2 an K 1, E 1 an MA 2 usw. Die Mitteilungen werden der betreffenden Gruppe überbracht, diese diskutiert die Antwort, notiert sie auf dem Frageblatt und bringt sie zurück. Die Korrespondenz kann zwischen allen Teilnehmern, auch mehrmals zwischen den gleichen Gruppen, hin- und hergehen. Nach ca. 45 Minuten wird die Aufforderung gegeben, die Briefe fertigzustellen und keine neuen mehr abzuschicken. Jede Gruppe sichtet ihre Briefe, bestimmt den wichtigsten und liest ihn abschließend dem Plenum vor. In einem Schlußwort kann der Leiter noch einmal die zentralen Gesprächsaspekte herausstellen. Sinnvoll ist es, alle Briefe zu sammeln, um sie den Teilnehmern später vervielfältigt zugänglich zu machen. (Abschluß: Gemeinsames Mittagessen).

6.2 Leid und Hoffnung: Jesu Geschick als Grund des Glaubens und Hoffnung des Lebens

Leid und Versagen sind Erfahrungen, die auch zum Leben der Konfirmanden gehören. Häufig werden sie jedoch als Zeichen persönlicher Schwäche verstanden und abgewehrt. Viele Jugendliche sprechen weder mit Freunden noch mit den Eltern über Situationen der Hilflosigkeit. Diese Erfahrungen bleiben stumm und sprachlos. Damit blenden die Jugendlichen einen wichtigen Teil ihrer Person aus. Die Abwehr der eigenen Schwäche versperrt aber auch den Zugang zur Person und Verkündigung Jesu: sein Leiden und Sterben wird als sinnloses Versagen gesehen, seine versöhnliche Haltung gegenüber allen Menschen als Ausdruck der Schwäche. Um diese Einstellung abzubauen, strebt die nun zu beschreibende Veranstaltung folgende Lernziele an:
– Die Konfirmanden sollen Erfahrungen von Leid und Unvermögen benennen, Situationen, die ihnen »das Leben schwer gemacht haben«.
– Konfirmanden und Eltern sollen erkennen, daß jeder Mensch einen anderen braucht, der ihm eine Last abnimmt und helfend für ihn eintritt.
– Konfirmanden und Eltern sollen versuchen, in einer konkreten Situation diese Erkenntnis in ihr Leben umzusetzen.

– Die Teilnehmer des Seminars sollen die Gestalt Jesu vor diesem Hintergrund neu sehen lernen; sie sollen erkennen, daß in Jesu Leidensfähigkeit die Liebe zu den Menschen und die Hoffnung auf die Bestätigung Gottes Gestalt gewinnt.[331]

Freitagnachmittag:
Konfirmanden allein

1. *Arbeitseinheit: Ankommen – Kennenlernen – Einstellen auf das Wochenende*
   Zeit: 45 Minuten (vgl. S. 99 f.)

2. *Arbeitseinheit: Meditative Übung »Das hat mir das Leben schwer gemacht«*
   Zeit: 20 Minuten

Eine meditative Übung soll es den Konfirmanden erleichtern, Erinnerungen an Situationen von Gelingen und Versagen zuzulassen. Es soll deutlich werden, daß jeder Mensch Erfahrungen des Scheiterns macht. Das »Anschauen« dieser Erfahrungen läßt die Verletzlichkeit erfahren, bietet aber auch die Chance der Wahrhaftigkeit und Annahme. Da diese Phase einen stark seelsorgerlichen Charakter hat, müssen die Mitarbeiter jeden Äußerungs- und Leistungsdruck vermeiden.
Methodische Hinweise: Die Meditationsübung kann begonnen werden, wenn die anfänglichen Spannungen und Unsicherheitsgefühle abgebaut sind. Es ist darauf zu achten, daß jeder einen bequemen Platz zum Sitzen oder Liegen hat.

Grundanweisung: Ich werde ruhig ... Alles in mir kommt zur Ruhe ... Es klingt ab ... wie Wellen auf einem stillen See, wenn ein Stein hineingeworfen wird ... immer flacher ...
Ich bin wie das Wasser regungslos und ... Ich ... bin ... ganz ... ruhig ...
Ich bin gesammelt bei mir ... Die Gedanken kommen zur Ruhe ... Ich komme zu mir ... Immer mehr bin ich bei mir ... in meinem Körper ...
Ich bin entspannt und gelöst ... Ich lasse alles los ... Ich lasse mich los ... Ich lasse meine Gedanken los ... Kein Druck ist auf mir ... keine Angst ... keine Sorge ... keine Willensanspannung ... kein Festhalten ... kein Sich-Darstellen ...
Ich lasse mich ganz los ...
Ich habe Stärken und Fähigkeiten ... Kräfte ... Begabungen ... Ich kann etwas ... Ich kann anderen Hilfe geben ... Ich werde gebraucht ... Mir gelingt etwas ... Ich denke an Situationen, in denen mir etwas gut gelungen ist ...
Manchmal bin ich aber auch schwach ... Ich fühle mich unsicher ... ich bin auf die Hilfe von Freunden angewiesen ... In manchen Augenblicken fühle ich mich hilflos wie ein kleines Kind ... Das macht mir dann das Leben schwer ... Ich erinnere mich an Situationen, in denen ich fühlte: das macht mir das Leben schwer ...[332]

Nach der Übung wird aufgefordert, die erinnerte Situation (anonym) aufzuschreiben. Die Zettel werden eingesammelt.

3. *Arbeitsphase: Darstellung einer Situation, die »das Leben schwer gemacht hat«*
   Zeit: 45 Minuten

Mit Hilfe verschiedener Medien und Materialien sollen erinnerte Situationen dargestellt werden. Die Kleingruppen bilden sich durch die Wahl der gewünschten Darstellungsart.

Rollenspiel: In Gruppen von 6-8 Teilnehmern werden zunächst Ideen für eine gemeinsame Spielsituation gesammelt. Möglich ist es, das Beispiel eines Gruppenmitglieds als Spielvorlage zu nehmen. Nach der Situationsbeschreibung werden die Rollen verteilt. Hilfreich kann die Unterstützung durch einen Mitarbeiter sein, der eventuell mitspielt. Er sollte darauf achten, daß die zentralen Aspekte deutlich herausgestellt werden. Ist der Entscheidungsprozeß noch nicht abgeschlossen, werden Alternativen überlegt. Die Gruppe verständigt sich über die endgültige Spielfassung und bespricht, ob dem Plenum noch zusätzliche Informationen gegeben werden müssen.
Arbeit mit Fotos: Zunächst sucht jeder 2-3 Bilder zum Thema aus und notiert, was ihn an den Bildern anspricht und worin die Beziehung zum Thema besteht. Nach einem Gespräch wird eine Auswahl der wichtigsten Bilder zusammengestellt, die dem Plenum gezeigt werden sollen.[333]
Freies Malen: Diese Gruppe benötigt ausreichend Platz (Fußboden oder große Tische). Die Malfläche sollte groß genug sein (ca. 60 × 90 cm für Einzel- und 250 × 150 cm für Gruppenarbeiten). Benötigt werden ein Sortiment Grundfarben (streichfähige, wasserverdünnte Fingerfarben) und weiche Anstreicherpinsel (1,5-2 cm breit, flach oder rund). Für jede Farbe muß ein Pinsel zur Verfügung stehen. Die Materialien sollten vorbereitet sein (Farbe angerührt und verteilt, Malflächen ausgelegt), dann wird die Gruppe eingeteilt. Es ist möglich, allein, mit einem Partner oder in Kleingruppen zu arbeiten (Regel: Niemand darf das übermalen, was ein anderer gefertigt hat). Es werden technische Anweisungen (Pinsel nicht vertauschen) und Erläuterungen zum Thema gegeben.
Dias malen: Benötigt werden Dia-Wechselrähmchen, wasserlösliche Faserschreiber für die Tageslichtprojektion sowie ein lichtstarker Diaprojektor (am besten mit der Möglichkeit der Einzelbildprojektion). Die Diarähmchen werden auf ein weißes Blatt gelegt und bemalt. Die Konfirmanden entdecken bald, daß man auch die Rückseite sowie die Innenflächen (beim aufgeklappten Dia) bemalen kann. Mit Wasser und Papiertüchern ist das Korrigieren leicht. Man kann ausprobieren und das Dia zwischendurch mit Hilfe des Projektors überprüfen. Jeder Konfirmand sollte nur ein Dia bemalen. Dadurch werden Gestaltungsfähigkeit und Konzentration gefördert. Wenn alle fertig sind, zeigt und erläutert jeder sein Dia. Verwandte Bilder und Motive werden zusammengestellt, um eine Serie zum Thema zu gestalten.

4. Arbeitseinheit: Vorstellen der Ergebnisse im Plenum
Zeit: 60 Minuten

Diese Phase hat zwei Funktionen: zum einen soll die Vielfalt der Erfahrungen deutlich gemacht werden, zum anderen soll dem Bedürfnis der Kleingruppen nach Vorstellung ihrer Ergebnisse entsprochen werden. Beide Aspekte muß der Gesprächsleiter berücksichtigen. Für die Auswertung gilt folgendes: Rollenspiele werden besprochen, indem zuerst nach Einfällen und Eindrücken bei den Zuschauern gefragt wird. Persönliche Stellungnahmen bringen mehr als eine Auseinandersetzung über den sachlichen Gehalt des Problems.
Die Werke der Mal- und Fotogruppen werden gut sichtbar aufgehängt oder auf dem

Boden ausgebreitet. Entweder werden die Gruppenmitglieder um kurze Stellungnahmen gebeten oder die Teilnehmer zu Fragen und Stellungnahmen aufgefordert. Beziehungen zwischen Thema und Gestaltung werden diskutiert, Ergebnisse schriftlich festgehalten. Die Entstehung der Werke wirft Licht auf den Gruppenprozeß: Wurde erst geplant oder gleich begonnen? Arbeitete zunächst jeder für sich allein oder entstand gleich eine Gruppenarbeit? Gab es Außenseiter und Wortführer? Wie fühlten sich die einzelnen bei der Gestaltung?
Zum Abschluß der Einheit sollte klar sein: Jeder Mensch macht Erfahrungen der Hilflosigkeit und des Scheiterns. Dieser Erfahrungen braucht man sich nicht zu schämen; man kann über sie sprechen, denn sie gehören zum Leben. Sie verweisen den Menschen auf seine Begrenztheit und damit auf einen, der ihm seine Last zu tragen hilft.

Samstagnachmittag
Konfirmanden und Eltern

5. *Arbeitseinheit: »Anwärmphase« – Hinführung zum Thema – Vorführung des Films »Die Parabel«*
Zeit: 60 Minuten

Auf die Bedeutung der Kennenlern- und Auflockerungsspiele wurde schon hingewiesen (vgl. S. 92 f.). Diese Phase geht bei der vorliegenden Veranstaltung in die Vorführung des Films »Die Parabel« über (22 Min.; 16 mm). Der Film beschreibt das Geschick eines Clowns bei einem Wanderzirkus. In verschiedenen Situationen übernimmt dieser Clown die Rolle von bedrückten und bedrängten Personen. An ihrer Stelle erleidet er Qual und Demütigung. Der Vorzug dieses Films liegt in seiner symbolischen Dichte und starken Aussagekraft; die Schwierigkeit ist, daß er nicht ganz leicht entschlüsselt und verstanden werden kann.

6. *Arbeitseinheit: Gespräch über den Film*
Zeit: 45 Minuten

In gemischten Kleingruppen (1 Mitarbeiter, 6-8 Teilnehmer, Familien getrennt) werden zunächst Eindrücke benannt, die der Film hinterlassen hat. Es wird ermuntert, emotionale Betroffenheit, Unverständnis oder Ablehnung zu äußern. Das Gespräch sollte dann auf zwei Aspekte zulaufen:
– Welche Funktion hat der weiße Clown im Film?
– Brauchen auch wir jemanden, der diese Rolle für uns übernimmt?
Hilfreich ist es, diese Aspekte möglichst konkret und persönlich zu diskutieren.
(Anschließend: Kaffeepause)

7. Arbeitseinheit: Die Notwendigkeit der Annahme in einer Situation des Versagens
Zeit: 45 Minuten

Dem Plenum wird folgende Szene vorgespielt (vom Tonband oder als Rollenspiel): ein Jugendlicher hat in einer wichtigen Klassenarbeit eine »6« geschrieben. Da das schon häufiger vorgekommen ist, ist mit dieser Arbeit sein schulisches Schicksal entschieden – er wird »sitzenbleiben«. Belastend für den Jungen ist vor allem, daß seine Eltern, denen er die bisherigen Mißerfolge verheimlicht hatte, nun alles erfahren werden. Für sie werden langgehegte Hoffnungen zusammenbrechen. Davor und vor möglicher Strafe hat der Junge Angst. Nach der Schule wendet er sich an einige Freunde, die ihm verschiedene Ratschläge geben: Er solle versuchen, den Klassenlehrer umzustimmen, den Eltern alles sagen, »abhauen« usw. Nach dem Gespräch bleibt der Junge allein zurück. Er hat immer noch Angst: »Was soll ich jetzt nur machen?« –
Diese Szene wird dem Plenum vorgestellt. Gemischte Kleingruppen erhalten die Aufgabe, eine mögliche Lösung zu überlegen und als Rollenspiel vorzubereiten (Zeit: ca. 30 Min.).

8. Arbeitseinheit: Vorstellen der Rollenspiele – Abschlußgespräch
Zeit: 60 Minuten

Die Rollenspiele werden in der beschriebenen Weise vorgestellt und besprochen. Mögliche Aspekte für das Gespräch sind: Warum hat der Junge seine schulischen Mißerfolge vor den Eltern verheimlicht? Welche Erwartungen haben die Eltern mit dem Schulerfolg verknüpft? Was macht es ihnen schwer zu akzeptieren, daß ihr Kind eine Klasse wiederholen muß? Welche Ängste haben beide Seiten in dieser Situation? Welche Hoffnungen haben sie? Was braucht der Junge in dieser Situation am nötigsten? Was brauchen die Eltern? Wie kann die Annahme des Versagens und des »Versagers« konkret werden, ohne daß die Enttäuschungen vorschnell überspielt werden? Gibt es eine Beziehung zwischen dieser Geschichte und dem Film? –
Zum Abschluß erzählt der Pfarrer in paraphrasierender Form die Emmaus-Geschichte (Lk 24, 13 ff): Nach Jesu Kreuzigung bricht für die Jünger die an ihn geknüpfte Hoffnung zusammen; Angst, Enttäuschung, Hilflosigkeit ergreifen sie. In ihrer Niedergeschlagenheit begegnet ihnen der auferstandene Christus. Diese Begegnung verwandelt die Trauer der Jünger in Freude, die Resignation in Hoffnung. Von dieser Geschichte gibt es Verbindungslinien zum Film und zu den Rollenspielen . . .

Sonntagvormittag: Gottesdienst mit Konfirmanden, Eltern und Gemeinde

Der Gottesdienst berichtet der Gemeinde von der gemeinsamen Arbeit und bringt Anstöße und Einsichten des Seminars zum Ausdruck. Die Predigt sollte die Aussage der 8. Arbeitseinheit theologisch vertiefen und weiterführen. Mögliche Predigttexte sind: Lk 24, 13 ff; Joh 20, 19–23; Röm 3, 21–28; 5, 1–5; 8, 24–30; 2 Kor 1, 2–7.

Mögliche Aspekte der Predigt sind: – Erfahrungen von Leid und Scheitern wirken dann zerstörerisch, wenn sie verdrängt werden. Exemplarisch wird daher beschrieben, wie Hilflosigkeit akzeptiert wird (evtl. mit einem Beispiel der 7. Einheit).

– Der christliche Glaube verklärt oder verleugnet das Leiden nicht; er stemmt sich gegen aufhebbares Leid und glaubt, daß Gott auch im unaufhebbaren Leid des Menschen Leben will.

– Urbild des Glaubens ist Christus, der sein Leid auf sich genommen hat und im Scheitern Gottes Bestätigung erfahren hat; im Kreuz hat Gottes Liebe sich durchgehalten.

– Das Geschick Jesu ist Grund der Hoffnung und Ausrichtung des Lebens; jeder, der einem anderen ein »Christus« wird, läßt ein Zeichen endgültiger Hoffnung aufleuchten.

– Der christliche Glaube schließt beides ein – den Protest gegen das Leid und die rechte Annahme. Im Leiden beruft dieser Glaube sich immer wieder auf Gott und das von ihm verheißene Heil.

6.3 Abendmahl: Zeichen der Versöhnung und Gemeinschaft

Die Feier des ersten Abendmahls ist in vielen Gemeinden mit der Konfirmation verknüpft. Diese Praxis führt häufig zu hochgespannten Erwartungen, Unsicherheit oder Desinteresse. Der erste Abendmahlsgang gilt als gleichsam ritualisierter Eintritt in die Erwachsenenwelt. Da eine »Erziehung« zum Abendmahl nur selten stattgefunden hat, erfahren die Konfirmanden dieses Sakrament als fremdartige Zeremonie. Bei den Eltern ist die Einstellung oft nicht anders. Die Abendmahlspraxis vieler Erwachsener ist durch Unkenntnis und Mißverständnisse geprägt. Man scheut sich vor dem magisch verstandenen Sakrament oder versteht den Sinn dieser Handlung nicht. Lebendige Gemeinschaft und Vergebung werden nur selten wirklich erfahren. Wenn Abendmahlsfeiern eine größere Bedeutung in der Gemeinde erhalten sollen, müssen Unkenntnis und Vorurteile abgebaut werden. Die Konfirmandenelternarbeit bietet einen wichtigen Ort für neue Erfahrungen mit dem Abendmahl. Die vorliegende Veranstaltung strebt folgende Lernziele an:

– Die Konfirmanden sollen die Scheu vor dem Abendmahl verlieren und eine Vorstellung von seinem Ablauf erhalten.

– Die Jugendlichen sollen erfahren, daß das Abendmahl dem Gedächtnis Jesu gilt und in seinem Namen Versöhnung und Gemeinschaft stiften will.

– Den Eltern soll geholfen werden, Mißverständnisse und Scheu gegenüber dem Abendmahl abzubauen. Sie sollen erfahren, daß diese Feier keine moralischen oder religiösen Vorleistungen verlangt, sondern Gabe und Geschenk Gottes ist.

– Die Erwachsenen sollen einsehen, daß der Zugang zum Abendmahl nicht an die Vorleistung des Verstehens gebunden ist. Auch Kinder und Konfirmanden können teilnehmen, weil die Erfahrungen des Glaubens seinem Verständnis vorausgehen.

– Eltern und Konfirmanden sollen erfahren, daß das Abendmahl zur Gemeinschaft führt und Gemeinschaft schaffen will. Sie sollen erkennen, daß das »Brot des Lebens« vielerlei Gestalt haben kann und durch jeden Menschen seinem Nächsten zuteil werden will.[334]

Freitagnachmittag:
Konfirmanden allein

1. Arbeitseinheit: Kennenlernen – Einstellen auf das Wochenende – »Speisungsspiel«
Zeit: 90 Minuten

Ein Seminar, das Vergebung und Gemeinschaft im Abendmahl verdeutlichen will, ist auf eine gute Atmosphäre angewiesen. Ein Klima des Vertrauens ist nötig, um sich für die Erfahrung und den Sinn des Abendmahls zu öffnen. Die Anfangsphase (vgl. S. 99 f.) leitet über zum »Speisungsspiel«.

Methodische Hinweise: »Wir bieten einander Essen und Trinken an. Wir lernen, einander zu geben und voneinander zu nehmen:
1. Alle sitzen im Kreis. Ein großer Teller mit den Gebäckteilchen und die Flasche mit Limonade und Becher stehen bereit. Der Gruppenleiter weist darauf hin, daß wir gewohnt sind: Jeder nimmt sich etwas, oder der Teller geht einfach herum. Er bittet, daß sich nunmehr alle nach der Spielregel richten: Keiner holt sich selber, sondern der erste bietet einem zu essen an und reicht ihm Gebäckteilchen. Dazu kann er ihm etwas sagen: ein Kompliment oder einen Wunsch. Der zweite geht mit dem Teller zu einem anderen hin, dem er anbieten möchte. Und so weiter, bis alle etwas bekommen haben. Wer nicht weitergeben will, kann den Teller auch in die Mitte zurückstellen. Ein anderer kann ihn dann aufnehmen. Ebenso geht es dann mit dem Getränk. Einer gießt etwas in einen Becher ein und reicht ihn einem zweiten, wieder kann er etwas dazu sagen usw.
2. Jeder schreibt auf einem Blatt für sich auf: Was habe ich bei dieser Übung gedacht/empfunden?
3. Die Blätter werden zusammengelegt. Jeder zieht sich ein Blatt, das ein anderer beschrieben hat, und schreibt seine Stellungnahme zu der Äußerung des anderen.
4. Wir sitzen im Kreis und lesen vor, was wir geschrieben haben. Das löst ein auswertendes Gespräch aus.«[335]

Die Übung kann eine starke Dynamik entwickeln. Manche empfinden das Vorgehen als unnatürlich, andere als würdevoll; einige erfahren viel Zuwendung von der Gruppe, andere stehen am Rand. Wichtig ist, daß alle Gefühle geäußert werden können. Das Gespräch sollte deutlich machen, daß jeder vom Geschenk der Zuwendung lebt. Häufig fällt das Schenken und Sich-Beschenken-Lassen schwer, weil es die Gesetze der Leistungsgerechtigkeit durchbricht. Aber immer, wenn dieser Durchbruch geschieht, erleben die Beteiligten ein Stück Befreiung.

2. Arbeitseinheit: Ein neuer Zugang zum Abendmahl
Zeit: 60 Minuten

In dieser Phase wird das Erarbeitete vertieft und mit dem Leben Jesu in Beziehung gesetzt.
Kleingruppen erhalten folgende Aufgabe: Wie seht ihr jetzt das Abendmahl? Was ist

euch daran unverständlich, was lädt euch ein? Einfälle und Antworten werden auf einer Papierbahn festgehalten (Zeit: 20-30 Min.). Anschließend werden die Ergebnisse im Plenum ausgetauscht. Der Pfarrer bündelt die zentralen Aspekte und erzählt vom letzten Abendmahl Jesu: Das Abendmahl der Christen geht auf das letzte Mahl Jesu mit seinen Jüngern zurück. Jesus, der »leidende Gerechte«, schenkt ihnen angesichts seines Todes Gemeinschaft und Versöhnung. Nach seinem Tod feiern die Jünger das Mahl als Menschen, die von ihrer Schuld befreit sind und sich ohne Vorurteile und Bedingungen annehmen können.

3. *Arbeitseinheit: Das Abendmahl als Vermächtnis Jesu*
Zeit: 60 Minuten

Zu Beginn wird das Lied »Ein jeder braucht sein Brot, sein' Wein« eingeübt.[336] Das Lied soll das Seminar begleiten und im Gottesdienst gesungen werden.

Anschließend werden Vierer-Gruppen gebildet: »Ihr habt gehört, daß das Abendmahl zuerst von Jesus und seinen Jüngern gefeiert wurde. Das Mahl war der Ausdruck der Gemeinschaft und Vergebung. In dieser Arbeitseinheit sollt ihr untersuchen, wie Jesus das gelebt hat, was er im Abendmahl ausdrückte. Was fällt euch ein, wenn ihr an Jesus denkt? Warum denken die Christen an Jesus? Überlegt diese Fragen und schreibt Einfälle und Antworten auf ein Plakat. Sucht in den Evangelien Geschichten, die eure Aussagen belegen.«
(Zeit: 30 Min.)

Im Plenum werden die Ergebnisse gebündelt: Jesus gewährt den Verachteten und Deklassierten Gemeinschaft; er rechnet ihnen ihre Schuld nicht an, sondern vergibt ihnen; im Vorgriff auf das Gottesreich hebt Jesus menschliche Schranken auf, seine Mahlgemeinschaft läßt das endgültige Heil zeichenhaft erfahren.
Abschließend erzählt der Pfarrer die »Geschichte vom großen Abendmahl« (Lk 14, 15 ff): Das Abendmahl verweist uns auf den Grund unseres Lebens und Hoffens, indem es Vergebung, Gemeinschaft und Teilhabe am Reich Gottes ausdrückt. Das Gleichnis macht deutlich, wie sehr die Menschen ihr Leben aber immer wieder verfehlen, indem sie sich an Vorläufiges ausliefern.

Samstagnachmittag:
Konfirmanden und Eltern

4. *Arbeitseinheit: »Anwärmphase« – Hinführung zum Thema*
Zeit: 45 Minuten

(vgl. S. 107)

5. *Arbeitseinheit: Was das Abendmahl bedeuten kann*
Zeit: 45 Minuten

Mit Hilfe kreativer Methoden werden verschiedene Aspekte des Abendmahls erarbeitet und dargestellt. Die Arbeitsgruppen entstehen durch die Wahl einer Arbeitsform.

Freies Malen: Mit Fingerfarben wird ein Bild gemalt: »Ich bin der Weinstock, ihr seid die Reben«.

»Denken Sie zunächst über diesen biblischen Satz nach. Was sagt er Ihnen? Sprechen Sie mit den anderen darüber. Was leuchtet Ihnen ein, was ist unklar? Überlegen Sie ein mögliches Bild. Was wollen Sie malen? Verständigen Sie sich beim Malen immer wieder darüber, was Sie darstellen wollen.«

Wortmeditation zum Thema »Brot kann vieles bedeuten«. Dieser Satz steht auf einem großen Plakat; zur Verfügung steht ein Filzschreiber:

»Überlegen Sie zunächst, was Ihnen zu diesem Satz einfällt. Vielleicht sehen Sie einen Laib Brot vor sich. Dieses Brot kann vieles bedeuten – für verschiedene Menschen in unterschiedlichen Situationen. Nehmen Sie sich Zeit für die Gedanken und Bilder, die Ihnen durch den Kopf gehen. Wenn Sie wollen, schreiben Sie ein Wort, einen Satz, ein Zeichen auf das Plakat. Jeder kann ausdrücken, was er möchte. Sie können auch auf die Aussage eines anderen antworten. Spielregel ist, daß alles schweigend geschieht. Wenn alle fertig sind, sprechen Sie miteinander: Wie ist es Ihnen ergangen? Was wollten Sie darstellen? Wo haben Sie Nachfragen? Was ist Ihnen an dem Satz »Brot kann vieles bedeuten« wichtig geworden?«

Arbeit mit Fotos: Assoziationen und Einfälle zu dem Satz »Der Mensch lebt nicht vom Brot allein« werden mit Hilfe einer Fotoserie zusammengestellt:

»Bedenken Sie diesen Satz. Was für Gefühle löst er in Ihnen aus? Was spricht Sie an? Was sagt dieser Satz aus? Suchen Sie ein oder zwei Bilder aus, die das treffen, was Ihnen an dem Satz wichtig ist. Schreiben Sie einige Gedanken und Einfälle zu den Bildern auf. Sprechen Sie dann darüber in der Gruppe: Was hat mich an den Fotos angesprochen? Was möchte ich mit ihnen ausdrücken? Überlegen Sie, ob sich die Fotos zu einer Serie zusammenstellen lassen, um Ihre Überlegungen den anderen mitzuteilen. Vielleicht läßt sich die Aussage auch in einem Wunsch für die anderen zusammenfassen.«

Arbeit mit Dias: Zu dem Lied »Brich dem Hungrigen dein Brot«[337] wird eine Diaserie (ca. 12 Bilder) zusammengestellt. Benötigt werden der Text des Liedes, ein Diabetrachter und eine Diaserie.[338] Der Arbeitsauftrag entspricht dem der Fotogruppe. Dias geben oft starke Anstöße; prägnante Bilder können daher gut Verwendung im Gottesdienst finden. Zu beachten ist, daß zu viele Bilder erdrücken.
(Anschließend: Kaffeepause).

6. Arbeitseinheit: Vorstellen der Ergebnisse – »Speisungsspiel«
Zeit: 90 Minuten

Die Ergebnisse der Arbeitsgruppen werden in eine Agapefeier einbezogen. Dadurch soll ein neuer Zugang zum Abendmahl gefunden werden, der ein Stück weit Gemeinschaft und Annahme erfahren läßt.
Methodische Hinweise: Die Teilnehmer sitzen gruppenweise in der Mitte des Raumes; Brot und Saft sind bereitgestellt.

Der Pfarrer eröffnet die Feier: »Morgen wollen wir gemeinsam Abendmahl feiern. Dabei empfangen wir Brot und Wein. Gestern haben wir im Spiel empfangen und gegeben. Wir haben erfahren, daß jeder einzelne wichtig ist. Keiner hat einen Vorteil vor dem anderen. Vorhin haben wir erarbeitet, daß Brot und Wein vieles bedeuten können. Wir verbinden verschiedene Gedanken und Wünsche damit. Dennoch feiern wir gemeinsam Abendmahl wie Jesus es mit seinen Jüngern gefeiert hat. Ich möchte euch nun einladen, zu bedenken, was Brot und Wein für uns bedeuten . . . «.

Möglicher Ablauf:
Lied: Ein jeder braucht sein Brot, sein' Wein
Gedanken/Einfälle: Brot kann vieles bedeuten (Ergebnisse der Arbeitsgruppe)
Lied: Unser Leben sei ein Fest
Gedanken/Einfälle: Der Mensch lebt nicht vom Brot allein (Ergebnisse der Foto-Gruppe)
Gedanken/Einfälle: Ich bin der Weinstock, ihr seid die Reben (Ergebnisse der Mal-Gruppe)
Lied: In Ängsten die einen
Gedanken/Einfälle: Brich dem Hungrigen dein Brot (Ergebnisse der Dia-Gruppe).
Nun werden Brot und Saft verteilt. Die Mitarbeiter nehmen zuerst das Brot, bieten es mit einem Wunsch oder Segensspruch einem anderen an, dieser gibt es weiter. Wenn alle Brot erhalten und gegeben haben, wird in gleicher Weise mit dem Saft verfahren. Jeder kann zu jedem gehen und ihm zu trinken anbieten. Die Mitarbeiter achten darauf, daß niemand ausgeschlossen bleibt. Es wird Zeit zur persönlichen Begegnung gelassen. Bevor Auflösungserscheinungen auftreten, wird mit einem Abschlußlied der Nachmittag beschlossen.

Sonntagvormittag: Abendmahlsgottesdienst mit Konfirmanden, Eltern und Gemeinde

Die Abendmahlsfeier soll auch für Gemeindeglieder, die nicht am Seminar teilgenommen haben, offen sein. Es empfiehlt sich daher, bekannte liturgische Elemente aufzunehmen. Daneben werden Lieder und Ergebnisse des Seminars in den Gottesdienst einbezogen. Da die Gottesdienstgestaltung von den konkreten Rahmenbedingungen abhängt, kann der folgende Vorschlag nur Anregungen geben:[339]
Musikalisches Vorspiel
Begrüßung (Bericht vom Seminar, Hinweis auf das Abendmahl)
Lied: Unser Leben sei ein Fest
Anrufung: Leidvolles und Bedrückendes, Bitten um Vergebung und Neuanfang werden vor Gott gebracht (Vortrag durch mehrere Sprecher; nach jedem Abschnitt respondiert die Gemeinde »Kyrie, kyrie, eleison; Herr, guter Gott, erbarme dich«).
Bekenntnis (eventuell unter Aufnahme von Ergebnissen des Seminars)
Predigt über Lk 14, 15 ff: Die Predigt vertieft die theologische Aussage der Vortage. Das Abendmahl wird als Geschenk Gottes an die »Unwürdigen«, als Mahl der Vergebung und Ausdruck der Gemeinschaft entfaltet. Es hat sich bewährt, den Text erzählend darzustellen; mit ausgeschnittenen Papierfiguren, die auf einem Tageslichtprojektor bewegt werden, läßt sich ein spannendes »Schattenspiel« vorführen.
Gabenbereitung/Einsetzungsworte
Mahlfeier: Konfirmanden, Eltern und Presbyter bringen Brot und Wein zu den Bankreihen. Beim Weiterreichen wird ein Segenswunsch gesprochen (z.B. beim Reichen des Brotes »Ich wünsche dir Frieden«, beim Kelch »Ich wünsche dir Hoffnung« oder einfach »Für dich«).

Lied: Das sollt ihr Jünger Jesu nie vergessen
Dankgebet/Vaterunser/Segen
Musikalisches Nachspiel
(Abschließend: Gemeinsames Mittagessen).

6.4 Schöpfung: Verantwortung für die Umwelt

Der christliche Glaube ist seinem Wesen nach der Ausdruck einer umfassenden Hoffnung. Das gilt auch für seine Aussagen über Welt und Weltentstehung. Viele Menschen verstehen den biblischen Schöpfungsbericht jedoch als naturwissenschaftlichen Report. Damit geraten sie in überholte Frontstellungen zwischen »Wissenschaft« und »Glaube« und verlieren den Blick für die theologische Aussage der Schöpfungsgeschichte. Konfirmandenunterricht und Erwachsenenarbeit müssen hier Aufklärungsarbeit leisten, um unnötige Verständnisbarrieren abzubauen. Insofern hat das Thema »Schöpfung« einen wichtigen Platz in der Konfirmandenelternarbeit. Darüber hinaus ist die Begründung und Geltung christlicher Hoffnung in der Gegenwart fragwürdig geworden: Was berechtigt uns zur Hoffnung angesichts der wachsenden Weltprobleme und drohenden Katastrophen? Wie kann realistische Hoffnung aussehen und zu welchem Handeln führt sie? Der christliche Glaube geht von der Überzeugung aus, daß die Hoffnung zum Menschsein gehört und in Gott ihren Grund hat. Spuren der Hoffnung im Leben und in der Welt aufzuzeigen, ist eine wichtige Aufgabe der Konfirmandenelternarbeit. Im Rahmen dieser Überlegungen strebt das nun zu beschreibende Wochenende folgende Lernziele an:

- Die Konfirmanden sollen die Gestaltung und Funktionstüchtigkeit ihres Körpers, Fühlens und Denkens als Zeichen der guten Schöpfung Gottes erkennen.
- Die Konfirmanden sollen einen Einblick in die biblische Schöpfungsvorstellung bekommen, sie mit naturwissenschaftlichen Erkenntnissen vergleichen und die Vereinbarkeit beider Erklärungsansätze erkennen.
- Konfirmanden und Eltern sollen die Gefahr der Naturausbeutung und Umweltzerstörung erkennen und spielerisch alternative Verhaltensweisen entdecken und erproben.
- Konfirmanden und Eltern sollen die Schöpfung als Zusage Gottes und Zeichen der Hoffnung sehen; sie sollen erkennen, daß der Glaube aller Hoffnungslosigkeit zum Trotz von einem grundlegenden Vertrauen zu sich, zur Welt und zu Gott ausgeht.[340]

Freitagnachmittag:
Konfirmanden allein

1. Arbeitseinheit: Ankommen – Kennenlernen – Einstellen auf das Wochenende
Zeit: 45 Minuten

(vgl. S. 99 f.)

2. Arbeitseinheit: Meditative Übung »Wie wunderbar bin ich geschaffen«
Zeit: 20 Minuten

Ziel der Übung ist es, den eigenen Körper in seiner Vielfalt bewußter wahrzunehmen. Die Jugendlichen sollen die normale Funktionsfähigkeit als etwas »Wunderbares« erkennen. Sie sollen erfahren, daß ihr Körper ein lebendiger Organismus ist. Eine neue Sicht der eigenen Leiblichkeit kann ein Anfang sein, die Welt mit neuen Augen zu sehen.
Methodische Hinweise: Jeder braucht einen bequemen Platz zum Sitzen oder Liegen.

Grundanweisung: Wie wunderbar bin ich geschaffen . . . Ich spüre meinen Körper . . . Ich sehe . . . höre . . . rieche . . . Ich nehme wahr, wie ich sitze oder liege . . . mich bewege . . . atme . . . Ich bin in meinem Körper da . . . Ich schaue meine Hände an . . . bewege sie . . . betaste sie . . . Ich nehme meinen Kopf in die Hände . . . betaste ihn . . . fahre über mein Gesicht . . . spüre Stirn . . . Augen . . . Nase . . . Mund . . . Kinn . . . Wie wunderbar bin ich geschaffen . . . Ich kann sehen . . . riechen . . . schmecken . . . hören . . . Ich kann meinen Körper mit meinen Händen »begreifen« . . . Die Brust hebt und senkt sich beim Atmen . . . Ich atme aus und ein . . . Mit den Händen kann ich greifen . . . mit den Beinen gehen und laufen . . . Mein Körper ist vielfältig . . . Er ist wunderbar geschaffen . . . Auch mein »Inneres« ist wunderbar . . . Ich habe Gedanken . . . Mit ihnen kann ich umherstreifen . . . Dinge und Menschen kann ich durch meine Gedanken lebendig machen . . . Ich fühle . . . Manchmal fühle ich mich gut . . . manchmal schlecht . . . Ich hoffe . . . freue mich . . . Ich bin auch traurig . . . einsam . . . unglücklich . . . Ich erlebe eine Fülle von Gefühlen und Gedanken . . . Wie wunderbar ist auch mein Inneres geschaffen . . . Ich bin einmalig . . . An einem bestimmten Tag geboren . . . Mit diesem Gesicht . . . diesem Körper . . . diesem Namen . . . Ich habe bestimmte Begabungen und Fähigkeiten . . . Grenzen und Hemmungen . . . Ich bin ein einmaliger Mensch . . . mir als Geschenk gegeben . . . Ich bin lebendig . . . allein . . . mit meinen Eltern . . . mit Freunden . . . mit vielen Menschen . . . mit Gott . . .
Wie wunderbar bin ich geschaffen . . .[341]

3. Arbeitseinheit: Schweigediskussion in Kleingruppen
Zeit: 45 Minuten

Die Erfahrungen, die in der Meditation jeder für sich gemacht hat, sollen nun ausgedrückt und besprochen werden. Damit alle zu Wort kommen können, wird in Kleingruppen gearbeitet; als Gesprächseinstieg hat sich eine Schweigediskussion bewährt.
Methodische Hinweise: Jede Kleingruppe (6-8 Teilnehmer, 1 Mitarbeiter) erhält einen Filzschreiber und einen großen Bogen Papier. In der Mitte des Bogens steht: »Ich danke dir, daß ich so wunderbar gemacht bin . . . «. Die Konfirmanden werden aufgefordert, auf dem vorliegenden Bogen schriftlich zu diesem Satz Stellung zu nehmen. Regel ist: Einer schreibt, die anderen verfolgen schweigend die »Diskussion« auf dem Papier. Jeder kann aufschreiben, was er möchte – Wörter, Sätze, Anfragen,

Aussagen, Einfälle, Zeichnungen. Indem man auf Äußerungen anderer Bezug nimmt, entsteht ein schriftlicher Dialog.
Nach der Schweigediskussion (ca. 20 Min.) tauschen die Teilnehmer ihre Erfahrungen aus und nehmen zu den Beiträgen Stellung: Was wurde aufgeschrieben, was nicht? Lassen sich die Aussagen unter bestimmten Aspekten gruppieren? Haben alle Menschen die gleiche Veranlassung zum Dank? Wo wird der eigene Körper dankbar angenommen, wo nicht? Welches Lebensgefühl drückt sich im Dank aus? . . .

4. Arbeitseinheit: Biblischer Schöpfungsbericht und naturwissenschaftliche Erkenntnis
Zeit: 45 Minuten

Die Konfirmanden sollen die Struktur und Aussage der biblischen Schöpfungsvorstellung verstehen lernen und sie mit naturwissenschaftlichen Erkenntnissen vergleichen. Ziel ist es, die Vereinbarkeit beider Erklärungsansätze herauszustellen: Die Bibel will keinen wissenschaftlichen Bericht geben (obwohl sie natürlich das Weltbild ihrer Zeit übernimmt), sondern eine Glaubens- und Hoffnungsaussage machen.
Methodische Hinweise: Die Konfirmanden erhalten den Schöpfungsbericht (in mehrere Teilstücke zerschnitten) sowie eine wissenschaftliche Darstellung der Weltentstehung (Anhang M 5, S. 140). Die erste Aufgabe ist, in Partnerarbeit die Teilstücke von Gen 1 in der richtigen Reihenfolge aufzukleben: »In welcher Reihenfolge wird die Schöpfung in der Bibel erzählt? Welche Rolle spielt Gott dabei?« Danach wird die Abfolge der Weltentstehung nach M 5 erarbeitet: »Wie sieht die moderne Wissenschaft die Entstehung des Weltalls und der Erde? Wo gibt es Unterschiede zur Bibel, wo Gemeinsamkeiten?«

5. Arbeitseinheit: Die theologische Intention des biblischen Schöpfungsberichts
Zeit: 45 Minuten

Die Ergebnisse der Partnerarbeit werden im Plenum berichtet, aber nicht ausführlich diskutiert. Der Pfarrer nimmt zusammenfassend die Anfragen auf, korrigiert Fehler, unterstreicht richtige Einsichten. Mit Hilfe eines Foliensatzes geht er zunächst auf die Beziehung zwischen biblischer und naturwissenschaftlicher Vorstellung ein.[342] Die verschiedenen Weltbilder werden erläutert – ihre Unterschiede, aber auch die Gemeinsamkeiten (schon in der Bibel führt die Linie von der Gestaltung chaotischer Materie zu differenzierten Formen des Lebens, Endpunkt der Entwicklung ist der Mensch).
Wenn diese Fragen geklärt sind, wird die theologische Intention von Gen 1 herausgearbeitet. Dazu eignet sich die Diaserie »Und Gott sprach. Eine Vergegenwärtigung der Schöpfungsgeschichte der Bibel«[343]. Die Bilder haben eine starke emotionale Aussagekraft. Dadurch betonen sie: Der Glaube an die Schöpfertat Gottes lehrt die Welt mit neuen Augen sehen; dieser Glaube ist Ausdruck des Vertrauens auf Gott, nicht Konkurrent einer wissenschaftlichen Welterklärung.

Samstagnachmittag:
Konfirmanden und Eltern

6. *Arbeitseinheit: »Anwärmphase« – Hinführung zum Thema – Vorführung des Films »For Your Pleasure«*
Zeit: 90 Minuten

Die Anfangsphase – Begrüßung, Auflockerungsspiele, Bericht vom Vortag – geht über in die Vorführung des Zeichentrickfilms »For Your Pleasure« (5 Min.; 16 mm). Dieser Film zeigt in geraffter Form die Verwandlung einer idyllischen Landschaft in eine hektische Großstadt-Szenerie: Bäume werden gefällt, Hochhäuser und Straßen gebaut, der Lärm wird ohrenbetäubend. Nach der (zweimaligen) Vorführung werden die Anwesenden gebeten, in Kleingruppen erste Eindrücke auszutauschen: Wie war meine erste Reaktion auf den Film? Was hat mich angesprochen, was abgestoßen? Welche Gefühle hatte ich beim Anschauen? An welchen Szenen/Eindrücken haben sie sich festgemacht?
Auf das Kleingruppengespräch folgt ein Austausch im Plenum. Nach der ersten Bestandsaufnahme führt der Leiter einen neuen Aspekt ein: »Nach dem biblischen Schöpfungsbericht hat Gott die Welt geschaffen und dem Menschen zur Nutzung und Erhaltung übergeben. Es heißt: ›Und Gott segnete den Menschen und sprach: Macht euch die Erde untertan. Beherrscht sie!‹ (Gen 1, 28). Der Film hat gezeigt, was die Menschen mit der Erde machen können . . . «. Das Gespräch könnte auf folgende Aspekte eingehen: Gott hat dem Menschen die Schöpfung zur Nutzung und Bewahrung übergeben. Weithin aber wird die Erde ausgebeutet und zerstört; der Mensch muß wieder lernen, daß beides zusammengehört: Beherrschung und Bewahrung . . .
(Anschließend: Kaffeepause)

7. *Arbeitseinheit: Das »Müllspiel«*
Zeit: 60 Minuten

Eine veränderte Einstellung muß zu einem neuen Verhalten der Umwelt gegenüber führen. Erste Anregungen soll ein Spiel geben, das eine Beziehung zur Alltagserfahrung der Teilnehmer hat. Es soll deutlich werden, daß mit wenig Aufwand die Umweltbelastung verringert werden kann. Nötig ist es nur, einen neuen Blick für die Schöpfung zu bekommen und etwas Phantasie zu entwickeln.
Methodische Hinweise: Folgendes Anspiel wird von Mitarbeitern oder Jugendlichen vorgeführt: Eine Familie kommt schwer beladen vom Einkauf zurück. Beim Auspacken der vielen Dosen und Tüten (gesäuberter Müll) kommt ein Gespräch über die Notwendigkeit des Verpackungsmaterials (Plastiktüten) auf. Dabei werden unterschiedliche Positionen vertreten:
Die *Mutter* ist stolz und froh, so günstig, auf »Vorrat« eingekauft zu haben. Zwar wird noch nicht alles benötigt, aber es wäre doch »dumm« gewesen, die Sonderangebote nicht zu nutzen.
Der *Vater* ärgert sich über die hohe Rechnung. Er glaubt nicht an den Vorteil der Sonderangebote und macht der Mutter Vorwürfe. Außerdem ärgert er sich über das aufwendige Verpackungsmaterial.
Die *Großeltern* erinnern sich an früher, als viele Waren noch nicht verpackt waren. Ihre

Haltung ist zwiespältig: Einerseits fiel nicht so viel Müll an, andererseits war die Haushaltsführung unbequemer. Sie sehen den Fortschritt und seine Nachteile.
Ein *Onkel* vertritt den Glauben an die Verbesserung des Lebens durch den Fortschritt. Er betont die hygienische Seite der Verpackung und die Bequemlichkeit der Plastiktüten. Außerdem führt er beschäftigungspolitische Gründe an: er arbeitet in der Verpakkungsindustrie und argumentiert mit dem Verlust von Arbeitsplätzen bei einer Umstellung der Verpackungsart.
Nach der Vorführung des Anspiels werden Kleingruppen gebildet (nach Wahl). Jede Gruppe soll sich mit einem Familienmitglied identifizieren und für seine Position Argumente finden. Die Gruppen erhalten ca. 20 Min. Zeit, sich zu verständigen und 2–3 Sprecher zu bestimmen.
Im Plenum wird dann ein *Rollendialog* durchgeführt. Dabei sitzen sich die Sprecher blockweise gegenüber, zwei Stühle bei jeder Gruppe bleiben frei. Der Leiter eröffnet die Diskussion: »Die Vertreter der verschiedenen Meinungen sitzen hier zusammen. Sie haben jetzt Gelegenheit, ihre Argumente vorzubringen. Will jemand aus dem Außenkreis etwas sagen, kann er sich auf einen freien Stuhl setzen; will er nicht mehr mitdiskutieren, setzt er sich zurück. Merkt jemand im Lauf der Zeit, daß eine andere Gruppe ihn mehr überzeugt, kann er sich zu ihr setzen und sie unterstützen.«
Das Gespräch wird beendet, wenn Engagement und Argumentation nachlassen. Zur Auswertung sitzen alle im Kreis. Mögliche Leitfragen sind: Mit welcher Gruppe habe ich mich identifiziert bzw. habe ich in der richtigen Gruppe gesessen? Hat sich meine Einstellung während der Diskussion geändert? Über was habe ich mich geärgert, über was gefreut? Welche Argumente waren für mich neu? Bin ich mit der Lösung bzw. dem Ende zufrieden? Wo sehe ich Möglichkeiten für ein verändertes Verhalten im Alltag?

8. Arbeitseinheit: Theologische Vertiefung
Zeit: 30-45 Minuten

In der letzten Phase soll die theologische Intention vertieft werden: Die Schöpfung ist ein Lebensraum für den Menschen, den es zu nutzen und zu pflegen gilt. Angesichts der drohenden Umweltvernichtung ist es lebenswichtig, den Aspekt der Bewahrung herauszustellen. Es ist nicht nötig, alle Fragen erschöpfend zu behandeln; manches kann im Abschlußgottesdienst aufgenommen werden.
Methodische Hinweise: Ein geeigneter Einstieg ist der Text »Die letzten sieben Tage« (Anhang M 6, S. 141 f.). Der Text wird verlesen und verteilt; erste Eindrücke und Stellungnahmen werden gesammelt. Der Text soll Anstöße geben, nicht ausführlich diskutiert werden. Nach einiger Zeit führt der Leiter den biblischen Auftrag der Schöpfungsbewahrung ein: »Gott nahm den Menschen und setzte ihn in den Garten Eden, damit er die Erde bebaue und bewahre« (Gen 2, 15; als Plakat aufgehängt oder mit dem Tageslichtschreiber projiziert). Erste Einfälle werden gesammelt, der Gegensatz zu Text M 6 herausgearbeitet. Der Pfarrer vertieft die theologische Aussage: Der biblische Schöpfungsbericht weiß um Beherrschung und Nutzung der Erde, aber auch um Pflege und Bewahrung. Er läßt sich nicht von den Ideologien der Fortschrittsgläubigkeit oder -feindlichkeit vereinnahmen. Der christliche Schöpfungsglaube protestiert

gegen die egoistische Ausbeutung der Erde. Er weiß aber auch um die Güte Gottes und den guten Grund der Schöpfung.

Sonntagvormittag: Gottesdienst mit Konfirmanden, Eltern und Gemeinde

Im Gottesdienst berichten Teilnehmer und Mitarbeiter vom Seminar. Erarbeitetes fließt in Gebete und Meditation ein. Wenn möglich, sollte der Gottesdienst eine meditative Phase enthalten. Durch einige ausgewählte Anweisungen werden die Besucher auf ihre Geschöpflichkeit verwiesen: »Ich finde mich vor ... mit meinem Körper ... Fühlen ... Denken ... Mein Körper ist vielgestaltig ... Ich bin wunderbar geschaffen« ... (eventuell durch meditative Musik unterstützt). Sinnvoll ist es, Lieder zu singen, die an den Vortagen schon angesungen wurden. Geeignete Lieder sind:

– Weißt du, wo der Himmel ist[344]
– Gott liebt diese Welt[345]
– Wir träumen einen Traum[346]
– Nun danket alle Gott[347]

Die Predigt – mögliche Texte sind Gen 1, 28; 2, 15; Ps 8; 19, 1-7; 104 – vertieft die theologischen Aussagen der 8. Arbeitseinheit:

– Gottes Handeln an der Welt will »Heil« schaffen, treffen doch in heilvollen Zuständen göttliches Wirken und menschliches Hoffen zusammen.
– Erfahrungen fragmentarischen »Heils« geben der Hoffnung neue Nahrung: Hoffnung wächst durch Hoffnung.
– Das Wissen um Gottes Schöpfung zeigt dem Menschen auch seine Verantwortung; als »Stellvertreter« Gottes ist ihm die Welt zur verantwortungsbewußten Nutzung übergeben.
– Die Zuwendung Gottes zur Welt hat ihren Höhepunkt in Christus: an ihm und seinem heilschaffenden Wirken (vgl. die Wunder- und Heilungsgeschichten) erfährt des Menschen Tun und Hoffen Ausrichtung und Begründung.

6.5 Grenzen und Chancen der Konfirmandenelternarbeit – eine empirische Auswertung der dokumentierten Wochenendveranstaltungen

6.5.1 Die Interaktion von Eltern und Konfirmanden

Das Gelingen jeder Art von Gruppenarbeit hängt in erster Linie von der Interaktion der Gruppenmitglieder ab. Interaktion geschieht auf mehreren Ebenen; sie umfaßt verbales, mimisches und gestisches Verhalten. Durch Interaktionsvollzüge entstehen Beziehung und Kommunikation. Hierbei kommt dem Verhalten des Leiters eine große Bedeutung zu. An ihm werden Projektionen festgemacht und er kann als Modellfigur für einen offenen und akzeptierenden Umgang dienen. Seine sprachlichen Interventionen strukturieren entscheidend den Gruppenprozeß, sein Verhalten prägt die Gruppenatmosphäre.

	Kategorie	Definition der Kategorie
Interaktion Leiter ↓ Teilnehmer	1a	Leiter gibt Informationen und äußert Meinungen (Stoffvermittlung durch den Leiter; er nennt Fakten, Meinungen, Ideen)
	1b	Leiter verbalisiert Gefühle (Das Benennen der eigenen Gefühle kann dem anderen anzeigen, welche Wirkung sein Verhalten gehabt hat. Außerdem enthält diese Kategorie Aussagen über die eigene Befindlichkeit sowie Erklärungen des eigenen Verhaltens. Es werden nur positive Aussagen kodiert, negative fallen in Kat. 6)
	2	Leiter macht gesprächs- oder verhaltensstrukturierende Äußerungen (z.B. Anweisungen zum Arbeitsvorgehen)
	3	Leiter stellt Frage
	4	Impuls (Denkanstöße oder provozierende Äußerungen, die nicht als Frage formuliert sind)
	5	Unterstützung, Lob, Zustimmung, Akzeptieren (Äußerungen oder nonverbale Signale des Leiters, die den Meinungen oder Vorschlägen eines anderen zustimmen. Daraus entsteht ein Gefühl von Sicherheit und Annahme, das besonders für unsichere Teilnehmer wichtig ist)
	6	Tadel, Ironie, Mißbilligung, Sarkasmus (auch das negative Ansprechen von Gefühlen, z.B. Beschämung, fällt in diese Kategorie)
Interaktion Teilnehmer ↓ Leiter	7a	Antwort auf Leiterfrage (Reaktion auf Kat. 3)
	7b	Gruppenmitglied spricht von sich aus den Leiter an (v.a. Vorschläge und Fragen)
	8	Lob, Unterstützung, Zustimmung dem Leiter gegenüber
	9	Mißbilligung dem Leiter gegenüber
Interaktion Teilnehmer ↕ Teilnehmer	10	Teilnehmer spricht mit einem anderen Teilnehmer (kodiert werden nur wirkliche Interaktionen, nicht eine Aufeinanderfolge von Antworten auf eine Frage. Indizien für eine wirkliche Interaktion sind Blickzuwendung und Namensnennung)
	11	Zustimmung einem anderen Gruppenmitglied gegenüber (entspricht Kat. 5)
	12	Gesprächs- oder verhaltensstrukturierende Äußerungen (entspricht Kat. 2)
	13	Stille
	14	Durcheinander

Um den Interaktionsverlauf zu beschreiben, reicht es nicht aus, ihn global zu interpretieren. Es ist sinnvoller, eng umgrenzte Verhaltenseinheiten zu bestimmen und in einem theoretisch begründeten Kategoriensystem zusammenzufassen. Auf diesem Weg hat die Pädagogische Psychologie wichtige Einsichten über effektives und positives Lehrerverhalten bekommen. Es gibt inzwischen eine ganze Reihe von Kategoriensystemen zur Beschreibung der Interaktion.[348] Sie gehen zumeist auf ein Schema von Flanders zurück, das freilich zu einseitig verbale und leiterzentrierte Äußerungen erfaßt. Um diese Einseitigkeit zu vermeiden, habe ich eine Modifikation – das »Verbal Interaction Category System« (VICS)[349] – noch einmal verändert. Damit lag das auf S. 120 wiedergegebene Kategoriensystem vor.[350]

Mit diesem Kategoriensystem lassen sich von einem trainierten Beobachter Art und Umfang der Kommunikation zwischen Gesprächsleiter, Konfirmanden und Eltern erfassen.

Bei der Notierung werden die Äußerungen der Gesprächspartner getrennt vermerkt, um eine gesonderte Auswertung zu ermöglichen. Alle drei Sekunden registriert und kategorisiert der Beobachter das aktuelle Verhalten, so daß eine zeitlich-lineare Darstellung des Interaktionsablaufs entsteht. Die Auswertung ist zunächst quantitativ: der unterschiedliche Anteil aller Gruppen am Gespräch läßt sich erheben. Darüber hinaus lassen sich Verlauf und Art der Diskussion durch die Analyse der kodierten Kategorien feststellen.

Die Interaktionsanalyse erbrachte als wichtigstes Ergebnis in allen Gemeinden folgenden Trend: Die Erwachsenen neigen dazu, den Jugendlichen im Gespräch – sowohl im Plenum als auch in den Kleingruppen – nicht genug Raum zu lassen. So zeigte sich beispielsweise beim Seminar über das 4. Gebot (6.1), daß ein offenes Gespräch zwischen Eltern und Konfirmanden nur ansatzweise gelang. Konnten die Jugendlichen unter sich noch relativ offen ihre Probleme benennen, so war das im Beisein der Erwachsenen kaum noch möglich. Obwohl weit in der Überzahl, verstummten die Konfirmanden zusehends. Das belegt die Interaktionsanalyse eines Gruppengesprächs zwischen 4 Erwachsenen und 11 Konfirmanden: Die Eltern sprachen fast doppelt so viel wie die Jugendlichen (Eltern: 54 %, Konfirmanden: 28 %, Leiter: 18 %). Ihr geschicktes Formulierungsvermögen lähmte die Einwände der Konfirmanden, deren Protest sich nur indirekt in Nebenbemerkungen oder Gesten äußern konnte. Hinzu kam, daß die Erwachsenen zumeist aufeinander Bezug nahmen. Sie bildeten eine nur schwer aufzubrechende Diskussionsfront. Interaktionsabläufe zwischen den Jugendlichen wurden von den Eltern schnell unterbrochen, indem sie das Wort wieder an sich nahmen. Eine Durchlässigkeit zwischen den Gesprächsparteien war nur bedingt gegeben. Diese Beobachtung bestätigt sich in der Interaktionsanalyse auch an einem anderen Punkt: Die Eltern sprachen von sich aus sehr häufig den Leiter an (Kat. 7 b), während die Konfirmanden häufig auf Fragen des Leiters antworteten (Kat. 7 a). Das deutet darauf hin, daß die Erwachsenen ein Arrangement herstellten, das den Leiter auf ihre Seite zog und die Jugendlichen in die »Schülerrolle« drängte.

Ein ähnliches Ergebnis zeigte sich beim zweiten Seminar (6.2): In einer Kleingruppendiskussion entfiel ein knappes Viertel der Gesprächsbeiträge auf die Konfirmanden, obwohl sie die Hälfte der Gruppe ausmachten (Eltern: 41 %, Konfirmanden: 23 %, Leiter: 36 %). Waren die Jugendlichen zu Beginn der Diskussion noch recht engagiert,

so gingen ihre Beiträge im folgenden immer mehr zurück. Das mag in diesem Fall auch am Leiter gelegen haben: Er sprach selber sehr viel und stellte zumeist seine Meinung dar oder gab Informationen (Kat. 1 a). Auf die Äußerungen der Konfirmanden reagierte er vor allem sachlich-informativ, nicht aber bekräftigend und unterstützend. Die Front der Eltern erwies sich als dominant; in der zweiten Gesprächshälfte beanspruchten sie mit dem Leiter einen Großteil der Redezeit (87 %). Die Konfirmanden zogen sich zurück. Hinzu kam, daß die Erwachsenen – fast ausnahmslos einer höheren Bildungsschicht zugehörig – die Jugendlichen mit Beredsamkeit und Argumenten widerlegten. Vordergründig gingen sie auf ihre Beiträge ein, zumeist aber nur, um sie zu entkräften. Eine emotionale Auseinandersetzung fand kaum statt. Die Eltern ignorierten weithin den emotionalen Gehalt, der in den Sachbeiträgen der Jugendlichen lag. Sie behandelten die Konfirmanden scheinbar partnerschaftlich, setzten sich aber ihren Anfragen nicht aus. Das Gespräch verlief oberflächlich gut, da es sachlich und argumentativ war. Das reale Machtgefälle und die ablaufenden Bewertungs- und Distanzierungsprozesse blieben aber unausgesprochen.
Anders verlief die Interaktion beim Seminar über das Abendmahl (6.3), das in einer Landgemeinde stattfand. Zwar wurde auch hier den Konfirmanden nicht genug Raum gegeben; anders als im vorigen Beispiel wurden ihre Äußerungen aber teilweise ignoriert oder direkt abgeblockt. Das zeigt sich auch an der Art der kodierten Äußerungen: Die Erwachsenen machten bewertende Aussagen wie Tadel und Mißbilligung und übernahmen einen Teil der Leiterrolle. Sie stellten den Jugendlichen Fragen und gaben gesprächsstrukturierende Anordnungen. Die Konfirmanden wurden nicht als gleichberechtigte Partner behandelt; das Machtgefälle zwischen den Eltern und ihnen bestimmte die Diskussion. Ihren Unmut konnten die Jugendlichen erst später im Gespräch mit den Mitarbeitern ausdrücken. Dementsprechend erlebten sie (laut Fragebogen) auch stark, daß sich einige Teilnehmer massiv in den Vordergrund drängten und es nicht genug Unterstützung gab, um sich ungezwungen in der Gruppe zu verhalten. Vielleicht hängt mit diesen atmosphärischen Einflüssen auch zusammen, daß die Konfirmanden das Thema weniger interessant fanden als die Erwachsenen.

Aus den angeführten Beobachtungen lassen sich folgende Schlüsse ziehen: Das Gespräch zwischen den Generationen findet zumeist zwischen ungleichen Partnern statt. Erste Aufgabe des Leiters ist es daher, den schwächeren Teilnehmern zu helfen, ihren Anteil am Gespräch wahrzunehmen. Das gilt auch für Kleingruppen, in denen ein »Gruppenbegleiter« für die Gesprächsbalance sorgen muß. Voraussetzung für ein Gespräch ist zunächst, daß alle die Möglichkeit bekommen, sich zu äußern.
Eine Hilfe können strukturierte Formen sein. So ermöglicht es zum Beispiel das »Brief-Spiel« (vgl. S. 104 f.), die eigenen Ansichten zu entwickeln und darzulegen. Den Beteiligten wird eigene Verantwortung zugemutet, die ein direktives Leiterverhalten überflüssig macht.
Ein Gespräch, bei dem alle zum Zuge kommen, muß freilich noch nicht intensiv und befriedigend sein. Möglicherweise wird die existentielle Beteiligung hinter den Worten nicht erkannt oder ignoriert. In diesem Fall ist der Leiter der Anwalt des »verborgenen« Themas. Seine Aufgabe ist es, die Gefühle, Ängste und Wünsche bei den Teilnehmern herauszuhören und auszudrücken. Er muß dem schwächeren Part Formulierungshilfe

leisten. Erst dann kann dieser sich verständlich machen, und erst dann besteht die Chance, daß die anderen sein Anliegen verstehen und sich ohne Abwehr dafür öffnen.

6.5.2 Die Gesamteinschätzung der Veranstaltungen

Fragebögen gehören neben Interviews zu den beliebtesten Instrumenten empirischer Sozialforschung. Sie sind leicht handhabbar und scheinen eindeutige Informationen über die Einstellung der Befragten zu geben. Die unkomplizierte Verwendbarkeit freilich täuscht. Fragebögen sind anfällig für Fehlermöglichkeiten. Unklare Fragen können verzerrte Antworten provozieren, bestimmte Reaktionstendenzen können das Ergebnis in positiver oder negativer Richtung verfälschen. Aus diesen Gründen müssen Fragebögen sorgfältig konstruiert und behutsam interpretiert werden.[351]

Bei der vorliegenden Untersuchung war der Ausgangspunkt die Überlegung, daß der Erfolg der Konfirmandenelternarbeit von mehreren Faktoren abhängt – der Attraktivität des Themas, einer guten Gruppenatmosphäre und dem Verhalten des Gruppenleiters.

Um diese Faktoren zu erfassen, habe ich einen Fragebogen mit 20 Aussagen (»Items«) zusammengestellt, die in Form einer fünfstufigen Likert-Skala eine abgestufte Zustimmung oder Ablehnung ermöglichen.

Neben eng begrenzten Aussagen stehen allgemein formulierte, die mehr emotional begründete Einschätzungen erfassen. Sie tragen der Tatsache Rechnung, daß sich die drei Dimensionen (Leiter, Thema, Gruppe) überschneiden und wechselseitig beeinflussen. Ihr Zusammenspiel trägt zu einer gelungenen Veranstaltung bei, wobei die positive Einschätzung der Teilnehmer nur zum Teil konkret benannt und begründet werden kann.

Bei der Auswertung des Fragebogens (S. 124/125) ist es zunächst sinnvoll, die Einstellung der Eltern und Jugendlichen miteinander zu vergleichen: Haben sie den Fragebogen relativ einheitlich oder mit großen Abweichungen ausgefüllt? Sind vorhandene Unterschiede zufällig oder zeigen sie gruppenspezifische Differenzen an? Diese Fragen kann man mit einem Signifikanztest prüfen:

Als signifikant (auf einem festgelegten Signifikanzniveau) bezeichnet man ein Untersuchungsergebnis, das nicht auf eine zufällige Variation der Meßwerte zurückgeführt werden kann.
Das Signifikanzniveau – zumeist 5 % = signifikant ($p<0.05$) und 1 % = sehr signifikant ($p<0.01$) – drückt die Wahrscheinlichkeit aus, mit der man einen Fehler bei der Interpretation der Ergebnisse riskiert (der Fehler bestünde darin, durch Zufall entstandene Meßwertvariationen auf einen systematischen Effekt zurückzuführen).

Die Berechnung zeigt, daß Eltern und Konfirmanden sich hinsichtlich der Items 3 und 6 signifikant unterscheiden.[352]

Demnach fanden die Eltern die besprochenen Themen interessanter als die Jugendlichen ($s = 0.003$). Liegt das daran, daß die Erwachsenen oft stärker an der Diskussion teilnehmen konnten, da sie sprachlich geschickter und theoretisch wendiger waren? Erstaunlicherweise fanden die Eltern die Ziele der Wochenenden weniger klar als die Konfirmanden ($s = 0.025$). Hängt das damit zusammen, daß sie mit den Arbeitsmethoden nicht so vertraut waren und sich daher auf eine ungewohnte Erfahrungsebene

Fragebogen zur Gesamteinschätzung der Veranstaltung

Item		lehne stark ab	lehne ab	teils-teils	stimme zu	stimme stark zu
1	Dieses Wochenende hat mir gut gefallen					
2	Ich habe mich in der Gruppe wohlgefühlt					
3	Die besprochenen Themen fand ich interessant					
4	Wir haben einander zugehört und sind aufeinander eingegangen					
5	Meine Fragen wurden genügend berücksichtigt					
6	Die Ziele des Wochenendes waren klar					
7	Ich habe neue und wichtige Einsichten bekommen					
8	Die besprochenen Themen sind an den persönlichen Fragen der Eltern vorbeigegangen					
9	Die besprochenen Themen haben mir persönlich weitergeholfen					
10	Der Gruppenleiter hat die Arbeit gut unterstützt					

		lehne stark ab	lehne ab	teils-teils	stimme zu	stimme stark zu
11	Einige Gruppenmitglieder haben sich in den Vordergrund gespielt					
12	Ich bekam Unterstützung, wenn ich sie brauchte					
13	Ich konnte in der Gruppe ungezwungen und frei sein					
14	Ich konnte in der Gruppe gut mitarbeiten					
15	Es gibt wichtigere Themen als die, die wir hier besprochen haben					
16	Der Gruppenleiter hat sich zu sehr zurückgehalten					
17	Das behandelte Thema war für mich nützlich					
18	Zum Gruppenleiter konnte man Vertrauen haben					
19	Meine Erwartungen an dieses Wochenende sind erfüllt worden					
20	Religiöse Themen haben für den modernen Menschen keine Bedeutung mehr					

begeben mußten? Man kann das vermuten, aus den Berechnungen freilich lassen sich die Ursachen nicht erheben.

Fast signifikant (s = 0.051) ist die unterschiedliche Beantwortung von Item 13: die Erwachsenen fühlten sich in der Gruppe ungezwungener und freier als die Jugendlichen. Dieses Ergebnis entspricht der Beobachtung, daß die Eltern vor allem in den Arbeitsgruppen kaum Schwierigkeiten hatten, sich durchzusetzen.

Weitere Zusammenhänge zwischen den Fragebogenitems lassen sich durch korrelationsstatistische und faktorenanalytische Berechnungen aufzeigen.

Die Korrelationsrechnung vergleicht zwei Merkmale miteinander. Sie untersucht, ob zwischen zwei Meßwertreihen eine Beziehung besteht und wie diese sich in einer Maßzahl ausdrücken läßt. In einer Gruppe von Versuchspersonen, für die die Ergebnisse dann gelten, werden mehrere Meßwerte erhoben; dann werden die Meßwertreihen einander zugeordnet und der Grad des Zusammenhangs berechnet. Die errechnete Maßzahl (Korrelationskoeffizient) gibt den Grad der gemeinsamen Variation von jeweils zwei Merkmalen an; der Korrelationskoeffizient (r) liegt zwischen −1 und +1.

Null bedeutet: keine Korrelation, reiner Zufall (beide Meßwertreihen sind voneinander unabhängig);

+1 heißt: perfekte positive Korrelation (in dem Maße, in dem sich das eine Merkmal ändert, ändert sich auch das andere in der gleichen Richtung);

−1 heißt: perfekte negative Korrelation (in dem Maß, in dem sich das eine Merkmal ändert, ändert sich auch das andere in der anderen Richtung).

In der Regel werden +1 und −1 nicht erreicht. Über Grund und Art des Zusammenhangs beider Merkmale sagt die Korrelationsrechnung nichts aus; sie müssen anders bestimmt werden.

Für die Stichprobe der Eltern läßt sich der korrelative Zusammenhang der Fragebogenitems so interpretieren (Anhang 7, S. 143): Eine positive Gesamteinschätzung des Wochenendes (Item 1 und 19) hing zusammen mit einer guten Gruppenatmosphäre (Item 2), interessanten Themen (Item 3) und einer möglichst klaren Zielsetzung der Veranstaltung (Item 6). Der Anreiz der Themen (Item 3) korreliert mit dem Eindruck, neue und wichtige Einsichten bekommen zu haben (Item 7).

Eine große Bedeutung kommt dem Gruppenleiter zu: das Vertrauen zu ihm (Item 18), das anscheinend damit zusammenhängt, wie er die Arbeit unterstützt (Item 10), erleichtert die Mitarbeit (Item 14). Auch die persönliche Bedeutung des Themas (Item 17) steigt mit dem Vertrauen zum Gruppenleiter. Dabei ist vor allem für passive Teilnehmer die Unterstützung wichtig, ist doch der Eindruck, andere hätten sich vorgedrängt (Item 11) verbunden mit dem Gefühl, selbst nicht genug Hilfestellung bekommen zu haben (Item 12). Diese Ergebnisse werden durch eine Faktorenanalyse bestätigt.

Die Faktorenanalyse ist ein mathematisch-statistisches Verfahren zur Reduktion einer größeren Menge untersuchter Variablen auf eine geringere Anzahl hypothetisch angenommener zugrundeliegender Faktoren. Dabei werden die Faktoren aus den Interkorrelationen der Variablen extrahiert; jeder Faktor setzt sich aus der (linearen) Kombination mehrerer Variablen zusammen. Die Varibalen korrelieren (»laden«) in unterschiedlicher Höhe mit jedem Faktor. Die Faktorenanalyse deckt keine Kausalbeziehungen auf, sondern zeigt die Grundstruktur des Zusammenhangs mehrerer Variablen.

Bei der Extraktion von zwei Faktoren ergibt sich für die Elternstichprobe folgendes Bild (Anhang 8, S. 143):[353]

Faktor 1 wird hauptsächlich durch die Items 2, 13 und 18 gebildet und kann somit als *Wohlfühlen in der Gruppe* und *Vertrauen zum Leiter* interpretiert werden.
Diesem Faktor kommt eine große Bedeutung zu; er erklärt einen Großteil der Varianz und tritt auch bei der Extraktion von mehr Faktoren immer wieder auf. Der Faktor erfaßt offensichtlich eine für die Eltern wichtige Dimension des Wochenendes.[354]
Ein anderes Ergebnis erbringt eine Faktorenanalyse der Konfirmandenstichprobe (Anhang 9, S. 144). Extrahiert man drei Faktoren, so ergibt sich folgendes Bild:
Faktor 1 (hohe Ladungen der Items 3, 9, 17 und 18) läßt sich als *Attraktivität des Themas* und *Vertrauen zum Leiter* auffassen. Dieser Faktor erfaßt sowohl das Interesse am Thema als auch seine Bewertung als persönlich hilfreich und nützlich. Während für die Eltern Aspekte der Gruppenatmosphäre im Vordergrund stehen, nennen die Jugendlichen an erster Stelle eher thematische Aspekte.
Wie die Korrelationsmatrix (Anhang 10, S. 144) zeigt, geht eine positive Bewertung des Themas mit dem Gefühl einher, genügend berücksichtigt worden zu sein (Item 5) und neue Einsichten bekommen zu haben (Item 7). Beides bedingt die Ermöglichung einer Beteiligung an der Gruppenarbeit (was auch die Korrelation mit Item 14 zeigt). Werden Thema und Leiter als positiv erlebt, so ist die Wahrscheinlichkeit einer positiven Gesamteinschätzung groß (Korrelation mit den Items 1 und 19).
Faktor 2 (hohe Ladungen der Items 2, 11 und 12) läßt sich als *Wohlfühlen in der Gruppe* verstehen. Dabei spielt eine große Rolle, daß kein Teilnehmer als zu dominant erlebt wurde (Item 11) und daß die Konfirmanden – wenn nötig – Unterstützung bekamen (Item 12). Dieser Faktor unterstreicht das Ergebnis der Interaktionsanalysen, daß in den gemischten Arbeitsgruppen die Jugendlichen Schwierigkeiten hatten, sich gegenüber den Eltern zu behaupten. Zufriedenheit mit der Veranstaltung bedeutet für sie offensichtlich, gegenüber dem Übergewicht der Erwachsenen Unterstützung zu bekommen (Korrelation von Item 12 und 18).
Faktor 3 (hohe Ladungen der Items 15 und 16) drückt *Unzufriedenheit mit dem Gruppenleiter und Zweifel an der Bedeutsamkeit des Themas aus.* Desinteresse am Thema geht einher mit Kritik am Gruppenleiter (Item 16) und einer negativen Gesamteinschätzung des Wochenendes (Korrelation mit Item 19). Die negative Einstellung bezieht sich nicht nur auf einen Aspekt der Veranstaltung, sondern auf Thema, Leiterverhalten und Gesamtbewertung.
Die Auswertung der Wochenenden läßt sich folgendermaßen zusammenfassen (vgl. Anhang 11, S. 145): Eine große Rolle spielt der Eindruck, ein interessantes und persönlich hilfreiches Thema zu behandeln; dabei ist das Gefühl wichtig, eine Atmosphäre zu spüren, in der dem Gruppenleiter vertraut werden kann. Dem Leiter kommt eine große Bedeutung für die Schaffung einer positiven Atmosphäre zu: Eltern und Jugendliche erleben Unterstützung von ihm als hilfreich – die Eltern, die sich vielleicht etwas unsicher in »kirchlicher« Umgebung fühlen; die Jugendlichen, die den Erwachsenen gegenüber häufig »Rückendeckung« brauchen.
Dieses Ergebnis wird dadurch bestätigt, daß Desinteresse am Thema und Unzufriedenheit mit der Zurückhaltung des Leiters auf einem Faktor hoch laden. Die Teilnehmer, die mit der Veranstaltung unzufrieden waren, erlebten zumeist auch den Leiter als zu distanziert und zurückhaltend. Auch wenn der Erfolg nicht allein am Leiter liegt und er sich vor »Allmachtsphantasien« hüten sollte, kommt ihm in Bewußtsein der Teilneh-

mer doch eine ziemlich große Bedeutung zu. Er schafft die Vorbedingung für das Gelingen der Elternarbeit – eine hilfreiche und entspannte Gruppenatmosphäre. Das Gefühl, akzeptiert zu werden und gegenüber zu dominanten Teilnehmern unterstützt zu werden, ist eine Voraussetzung gemeinsamer Arbeit. Nur wenn diese Erfahrung ermöglicht wird und die Themen erfahrungsbezogen aufbereitet sind, können befriedigende Gespräche und gemeinsame Lernprozesse entstehen.

Ausblick

Erwachsenenbildung wird immer mehr zu einer notwendigen Aufgabe der Kirche. Je weiter christliche Tradition und gesellschaftliches Bewußtsein auseinandergehen, um so nötiger wird es, über den christlichen Glauben zu informieren und ihn argumentativ mit den Alltagserfahrungen der Menschen zu vermitteln.

Eine gegenwärtige Aufgabe scheint mir dabei zu sein, die pädagogischen Möglichkeiten der Ortsgemeinde neu sehen zu lernen. Hier kann am ehesten zielgruppenspezifisch gearbeitet werden. Die Zielgruppen werden zum Teil durch den Zusammenhang von Identität, Lebenszyklus und Kasualien konstituiert. Bei Kasualhandlungen trifft der Pfarrer auf Menschen, die in besonderer Weise die Frage nach ihrer Identität stellen. Im Unterschied zu früheren Zeiten muß aber durch pädagogische Bemühungen der Sinn dieser Handlungen erschlossen werden. Rituelle Vollzüge müssen verständlich gemacht werden, indem ihre Bedeutung für die alltägliche Erfahrung aufgezeigt wird.

Kasualien beziehen sich auf Einschnitte des Familienlebens. Die an sie anknüpfende Bildungsarbeit sollte sich daher als Teil der Familienbildung verstehen (vgl. Chr. Palmer). Prägende Erfahrungen und Konflikte finden in der Familie statt. Die familiäre Sozialisation entscheidet weithin darüber, ob die künftige Generation bei ihren religiösen Fragen noch auf kirchliche Angebote zurückgreifen wird.[355] Anzustreben wäre ein umfassendes gemeindepädagogisches Konzept (vgl. F. Niebergall), das alle Arbeitsfelder und -formen aufeinander bezieht.

Die Gemeinde sollte Feld, Gegenstand, Ziel und Subjekt aller Lern- und Bildungsprozesse sein. Das impliziert eine Bewegung von der »Pastorenkirche« zu mehr Eigenaktivität und Selbstverantwortung der betroffenen Gruppen (vgl. E. Sulze). Um diese Bewegung zu unterstützen, muß die Arbeit bei den Erfahrungen der Teilnehmer einsetzen; die in ihnen liegenden Sinnfragen sind zu thematisieren und mit christlichen Deutungen in Beziehung zu setzen.

Ein solches Vorgehen setzt erfahrungsorientierte Methoden voraus. Denken, Fühlen, Gruppenatmosphäre und Tun müssen gleichermaßen einbezogen werden. Dabei geht es nicht um die möglichst perfekte Anwendung einer gruppenpädagogischen Methode, sondern um die freie und bewußte Verwendung verschiedener Elemente, die ein ganzheitliches Lernen ermöglichen. Unter diesem Aspekt kann die Konfirmandenelternarbeit eine Möglichkeit bieten, die existentiellen und religiösen Fragen der mittleren Generation aufzunehmen, christliche Themen diskussionsfähig und verständlich zu machen und durch Lernen Lebenshilfe zu geben. Für einen »modernen« Konfirmandenunterricht ist Elternarbeit eine sachliche Notwendigkeit, um die angestrebten Ziele zu unterstützen.

Die Konfirmandenelternarbeit gehört nicht zum traditionellen Angebot kirchlicher Veranstaltungen. Sie wird von den Gemeindegliedern nicht erwartet und kann daher leicht als zusätzliche Pflicht erlebt bzw. ignoriert werden. Einige Elternabende während der Konfirmandenzeit gesteht man der Kirche zu, nicht aber weiterreichende Forderungen. So kann es leicht passieren, daß anfangs nur wenige Eltern – zumeist

Mütter – kommen. Die geringe Resonanz zu Anfang sollte nun aber nicht entmutigen. Die Eltern brauchen Zeit, mit dem Angebot vertraut zu werden. Sie brauchen auch Zeit für neue Erfahrungen mit einer veränderten Kirche. Die Kirche wird weithin mehr mit Monolog und Belehrung in Beziehung gebracht als mit offenem Gespräch und gemeinsamem Lernen. Es müssen erst Erfahrungen mit einer Kirche gemacht werden, die Angebote zum partnerschaftlichen Gespräch macht. Nach einem gewissen Zeitraum entstehen dann in der Regel neue Gemeindetraditionen und neue Erwartungen.

Für die Konfirmandenelternarbeit wie für die gesamte Erwachsenenbildung ist ein zentrales Problem die Bildungsabstinenz der Unterschicht. Mittelschichtangehörige sind deutlich überrepräsentiert und geben den Veranstaltungen das Gepräge. Unterschichtangehörige, die am nötigsten der Familien- und Erwachsenenbildung bedürften, bleiben dagegen fern. Das hat mehrere Gründe. Eine wichtige Barriere ist die Sprache. Untersuchungen haben ergeben, daß die Sprachgestalt und damit die Fähigkeit, sich und die Umwelt differenziert wahrzunehmen, mit der sozialen Schicht zusammenhängt. Die Sprache der Unterschicht ist einfach strukturiert, wenig abwechslungsreich und grammatisch undifferenziert. Sie ist stärker emotional und aktionsbezogen, geeignet für das Verhalten in überschaubaren Situationen und homogenen Gruppen. Die Mittelschichtsprache dagegen ist komplex, abwechslungsreich und grammatisch differenziert. Sie ermöglicht eine genauere Darstellung innerer Vorgänge und die Reflexion situativer und thematischer Zusammenhänge. Diese Sprache ermöglicht eine gewisse Distanz zu sich und die situationsunabhängige Verarbeitung von Erfahrungen.

Es liegt auf der Hand, daß Bildungsvorgänge – besonders wenn sie einseitig sprachlich orientiert sind – Angehörige der Mittelschicht begünstigen. Diese können sich am Gespräch beteiligen und einen Gewinn daraus ziehen. Unterschichtangehörige haben dagegen Schwierigkeiten, sich auszudrücken und Ängste, dabei zu versagen. Außerdem werden sie Diskussionen eher als »Gerede« auffassen, ohne Bezug zu ihrem Alltagsleben.

Kirchliche Erwachsenenbildung wurzelt insoweit im Evangelium als sie »Ruf der Freiheit« (Käsemann) ist, Befreiung des Menschen von Zwängen, die seine Lebensentfaltung einengen. Die Konkretisierung dieser Intention verlangt, den sozial und bildungsmäßig Benachteiligten zu mehr Selbstbestimmung und Mitbeteiligung zu verhelfen. Bildungsveranstaltungen, die das anstreben, müssen auch nicht-sprachliche und aktionale Methoden miteinbeziehen. Sie müssen eine möglichst angstfreie Gesprächsatmosphäre schaffen, um einen vertrauensvollen Austausch zu ermöglichen.

Konfirmandenelternarbeit läßt sich nur mit dem Mut zur Lücke und zu einer Elementarisierung theologischer Inhalte durchführen. Wie die Auswertung der Wochenendveranstaltungen gezeigt hat, konnten bei allen Themen nur Aspekte andiskutiert werden. Der Abbau von Hemmungen und die Herstellung gesprächsfähiger Gruppen nahmen bereits einigen Raum in Anspruch, so daß für die Sachdiskussion nur begrenzte Zeit blieb. Komplexe Themen wie »Abendmahl« oder »Elterngebot« mußten verkürzt behandelt werden. Diese Schwierigkeit verstärkt die Frage, wie das »Thema« der Theologie in den Lernprozeß integriert werden kann. Erfahrungsorientierte Methoden müssen eingesetzt werden, um den christlichen Glauben nicht als bloße »Lehre«, sondern als »Leben« erscheinen zu lassen. Erfahrungsorientiertes Lernen allein aber kann in den Sog geraten, erfahrungsüberschreitende Aspekte auszublenden. Um dieser

Gefahr zu entgehen, muß die Theologie versuchen, das »Unfaßliche« und »Unglaubliche« in den Lernprozeß einzutragen. Das erfordert eine Doppelstrategie: theologische Themen müssen auf die Erfahrung von Menschen bezogen werden, um einen Lebensbezug zu bekommen. Gleichzeitig aber muß die Theologie als kritisches Prinzip diesen Vorgang immer wieder relativieren: das »eigentliche« Thema der Theologie läßt sich gerade nicht in rationale Begriffe oder planbare Lernvorgänge einfangen. Im Lernprozeß muß daher auch das »Unlernbare«, im Gespräch das »Unsagbare« Raum bekommen. Nur so kann deutlich werden, daß die Theologie die Aufgabe hat, der Frömmigkeit und Religiosität von Menschen Orientierungs- und Deutungshilfen zu geben. Die Vermittlung theologischer Inhalte darf nicht Selbstzweck sein. Erst wenn es exemplarisch gelingt, Theologie als Hilfe zur Entdeckung und religiösen Deutung zentraler Lebensfragen zu erfahren, ist ein wichtiges Lernziel erreicht.

Lernen, das verändern will, setzt Vertrauen voraus, ein »Glaubenswissen«.[356] Dieses »Glaubenswissen« hält an dem »noch nicht« der eschatologischen Verheißung und dem »doch schon«[357] der Geschichte Jesu fest, auch gegen den Augenschein der Erfahrung. Es ist als »Innovationswissen« ein »Wissen von der erneuernden Kraft der Hoffnung und des Glaubens«.[358] Das »Innovationswissen« am »Erfahrungswissen« zu bewähren, Impulse für neue Erfahrungen und neues Handeln zu geben, sollte das grundlegende Ziel jeder kirchlichen Arbeit sein. Auf dieses Ziel ist letztlich auch die Konfirmandenelternarbeit ausgerichtet. Welche Form die Elternarbeit annimmt, ist zweitrangig. Wichtig ist, daß Gemeindetraditionen entstehen, die bei der Aktivität und Motivation der Eltern einsetzen. Wichtig ist auch, daß Projekte und Modelle nicht nur publiziert, sondern erprobt werden. Denn unvermindert gilt, was ein Mitstreiter der Gemeindebewegung zu Anfang dieses Jahrhunderts feststellte: »Die Bücherschränke begraben schweigend die größten Gedanken, und erst die vox viva ruft sie zu neuem Leben.«[359]

Anhang: Materialien und Tabellen

Anhang M 1

Nur keinen Streit vermeiden

Um drei wollten sie sich treffen unter den großen Bäumen an der Ecke und Kastanien abwerfen. Jetzt war es schon halb drei, und er saß immer noch mit seinem Schreiben hier und – au weia, jetzt hatte er sich verschrieben. »Die Sonnne macht die Ähren gelb«, und er hatte »Ähren« ohne h geschrieben. Na, das konnte man vergessen, er schrieb das h einfach über das r – so.
Ulrich hatte sich den Knüppel aufgehoben von gestern, der war gut. Er war nicht so lang und schwer genug. Christoph sollte heute seine Schleuder mitbringen und oben in die Krone schießen, denn unten, wo die breiten Äste waren, saßen schon beinahe – hoppla, war das richtig? Verdammt! Jetzt hatte er sich doch schon wieder vertan! Das hieß nicht »Mähdescher«, sondern »Mähdrescher«! Was nun? Er machte ein Kreuzchen und sagte sich: ich schreib' es am Schluß richtig drunter.
Also Christoph brachte die Schleuder mit. Eigentlich waren die Dinger ja noch gar nicht reif. Die meisten waren noch weiß, wenn man sie aufknackte, und die stachlige Schale war noch ganz fest und hart. Aber wenn sie sich jetzt nicht ranhielten, holte ihnen die Galgenbergbande alle Kastanien vor der Nase weg, und sie waren die Dummen. Wenn der mit dem roten Pullover wieder da war, gab es bestimmt 'ne Keilerei.
So, und nun noch schnell »Fehler« und »Schrift« – verflixt! Immer dieses r! Er hatte »Schift« geschrieben! Sorgfältig malte er das r dazwischen, aber man sah es doch. Hm. Er hatte sich ein paarmal vertan, aber das kann schließlich jedem passieren. Doch Mutter hatte dafür wenig Verständnis. Sie war streng. Am besten, er ging damit zu Vater und zeigte es ihm. Wenn der es eilig hatte, nahm er es nicht so genau.
Er öffnete vorsichtig die Tür und spähte durch den Spalt. Der Vater blickte kurz von seiner Arbeit auf. »Ja, was ist?« Nun kam es also darauf an. Stefan ging zu ihm hin und legte sein Heft auf den Schreibtisch des Vaters: »Guckst du das mal nach?«
Dann nahm er den Bleistift aus der Federschale des Vaters, kritzelte auf den Rand der Zeitung, die auf dem Schreibtisch lag, und warf dem Vater einen prüfenden Blick zu. Der hatte nach dem Heft gegriffen und zu lesen begonnen.
»Komm mal her«, sagte der Vater, als er bei »Fehler« und »Schrift« angekommen war. »Wir sehen uns das zusammen noch mal an.«
»Was ist denn?« fragte Stefan und stellte sich neben den Stuhl des Vaters. Der ging mit dem Bleistift an den Zeilen entlang. Plötzlich stoppte er.
»Wie heißt das?« fragte er.
»Trecker«, las Stefan.
»Du hast aber Treker geschrieben«, sagte der Vater.
»Das kann ich schnell verbessern, ich schreibe einfach das c noch dazwischen.« Der Bleistift glitt weiter und stoppte erneut.
»Was ist das?« fragte der Vater.
»Da hab' ich verbessert«, maulte Stefan.
»Und hier«, fragte der Vater, »was soll das Kreuz hier?«
»Da hab' ich mich vertan und habe es noch einmal richtig unten drunter geschrieben.« Und in der nächsten Zeile, verflixt noch mal, war noch ein Fehler, den hatte er vorhin überhaupt nicht gesehen.
»Was hältst du denn von der Geschichte?« fragte der Vater.
Stefan dachte an Ulrich und die Kastanien. Er sah den Knüppel in den Baum fliegen und fühlte eine stachelige Kugel in seiner Hand. Er trat einen Schritt zurück, schüttelte den Kopf und erklärte: »Ich mach' das nicht noch mal!«

»Na«, sagte der Vater, »dann komm her, sehen wir uns die Sache noch einmal an.«
»Ich kann das alles verbessern«, schlug Stefan vor.
»Hier und hier und da«, sagte der Vater, »alles Fehler und Verbesserungen. Damit kannst du doch nicht so losgehen.«
»Ich mach' das nicht noch mal«, erwiderte Stefan laut. Inzwischen standen Thomas und Sanne in der Tür, Stefans Geschwister, und warteten, wie es weiter ging.
»Doch«, sagte der Vater, »dies machst du noch einmal.«
»Nein! Ich mach' das nicht noch mal!«
»Doch! Das machst du noch mal!«
Ulrich und Christoph, Kastanien und roter Pullover, alles drehte sich für Stefan wie ein Karussell. Er sprang vor, riß das Heft vom Schreibtisch, warf es auf die Erde und schrie: »Und ich mach das nicht noch mal.«
Das Heft lag noch nicht ganz auf dem Boden, da war der Vater aufgesprungen. Wie einen Riesen sah Stefan ihn kommen. Seine Arme waren wie die Greifer eines Baggers. War das sein Vater? Stefan wurde hochgehoben und quer gelegt. »Nein!« schrie er. Aber »bums«, landete ein scharfer Schlag auf seinem Hintern. Stefan lag auf der Erde, und der Riese stand über ihm.
»So«, sagte der zornig. »Und nun machst du das noch mal.«
Stefan sprang auf, griff nach dem Heft, raste aus dem Zimmer und schlug die Tür seines Zimmers hinter sich zu. Der Vater setzte sich wieder an den Schreibtisch, nahm den Kugelschreiber und wollte . . . Doch da hörte er Stefan. Der schimpfte. Der schimpfte ohne Pause so laut, daß man noch durch die Wand jedes Wort verstand. Der Vater lächelte, doch dann gefror das Lächeln, trocknete ein, verschwand. Er zögerte einen Augenblick, auf seiner Stirn bildeten sich Falten. Nun stand er auf, ging hinüber und öffnete die Tür.
»Immer meinen die Erwachsenen, sie können sich alles erlauben, nur weil sie größer sind!« Stefan saß auf dem Sofa und schimpfte. »Uns sagst du immer, auf Kleinere gehen ist unfair, und selber machst du's!« Der Vater nahm sich einen Stuhl, setzte sich vor Stefan hin und schwieg.
»Wenn ich groß bin, hau' ich dich auch mal, was sagst du dann?«
Der Vater schwieg, Stefan heulte, der Vater gab ihm sein Taschentuch.
Schließlich sagte er: »Also, was ist?«
»Warum hast du mich gehauen?«
»Weil du frech geworden bis.«
»Ich bin nicht frech geworden!«
»Doch, du bist frech geworden.«
»Ich bin nicht frech geworden!« Stefan wurde wieder lauter.
»Doch, Stefan, gib's man zu, du bist frech geworden«, sagte Thomas, der wieder mit Sanne hinzugekommen war.
»Du hast das Recht, eine eigene Meinung zu haben«, erklärte der Vater, »aber du hast nicht das Recht, frech zu werden, wenn du deine Meinung nicht begründen kannst. Dazu muß ich dich erziehen.«
»Warum mußt du mich erziehen?«
»Weil ich älter bin.«
»Ich werde ja auch älter!«
»Ja, aber es gibt viele Dinge, die verstehst du noch nicht.«
»Die kannst du mir dann ja erklären.«
»Eben. Das mein ich ja.«
»Und was hat das mit Kloppe zu tun?«
Nun fängt alles wieder von vorne an, dachte der Vater. Gerade meinte ich, ich hätte ihn so weit. ›Bleib ruhig‹, sagte er in Gedanken zu sich selbst, ›reg dich nicht auf. Erkläre es ihm vernünftig.‹
»Ich hab' dir ja schon erklärt, ich habe dir deswegen eins hinten drauf gegeben, weil du frech geworden bist.«
»Du sagst immer, wir können eine eigene Meinung haben. Aber wenn wir sie wirklich haben, dann verhaust du uns.«
»Nein, das stimmt nicht.«
»Doch, das stimmt.«
»Nur wenn du frech wirst . . .«

»Wie soll ich dir denn anders meine Meinung sagen, wenn du nicht darauf eingehst. Dann muß ich ja schreien!«
»Nein, du mußt entweder die besseren Gründe haben oder nachgeben, wenn es dir auch schwer fällt.«
»Du hörst meine Gründe ja nicht.«
»Doch, ich höre sie. Nur: Schreien ersetzt keine Begründung.«
»Du hättest ja auch sagen können: geh jetzt erst nach draußen und komm heute abend 'ne halbe Stunde eher rein, und dann machst du es noch mal.«
Der Vater schwieg. »Hm«, brummte er dann, und nach einer Weile:
»Das hätte uns eigentlich auch eher einfallen können, was?«
Stefan nickte. Dann, plötzlich, legte er den Arm um den Hals des Vaters und seinen Kopf auf dessen Schulter. ›Aha‹, dachte der Vater, ›jetzt sind wir am Ziel.‹
»Vater?«
»Ja?«
»Schreib' mir doch mal einen Brief.«
»Ich – dir?«
»Ja.«
»Was für einen Brief?«
»Schreib mir einen Brief, und darin schreibst du alles rein, warum du mich erziehen mußt.«
›Prima‹, dachte der Vater, ›jetzt will er es sogar schwarz auf weiß haben und sich über das Bett hängen.‹
»Ist gut«, sagte er. »Mach' ich.«
»Und ich«, erwiderte darauf Stefan, »Ich unterstreich dann alles, was mir daran nicht paßt.«
Der Vater schluckte. ›Soll ich oder soll ich nicht?‹ dachte er. ›Wo kommen wir hin, wenn ich mich von den Kindern kritisieren lasse?‹ Doch dann fragte er: »Also ich schreibe den Brief, und du machst deine Aufgabe noch einmal?«
»Ja«, sagte Stefan.
»Und dann reden wir über den Brief?«
»Ja«, sagte Stefan.
»Gut«, sagte der Vater.

Hans May

(Aus: Vorlesebuch Religion 1. Für Kinder von 5–12, hg. v. D. Steinwede u. S. Ruprecht. Verlag Ernst Kaufmann – Verlag Vandenhoeck & Ruprecht – Verlag Benziger, Lahr – Göttingen – Zürich/Köln 1971, 144–148)

Anhang M 2

1. Lies folgenden Katalog ganz durch. Trage in die Kästchen jeweils die Altersstufe ein, zu der die Aussage am besten paßt. Einige Sätze passen zu mehreren Altersstufen.

Die Eltern

– sorgen rechtzeitig für die richtige Nahrung. ☐

– überlassen ihrem Kind ganz die Sorge für sein eigenes Leben und die Verantwortung für sein Tun, raten aber, wenn sie gefragt, und helfen, wenn sie gebeten werden. ☐

– helfen ihrem Kind, mit eigenem Geld umzugehen. ☐

– dringen nicht ein in Dinge, die ihr Kind lieber für sich behalten möchte, versuchen, aber doch, es vor schlimmen Gefahren zu schützen ☐

– helfen ihrem Kind bei der Erlernung der ersten Fähigkeiten und geben ihm durch Anerkennung Selbstvertrauen. ☐

– versuchen, ihrem Kind ihre eigenen Entscheidungen zu erklären. ☐

– versuchen, ihrem Kind Maßstäbe für richtiges oder falsches Verhalten zu vermitteln. ☐

– vermitteln ihrem Kind durch die ständige Nähe der Mutter oder des Vaters das Gefühl der Geborgenheit. ☐

– beantworten Fragen des Kindes und führen es schrittweise in seine Umwelt mit ihren Schönheiten und Gefahren ein. ☐

– überlassen es dem Kind, seine Freunde zu finden. ☐

– helfen ihrem Kind, sich im Kreis der Geschwister und anderer Kinder einzuordnen und zu behaupten. ☐

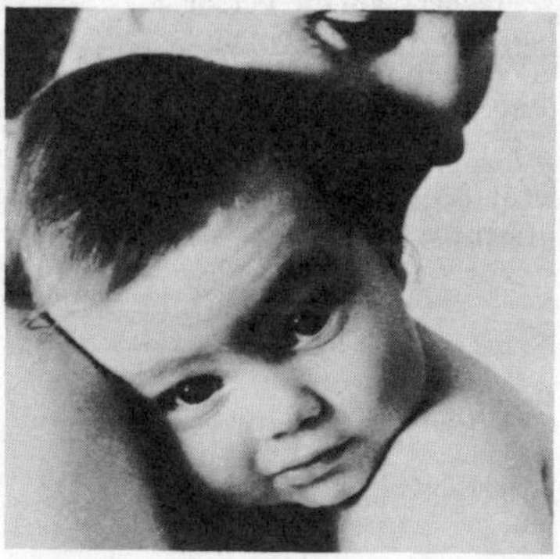

FOTO-PRESENT, Essen (Mangold)

Foto Abisag Tüllmann, Frankfurt/M.

– sind bereit zu Gesprächen und lassen andere Meinungen des Kindes gelten. ☐

– ermuntern ihr Kind, erste Aufgaben selbständig zu übernehmen. ☐

– helfen ihrem Kind, in Fragen seines Lebens eigene Entscheidungen zu treffen. ☐

– stellen ihren Tageslauf weitgehend auf die Versorgung ihres Kindes ein und verzichten auf die Erfüllung mancher Wünsche. ☐

– helfen mit, daß ihr Kind lernt, erste Konflikte zu bestehen. ☐

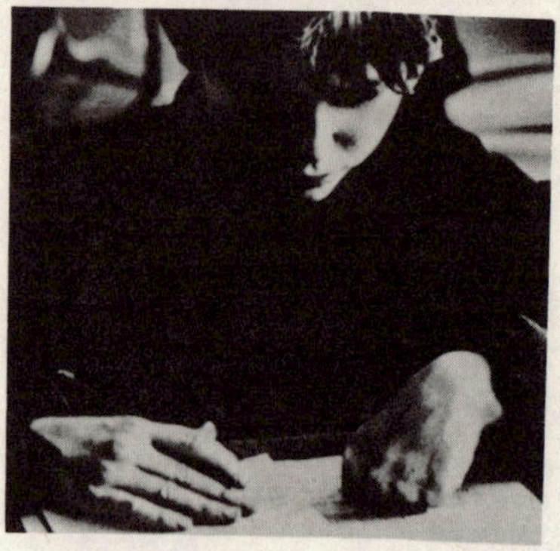

Foto Abisag Tüllmann, Frankfurt/M.

Das Kind

– verfolgt eigene Interessen. ☐

– übernimmt die Sorge für sein Leben und für das Leben mit dem von ihm gewählten Partner, vielleicht sogar für seine Eltern. ☐

– ist in allen Dingen ganz angewiesen auf seine Eltern. ☐

– lernt, sich in einer Gemeinschaft zu behaupten und sich in sie einzuordnen. ☐

– kritisiert seine Umwelt und möchte sie anders haben. ☐

– vertraut seinen Eltrn völlig. ☐

– sieht die Schwächen seiner Eltern und kann sie oft nicht verstehen. ☐

– übernimmt erste Aufgaben selbständig. ☐

– beginnt über Erfahrungen mit seiner Umwelt selbst nachzudenken. ☐

– macht erste bewußte Erfahrungen mit seiner Umwelt. ☐

FOTO-PRESENT, Essen (Heinemann)

- fragt nach dem Sinn seines Lebens und der ihm gestellten Aufgaben. ☐
- sieht die Schwächen der Eltern, bemüht sich aber, sie zu verstehen. ☐
- entdeckt Gefahren in seiner Umwelt und lernt sie zu bestehen. ☐
- lernt, auf andere Rücksicht zu nehmen und ist fähig, die Rechte anderer anzuerkennen. ☐
- fällt eigene Urteile über richtiges und falsches Verhalten. ☐
- möchte weitgehend selbst entscheiden können, läßt sich aber unbewußt von Vorbildern leiten. ☐
- fragt gelegentlich seine Eltern zwar um Rat, ist aber in seinen Entscheidungen völlig frei und selbst verantwortlich. ☐
- braucht das Gespräch mit seinen Eltern, hat aber seine eigenen Meinungen und will überzeugt werden. ☐

Pontis-Photo, München (Rahmer)

(Aus: Arbeitshefte Religion für das 7.-9. Schuljahr: Familie. Wandlungen. Konflikte. Auftrag. Verlag Ernst Kaufmann, Lahr 1972, 5–8)

Anhang M 3

Spannungen zwischen Eltern und Kindern

- sie setzen ihre Autorität mit Zwang durch
- sie überfordern
- sie verlangen Ordnung nach festen Regeln
- sie hoffen auf Befreiung von Strafe
- sie berufen sich direkt auf Gott
- sie prüfen Regeln
- sie suchen Gruppen außerhalb der Familie auf
- sie verweigern Gehorsam
- sie verschweigen manches
- sie kritisieren aufgrund bewährter Erfahrungen
- sie erwarten wahre Informationen
- sie hoffen auf Verständnis bei der Suche nach eigenen Erfahrungen
- sie fällen selbständige Entscheidungen
- sie verlangen Gehorsam
- sie beanspruchen aufgrund selbstgemachter Erfahrungen eigene Autorität
- sie erwarten von ihren Eltern Schutz vor Gefahren
- sie bringen ihren Kindern die Liebe und die Forderungen Gottes entgegen

- sie können keine Kritik vertragen
- sie verlangen unbedingten Gehorsam
- sie manipulieren
- sie machen sich selber zu einer Art »Gott«
- sie fällen stellvertretende Entscheidungen
- sie entmündigen ihre Kinder aus Bedürfnis nach Macht
- sie werden aufsässig
- sie bestrafen willkürlich
- sie verwöhnen
- sie haben Lust am ständigen Neinsagen
- sie werden altklug
- sie machen sich selber zu einer Art »Gott«
- sie wollen verwöhnt werden
- sie wollen ohne feste Verpflichtungen leben
- sie lassen sich von blindem Ehrgeiz verleiten
- sie werden leichtfertig und verkennen Gefahren
- sie erwarten eine besondere Bindung an die Familie
- sie bewahren ihre Kinder vor Gefahren

- sie stellen eine starre Ordnung auf
- sie setzen ihre Kinder Gefahren aus
- sie hassen ihre Familie
- sie wissen alles besser
- sie erklären ihre Familie für die einzig wahre Gemeinschaft
- sie bestrafen Übertretungen
- sie maßen sich Entscheidungen an aus Bedürfnis nach Macht
- sie wollen sich in Gefahren bewähren
- sie beanspruchen Autorität aufgrund ihrer Erfahrungen

(Aus: rp – Modelle Nr. 4: Gehorsam und Mündigkeit in der Familie.
Arbeitsmaterial Sekundarstufe I. 7. Aufl. 1978, Kösel-Verlag, München/Diesterweg Verlag, Frankfurt, 35).

Anhang M 4

Glückliche Familie

In einer Familie gibt es am Samstag oft dicke Luft. Die Mutter hat einen Beruf, darum holt sie am Wochenende alle Hausarbeiten nach, die in der Woche liegenbleiben mußten. Der Vater und die Kinder helfen ihr. Aber gern tun sie das nicht. Jeder stellt sich sein Wochenende anders vor:
Der Vater sitzt die ganze Woche im Büro. Für ihn gibt es nichts Schöneres als einen Tag im Wald.
Der Junge findet Waldspaziergänge fast so schlimm wie Schränkeaufräumen. Das Schönste für ihn ist ein gemütlicher Tag zu Hause, wenn alle nur herumsitzen und lesen, fernsehen oder Gesellschaftsspiele machen.
Das Mädchen mag nicht in der Stube hocken, aber auch nicht im Wald Vaters Vorträge über Tiere und Pflanzen anhören. Es spielt am liebsten im Hof mit den Kindern Federball oder Handball oder trainiert auf der Rollschuhbahn.
Auch die Mutter könnte sich ihr Wochenende anders vorstellen. Ein Stadtbummel mit der Freundin am Nachmittag, und abends mit ihrem Mann ins Theater zu gehen, das wäre für sie das Schönste. Aber dazu hat sie nie Zeit. Sie will doch den Haushalt nicht verkommen lassen.
Die anderen meinen, das würde so schnell nicht geschehen. Aber sie helfen. Sonst würde die Mutter sagen: »Alles muß ich allein tun.« Und damit hätte sie auch recht.
Sie helfen und sind schlecht gelaunt. Die Mutter merkt das natürlich. Es tut ihr leid, daß sie ihrer Familie das Wochenende verdirbt.
Deshalb hat dann auch sie schlechte Laune.
Heute ist ein besonders schlimmer Samstag.
Die Mutter will alle Fenster putzen, weil man bei dem schönen Wetter den Schmutz so deutlich sieht.
Gerade weil schönes Wetter ist, will der Vater aus der Stadt. Aber er hat den Staubsauger auseinandergenommen und will den Motor reinigen. Jetzt kann er ihn nicht wieder zusammenbauen.
Die Mutter stichelt: Er weiß doch, daß er von technischen Dingen nichts versteht.
Wie die Kinder aus der Schule kommen, reden die Eltern kein Wort mehr miteinander.
Die Kinder haben auf dem Heimweg von der Schule eingekauft. Aber das Mädchen hat sich halbfaule Tomaten einpacken lassen, und der Junge hat die Fleischwurst für die Linsensuppe vergessen. Obendrein erzählt das Mädchen, daß der Bruder in der Schule mit einem anderen Jungen gerauft hat und sich unterkriegen ließ, der Schwächling!
Schon haben sie ihren Familienstreit.
Plötzlich fragt der Junge, weshalb es eigentlich bei ihnen so ganz anders zugeht als bei den Familien in den Büchern. Da sind die Väter gütig und die Mütter liebevoll, und die Schwestern sind auch viel netter. Vor allem giften sich da die Eltern nicht gegenseitig an, gerade wenn man sich auf ein schönes Wochenende freut.
Erst sagt keiner etwas dazu.
Dann beschließt die Familie, heute einmal zu spielen, sie wären eine glückliche Buch-Familie.
Das versuchen sie nun. Alle sind nur noch freundlich, verständnisvoll, nachgiebig, hilfsbereit und in allem einig. Sogar fleißig sind sie alle. Im Nu wird die Wohnung fertig, weil die Mutter nun auch nicht mehr allzu gründlich sein will.
Doch dann will der Vater mit der ganzen glücklichen Familie in den Wald wandern,
und die Mutter möchte mit der ganzen glücklichen Familie einen Stadtbummel machen,
und der Junge sähe gern die ganze glückliche Familie gemütlich im Wohnzimmer sitzen,
und das Mädchen könnte gut auf die ganze glückliche Familie verzichten. Es möchte zur Rollschuhbahn gehen.
Wahrscheinlich sind sie doch eine ganz normale Familie
(Wenn man aus dieser Spielidee ein Spiel in der Familie machen will, kann man natürlich die Eigenschaften und Vorlieben der eigenen Familienmitglieder ins Spiel bringen.)

(Aus: Ursula Wölfel, Du wärst der Pienek. Spielgeschichten, Spielentwürfe, Spielideen. anrich verlag, Modantal-Neunkirchen 1973, 239–241).

Wie alles entstanden ist

Die Wissenschaftler lehren

Es war vor ungefähr *5 Milliarden Jahren:* Riesige Gaswolken – die späteren unzähligen Milchstraßen – fluteten, wirbelten auseinander, wie durch eine ungeheure Explosion auf ihre Bahnen gebracht. Doch auch in ihnen selbst war alles in turbulenter Bewegung. Wie Strudel im Wasser, so bildeten sich Wirbel in den Gasen und schleuderten Schwaden feinster Staubteilchen um sich herum. Immer mehr Staubteilchen gerieten in ihren Sog, ballten sich zusammen, bildeten Kugeln. Die Kugeln wurden dichter und immer heißer. – Die ersten Sterne leuchteten auf! Auch unsere Sonne! Auch sie wuchs im Mittelpunkt einer wirbelnden Wolke zu einer glühenden Kugel heran. Doch um sie her gab es noch andere kleinere Wirbel, in denen sich ebenfalls Kugeln formten, kleiner als die Sonne, doch glühend wie sie: die Erde, der Mond und acht andere um die Sonne kreisende Planeten.
Es war vor ungefähr *4 Milliarden Jahren:* Die Erde glühte noch immer, eine Kugel aus glutflüssigem Stein, Feuer und Rauch. Doch ganz langsam begann die Erde zu erkalten. Glühendes Gestein an der Oberfläche erstarrte, sank hinab in die feurige Glut, neue Ströme flüssigen Gesteins stiegen auf und erkalteten gleichfalls. Die ersten Festlandblöcke, die Urkontinente, entstanden. Während das geschah, stiegen gewaltige Dämpfe von Wasserstoff und Kohlensäure aus dem Erdinnern hervor und ballten sich zu dicken Wolken zusammen. Es wurde finster auf der Erde. Kein Sonnenstrahl drang mehr durch die Wolkendecke hindurch. Dann begann es zu regnen. Wasserfluten schütteten, stürzten auf die Erde hernieder, verdampften in der Hitze, wurden wieder zu Wolken und regneten erneut auf die Erde herab. Jahrtausende lang. – Als die Erde so kühl war, daß der Regen nicht sogleich wieder verdampfte, begann sich die Wolkendecke zu lichten. Die tiefen Becken füllten sich mit Wasser. Es entstanden die Meere.
Es war vor *ein bis zwei Milliarden Jahren:* In den warmen Urozeanen regte sich erstes Leben: Bakterien entstanden, dann glasige Algen, durchsichtige, winzige Geißeltierchen, die sich im Wasser bewegten. Aus den Geißeltierchen entwickelten sich Millionen Jahre später die ersten Quallen, dann Würmer, dann Schnecken und Spinnen. Seit ungefähr 500 Millionen Jahren wimmelt das Meer von Muscheln und Korallen, von Seeigeln, Seesternen, Krebsen und Fischen.
Es war vor ungefähr *350 Millionen Jahren:* Die ersten Pflanzen eroberten vom Wasser aus das Land. Tangpflanzen zunächst, die am Rande des Wassers blieben. Doch schon bald entwickelten sich riesige Farne, Schachtelhalme, Bärlappe und die ersten zapfentragenden Bäume. Das Land wurde grün. Da kamen auch die Tiere aus dem Wasser heraus: die Skorpione, Tausendfüßler und Spinnen, dann die Lurche, die Verwandten der Molche und Frösche. Sie paßten sich dem Land an und wurden zu Kriechtieren, zu den Vorfahren aller Schildkröten, Eidechsen, Krokodile und Frösche. Doch auch schreckliche Ungeheuer stammten von ihnen ab, riesige 9-15 Meter große Echsen, auf zwei Beinen, mit Armen und mit Greifklauen, mit Säbelzähnen von 15 Zentimeter Länge! Das waren die Dinosaurier, die 75 Millionen Jahre lang die Erde beherrschten.
Als die Saurier ausstarben und (keiner kennt den Grund) vom Erdboden verschwanden, breitete sich ein anderes Geschlecht auf der Erde aus: Tiere, die lebende Junge zur Welt brachten, die sie mit Milch säugten, großzogen und vor Gefahren beschützten. Sie waren die Vorfahren aller Hunde, Katzen, Pferde und Rinder. Und auch der Mensch ist mit ihnen verwandt! Das war vor *75 Millionen Jahren!*
Es war vor *30 000 Jahren:* Riesige Gletscher hatten sich vom Norden her nach Süden geschoben und bedeckten ein Drittel der Erde. Doch am Rande des Eises, in Höhlen und aus Zweigen gefertigten Hütten, lebten Menschen und gingen zur Jagd, bewaffnet mit dem Faustkeil, mit Pfeil und Bogen. Sie schickten sich an, die Erde zu erobern.

(Aus: Arbeitsbuch Religion 3/4, Schwann Verlag, Düsseldorf 1973, 122 f.)

Die letzten sieben Tage

Am Anfang schuf Gott Himmel und Erde

Aber nach vielen Jahrmillionen
war der Mensch endlich klug genug.
Er sprach: Wer redet hier von Gott?
Ich nehme meine Zukunft selbst in die Hand.
Er nahm sie,
und es begannen die letzten sieben Tage
der Erde.

Am Morgen des ersten Tages

beschloß der Mensch,
frei zu sein und gut, schön und glücklich.
Nicht mehr Ebenbild eines Gottes,
sondern ein Mensch.
Und weil er etwas glauben mußte,
glaubte er an die Freiheit und an das Glück,
an Zahlen und Mengen,
an die Börse und den Fortschritt,
an die Planung und seine Sicherheit.
Denn zu seiner Sicherheit
hatte er den Grund zu seinen Füßen gefüllt
mit Raketen und Atomsprengköpfen.

Am zweiten Tage

starben die Fische in den Industriegewässern,
die Vögel am Pulver aus der chemischen Fabrik,
das den Raupen bestimmt war,
die Feldhasen an den Bleiwolken
von der Straße,
die Schoßhunde an der schönen roten Farbe
der Wurst,
die Heringe am Öl auf dem Meer
und an dem Müll auf dem Grunde des Ozeans.
Denn der Müll war aktiv.

Am dritten Tage

verdorrte das Gras auf den Feldern
und das Laub an den Bäumen,
das Moos an den Felsen
und die Blumen in den Gärten.
Denn der Mensch machte das Wetter selbst
und verteilte den Regen nach genauem Plan.
Es war nur ein kleiner Fehler
in dem Rechner, der den Regen verteilte.
Als sie den Fehler fanden,
lagen die Lastkähne auf dem trockenen Grund
des schönen Rheins.

Am vierten Tage

gingen drei von vier
Milliarden Menschen zugrunde.
Die einen an den Krankheiten,
die der Mensch gezüchtet hatte,
denn einer hatte vergessen,
die Behälter zu schließen,
die für den nächsten Krieg bereitstanden.
Und ihre Medikamente halfen nichts.
Die hatten zu lange schon wirken müssen
in Hautcremes und Schweinelendchen.
Die anderen starben am Hunger,
weil etliche von ihnen den Schlüssel
zu den Getreidesilos versteckt hatten.
Und sie fluchten Gott,
der ihnen doch das Glück schuldig war.
Er war doch der liebe Gott!

Am fünften Tage

drückten die letzten Menschen den roten Knopf,
denn sie fühlten sich bedroht.
Feuer hüllte den Erdball ein,
die Berge brannten, die Meere verdampften,
und die Betonskelette in den Städten
standen schwarz und rauchten.
Und die Engel im Himmel sahen,
wie der blaue Planet rot wurde,
dann schmutzig braun und schließlich aschgrau.
Und sie unterbrachen ihren Gesang
für zehn Minuten.

Am sechsten Tage

ging das Licht aus.
Staub und Asche verhüllten die Sonne,
den Mond und die Sterne.
Und die letzte Küchenschabe,
die in einem Raketenbunker überlebt hatte,
ging zugrunde an der übermäßigen Wärme,
die ihr gar nicht gut bekam.

Am siebten Tage

war Ruhe.
Endlich.
Die Erde war wüst und leer,
und es war finster über den Rissen und Spalten,
die in der trockenen Erdrinde
aufgesprungen waren.
Und der Geist des Menschen
irrlichterte als Totengespenst über dem Chaos.
Tief unten, in der Hölle, aber
erzählte man sich die spannende Geschichte
von dem Menschen,
der seine Zukunft in die Hand nahm,
und das Gelächter dröhnte hinauf
bis zu den Chören der Engel.

(Aus: Jörg Zink, Die Welt hat noch eine Zukunft. Eine Anregung zum Gespräch. Kreuz Verlag, Stuttgart/Berlin 1973, 17).

Anhang 7: Korrelationsmatrix der Eltern-Stichprobe (n = 38)

Item	1	2	3	4	5	6	7	8	9	10	11	12	13	14	15	16	17	18	19	20
1	X	X				X													X	
2						X												X		
3							X													
4																				
5																				
6													X						X	
7																				
8											X									
9																	X			
10																		X		
11												X								
12																				
13														X			X			
14																		X		
15																				
16																				
17																		X		
18																				
19																				
20																				

Signifikanzniveau: 1% ($p < 0.01$)
(Das X bezeichnet die signifikanten Korrelationen).

Anhang 8: Faktorenanalyse der Eltern-Stichprobe
(n = 26; Varimax-Rotation)

Variable (Item)	Faktor 1	Faktor 2	Kommunalität
1	0.26105	0.77454	0.66807
2	0.67192	0.42146	0.62910
3	0.46766	0.35368	0.34379
4	0.27468	−0.06130	0.07921
5	−0.09586	0.29967	0.09899
6	0.43869	0.60216	0.55505
7	0.21626	0.56957	0.37118
8	0.23731	−0.09632	0.06559
9	0.59330	0.05576	0.35511
10	0.46772	0.13526	0.23706
11	−0.20604	−0.22822	0.09454
12	0.05749	0.59161	0.35331
13	0.71060	0.17510	0.53561
14	0.58695	−0.02257	0.34502
15	−0.00955	−0.34088	0.11629
16	0.16362	−0.25429	0.09143
17	0.60972	0.00047	0.37175
18	0.76040	0.08418	0.58530
19	0.49995	0.43681	0.44076
20	0.36855	−0.47332	0.35987

Faktor	Eigenwert	Varianzanteil
1	4.80534	71,8%
2	1.89172	28,2%

(Die bei der Interpretation berücksichtigten hohen Faktorladungen sind unterstrichen).

Anhang 9: Faktorenanalyse der Konfirmanden-Stichprobe
(n = 68; Varimax-Rotation)

Variable (Item)	Faktor 1	Faktor 2	Faktor 3	Kommunalität
1	0.49819	0.18267	0.00096	0.28156
2	0.22132	0.65547	0.12676	0.49468
3	0.74406	−0.09124	0.19692	0.60072
4	0.40459	0.33984	−0.23461	0.33423
5	0.59314	0.03323	−0.25844	0.41971
6	0.15374	0.44623	−0.13698	0.24152
7	0.51724	0.28920	−0.09205	0.35965
8	−0.10275	−0.17216	0.47828	0.26894
9	0.69691	0.19408	0.24191	0.58188
10	0.43174	0.17913	−0.34245	0.33576
11	0.26323	−0.48960	0.08763	0.31668
12	0.25497	0.49642	−0.09345	0.32017
13	0.19301	0.19176	0.51587	0.34014
14	0.58909	0.14014	−0.04653	0.36883
15	−0.07627	−0.12432	0.65546	0.45090
16	−0.08462	−0.40089	0.52003	0.43831
17	0.72084	0.12531	−0.18602	0.56991
18	0.69884	0.09594	−0.00582	0.49762
19	0.63343	0.18770	−0.37966	0.58061
20	−0.22325	−0.45223	0.27352	0.32916

Faktor	Eigenwert	Varianzanteil
1	5.14342	63,3%
2	1.89605	23,3%
3	1.09159	13,4%

Anhang 10: Korrelationsmatrix der Konfirmanden-Stichprobe (n = 84)

Item	1	2	3	4	5	6	7	8	9	10	11	12	13	14	15	16	17	18	19	20
1			X						X								X			
2																				
3					X		X		X					X			X	X	X	
4					X		X			X				X				X	X	
5										X				X			X	X	X	
6							X							X					X	X
7									X	X				X			X	X	X	X
8															X					
9														X			X	X	X	
10																X	X	X	X	X
11																				
12																		X	X	
13																				
14																	X	X	X	
15																X			X	
16																				X
17																		X	X	X
18																			X	
19																				
20																				

Signifikanzniveau: $p = 0.000$

Anhang 11: Faktorenanalyse der gesamten Stichprobe
(Eltern und Konfirmanden: n = 94; Varimax-Rotation)

Variable (Item)	Faktor 1	Faktor 2	Faktor 3	Kommunalität
1	0.48921	−0.08761	0.25255	0.31078
2	0.30993	0.01645	0.64196	0.50844
3	0.69189	0.20353	0.04688	0.52234
4	0.34719	−0.25327	0.26262	0.25365
5	0.54579	−0.26817	−0.06344	0.37382
6	0.19305	−0.22061	0.39490	0.24188
7	0.48444	−0.16018	0.22932	0.31292
8	−0.02978	0.52337	−0.04895	0.27720
9	0.67330	0.15571	0.17097	0.50681
10	0.47849	−0.32491	0.05549	0.33760
11	0.20692	0.11178	−0.57025	0.38050
12	0.26841	−0.17515	0.43443	0.29145
13	0.28450	0.50866	0.32104	0.44274
14	0.58055	−0.01021	0.13515	0.35541
15	−0.04655	0.55583	−0.14902	0.33332
16	−0.08085	0.53541	−0.18068	0.32584
17	0.70850	−0.13996	0.03682	0.52291
18	0.71964	0.03721	0.10794	0.53092
19	0.62789	−0.29489	0.18805	0.51656
20	−0.19105	0.37598	−0.25776	0.24430

Faktor	Eigenwert	Varianzanteil
1	4.83742	63,7%
2	1.72425	22,7%
3	1.02779	13,5%

Anmerkungen

1 Vgl. z.B. Lück, 1978.
2 Zur historischen Entwicklung vgl. Doerne, 1936, 48 ff; Schildmann/Wolf, 1979, 18 ff und Adam, 1980, 16 ff.
3 Vgl. dazu die beiden Dokumentationsbände des Comenius-Instituts. Ich verwende im folgenden den Begriff »Rahmenordnungen« für alle kirchenamtlichen und synodalen Verlautbarungen ungeachtet ihrer unterschiedlichen Eigenbezeichnungen.
4 Jetter, 1978, 234 ff; vgl. auch Lück, 1980.
5 Vgl. dazu Comenius-Institut Dokumentation 2, 131.
6 Ebd., 136; s. auch ebd., 133 f. Erste Hinweise zur Konfirmandenelternarbeit finden sich schon bei Kugler, 1971a, 124 ff. Über Gesprächsgruppen von Eltern und Kindern im katholischen Bereich berichtet Neysters, 1979.
7 Frickel, 1974, 132.
8 Doerne, 1936, 3.
9 Ebd., 2.
10 Ebd., 4.
11 Ebd., 130.
12 Vgl. ebd., 169 ff.
13 Ebd., 170.
14 Ebd.
15 Ebd., 174.
16 Vgl. ebd., 176 ff.
17 Ebd., 176.
18 Ebd., 177.
19 Ebd., 178.
20 Ebd., 179.
21 Ebd., 185.
22 Ebd., 193.
23 Merz, 1939, 91.
24 Doerne, 1950, B 21.
25 Ebd.
26 Gründler/Kleßmann (Hg.), 1960.
27 Ebd., 28.
28 Ebd.
29 Ebd.
30 Ebd.
31 Ebd.
32 Ebd., 73.
33 Ebd., 29.
34 Rosenboom, 1962, 9.
35 Ebd., 7.
36 Ebd., 11.
37 Ebd., 12.
38 Ebd., 13.
39 Ebd., 14.
40 Ebd., 17.
41 Ebd., 18.
42 Ebd., 25.
43 Ebd., 27.
44 Ebd., 35.
45 Ebd., 31.
46 Nach Schildmann/Wolf, 1979, 71 f.
47 Grimme, in: Gründler/Kleßmann (Hg.), 1960, 31.
48 Strukturplan für das Bildungswesen, 1971, 25.

49 Ebd.
50 Ebd., 29.
51 Ebd., 30.
52 Ebd., 32.
53 Einen informativen Überblick über die neueren Ansätze der kirchlichen Erwachsenenbildung gibt Meier, 1979, 16 ff.
54 v. Kortzfleisch, 1972, 87 ff.
55 Vgl. Scharffenorth (Hg.), 1972, 277.
56 v. Kortzfleisch, 1972, 84.
57 Ebd., 86.
58 In: Scharffenorth (Hg.), 1972, 274.
59 Vgl. ebd., 274 f.
60 v. Kortzfleisch, 1972, 86.
61 Ebd., 87.
62 Scharffenorth (Hg.), 1972, 275.
63 Das zeigte auch die EKD-Synode 1978 in Bethel »Leben und Erziehen – wozu?«; vgl. Nipkow, 1978. Fragen der Erwachsenenbildung wurden in Bethel freilich kaum diskutiert. Neuere Überlegungen zu diesem Arbeitsfeld finden sich in einem Themaheft der Zeitschrift Theologia Practica 16, 1981, H. 1/2.
64 Hild (Hg.), 1974.
65 Ebd., 201.
66 Ebd., 248.
67 Das trifft freilich in unterschiedlichem Maße zu: Taufe, Konfirmation und Bestattung werden von nahezu allen Kirchenmitgliedern begehrt, während der Anteil an Trauungen im letzten Jahrzehnt auf knapp 70 Prozent zurückgegangen ist.
68 Hild (Hg.), 1974, 275.
69 Ebd., 278.
70 Ebd., 155.
71 Vogt, 1976, 371.
72 Rosenboom, 1978, 58.
73 Matthes, 1975, 94.
74 Ebd., 111. Die Einstellung der Eltern zum Konfirmandenunterricht beschreibt Lukatis, 1980.
75 Materialien für die Behandlung der Fragen und Probleme um die Lebensmitte finden sich bei Cernius/Cremer/Leistner, 1978. Eine umfassende Aufstellung von Arbeitshilfen für die Erwachsenenbildung geben Linz/Puzberg, 1980, 173 ff.
76 Biographisches findet sich bei Knapp, 1904; den pädagogischen Ansatz skizziert Anselm, 1982.
77 Knapp, 1904, 619.
78 Palmer, 1875, 71.
79 Ebd., 72.
80 Ebd., 73.
81 Ebd., 545.
82 Ebd.
83 Ebd., 546.
84 Strunk, 1974, 13 f.
85 Einen »Modellentwurf« für den katholischen Bereich entwickelt Schulz, 1979. Hier findet sich eine umfassende Darstellung des humanwissenschaftlichen Materials und eine theologische Begründung der Elternarbeit. Eine evangelische Konzeption liegt vor in dem Band »Eltern- und Familienbildung in evangelischer Trägerschaft«, 1978. Modelle und Praxiserfahrungen finden sich bei Halberstadt (Hg.), 1981.
86 Sulze, 1913, 798.
87 So in Chemnitz; vgl. Mitteilungen . . . , 1912, 23.
88 Sulze, 1912 a, 8. Biographisches findet sich auch bei Herz, 1912 und Knospe, 1964.
89 Sulze, 1912 a, 7.
90 Ebd., 6.
91 Ebd., 11.
92 Ebd., 9.
93 Ebd., 20.
94 Ebd.
95 Ebd., 45.
96 Ebd., 29.

97 Ebd., 31.
98 Ebd., 30.
99 Ebd., 31.
100 Ebd., 41.
101 Ebd., 47.
102 Ebd., 50.
103 Ebd., 76. Sulze nennt hier u.a. die »natürliche Schöpfung« und die »religiös-sittliche Welt«; vgl. ebd., 74 ff.
104 Ebd., 78.
105 Ebd., 79.
106 Ebd., 106.
107 Ebd., 161.
108 Ebd.
109 Ebd., 162.
110 Ebd., 205.
111 Ebd.
112 Ebd., 207.
113 Die Lösung dieser Fragen freilich von Kirchengemeinden und Synoden zu erwarten, drückt eine gewisse Naivität aus; ähnlich Sulze, 1892 a.
114 Sulze, 1912 a, 190.
115 Sulze, 1906, 92.
116 Vgl. ebd., 64 ff.
117 Ebd., 93.
118 Ebd., 94.
119 Ebd., 95.
120 Ebd., 95 f.
121 Ebd., 96.
122 Ebd., 97.
123 Ebd., 102.
124 Ebd., 103.
125 Gerbracht, 1977, 74.
126 Vgl. Sulze, 1906, 34 ff.
127 Ebd., 110.
128 Ebd., 148.
129 Vgl. ebd., 75.
130 Ebd., 129.
131 Ebd., 128.
132 Vgl. Teichmann, 1892 und Katzer, 1892.
133 Thoma, 1888, 477. Auch amerikanische Erfahrungen mit »Nachbarschaftsverbänden« wurden diskutiert; vgl. ChW 6, 1892, 145–148 u. ChW 8, 1894, 321–325.
134 Graue, 1890, 268.
135 Ebd., 269 f.
136 Arndt, 1891, 1127.
137 Pfleiderer, 1892, 113.
138 Dörries, zit. nach Knospe, 1964, 115.
139 Vgl. Sulze, 1890 a, 147. Die Auseinandersetzung mit seinen Kritikern findet sich bei Sulze, 1890 a; 1890 b, 474–477; 1892 b; 1912 b.
140 Köster, 1912, 542.
141 Baumgarten, 1892, 261.
142 Ebd., 273.
143 Ebd., 275.
144 Ebd., 277.
145 Achelis, 1892, 781.
146 Ebd., 785.
147 Ebd., 788.
148 Ebd.
149 Ebd., 794. Ähnlich argumentiert der Rezensent der »Christlichen Welt«; ChW 6, 1892, 783–787. 807–812. Für ihn setzt Sulze zu große Hoffnungen auf die Gemeindeorganisation. Dagegen stellt er die These: »Gemeindeleben erwacht aus Glaubensleben«; ebd., 809. Dieser Gedanke müsse als dem Christentum eigentümlich aus dem Neuen Testament entwickelt werden. Vgl. dazu Sulze, 1892 b.

150 Achelis, 1892, 796. Ein Vergleich der zweiten Auflage (1912) von Sulzes Hauptwerk mit der ersten (1891) findet sich bei Simons, 1912.
151 Rade, 1891, 24.
152 Ebd., 38.
153 Grünberg, 1910, 151.
154 Ebd., 40.
155 Schian, 1907, 11.
156 Ebd., 13.
157 Ebd., 15.
158 Ebd., 22.
159 Ebd., 23.
160 Ein ähnliches Gemeindeideal vertritt auch Matthes, 1909. Er reflektiert aber stärker die sozialpsychologischen Grundlagen des Gemeinschaftsgedankens. Der Erziehungsauftrag der Kirchen besteht nach Matthes nicht darin, bloß an das Bewußtsein zu appellieren, sondern in der Hinführung zur Gemeinschaft und zu neuen Lebensgewohnheiten. Nur so könne man Individualismus und Intellektualismus vermeiden. Das Problem ist: »Kann die Landeskirche sich so entwickeln, daß die ›religiösen Gemeinschaftskräfte‹ durch sie wirken? Die Schicksalsfrage ist es; denn wenn die Kirche sich weiter darauf beschränken würde, ein ›Sprechsaal‹ und eine Anstalt zur Weihung von Familienereignissen zu sein, dann hätte sie in dieser ernsten Zeit keine Zukunft mehr«; ebd., 21 f.
161 Schian, 1913.
162 Ebd., 64.
163 Stock, 1909, 1069.
164 Zit. nach Stock, 1912, 200.
165 v. Ruckteschell, zit. nach Stock, 1912, 204.
166 Vgl. ebd., 205.
167 Schian, 1910, 424.
168 1. Bd. 1918, 2. Bd. 1919. Was Niebergall Sulze verdankt, zeigt sein Büchlein über die Gemeindebewegung (1917). Zu Niebergalls Ansatz vgl. Sandberger, 1972.
169 Niebergall, 1918, 1.
170 Ebd., 243.
171 Ebd., 246.
172 Ebd., 276.
173 Ebd., 290 f.
174 Ebd., 303.
175 Ebd.,
176 Vgl. Greinacher, 1979, 175 ff. und Schneider, 1982, 191 ff.
177 Wintzer, 1979, 541.
178 Ebd., 543.
179 Die Begriffe »Gruppenpädagogik« und »Gruppendynamik« überschneiden sich, insbesondere im Bereich von Lern- und Arbeitsgruppen. Im folgenden werden v.a. Ansätze dargestellt, die sich um eine Verbesserung der Gruppengespräche bemühen. Die sozialpsychologischen Aspekte der Gruppenarbeit beschreibt Ruff, 1980, die Grundlagen der Gruppendynamik Klessmann, 1980 b, die Grenzen Bachmann (Hg.), 1981. Eine Zusammenstellung interaktioneller und gesprächsfördernder Übungen geben Grom, 1979 und Müller, 1982. Zur Methodenfrage in der kirchlichen Erwachsenenbildung vgl. auch Pöhlmann, 1979 und Knoll, 1980.
180 Brocher, 1967, 70.
181 Ebd., 78.
182 Ebd., 87.
183 So der Titel eines Buches von Rogers in der deutschen Übersetzung.
184 Rogers, 1974, 13.
185 Ebd.
186 Ebd., 103.
187 Ebd., 105 f. Der Begriff »Anpassung« meint bei Rogers keine unkritische Übernahme des Bestehenden, sondern die stetige Veränderung im Prozeß des Lebens.
188 Ebd., 107.
189 Ebd., 110.
190 Ebd., 113.
191 Ebd.
192 Vgl. ebd., 153 ff.
193 Ebd., 154.
194 Ebd.

195 Ebd., 156–163.
196 Ebd., 163–165.
197 Tausch/Tausch, 1977, 336 ff.
198 Ebd., 333.
199 Cohn, 1975 a, 116. Zur Verwendung der TZI im kirchlichen Bereich vgl. Olszowi/Lukatis, 1979 und Mayer-Scheu, 1980.
200 Cohn, 1975 a, 114.
201 Vgl. ebd., 125.
202 Ebd., 189.
203 Ebd., 115.
204 Ebd.
205 Ebd., 121.
206 Ebd., 122. Zur Verdeutlichung der Postulate hat Ruth Cohn Regeln entwickelt, deren Berechtigung freilich umstritten ist; vgl. Cohn, 1975 a, 124 ff.
207 Ebd., 123.
208 Vgl. Bosse/Bopp, 1979.
209 Cohn, 1975 b, 383.
210 Heigl-Evers/Heigl, 1973, 247.
211 Ebd., 249.
212 Cohn, 1975 a, 122.
213 Ebd., 184.
214 Ebd., 169.
215 Ebd., 170.
216 Frickel, 1981, 123 f. Neben diesem Aufsatz sind für die Meditation im pädagogischen Bereich hilfreich Boden, 1978 und Grammer, 1981.
217 Vgl. Boden, 1978, 112.
218 Vgl. ebd., 135.
219 Vgl. Ernst, 1976, 39 ff.
220 Vogt, 1979, 401. Zu den verschiedenen Methoden vgl. Barth/Schramm, 1977, 134 ff.
221 Martin, 1979, 137.
222 Knoll, 1980, 71.
223 Hinsichtlich sprachlicher Faktoren haben Tausch u.a. vier Merkmalsdimensionen aufgewiesen, die erheblich zum Verständnis und Behalten von Information beitragen: Einfachheit hinsichtlich der Formulierung, Gliederung und Ordnung der sprachlichen Struktur, Kürze – Prägnanz sowie die Dimension Zusätzliche Anregung (lebendige Beispiele, humorvolle Bemerkungen, direktes Ansprechen, Verwendung von Reizworten, weiterführende Fragen usw.). Die Berücksichtigung dieser Faktoren erleichtert das Verständnis und die Auseinandersetzung mit einem Text bzw. einem Referat; vgl. Tausch/Tausch, 1977, 268 ff.
224 Vgl. Lange, 1972.
225 Bittner, 1980, 43. Zum Menschenbild von Rogers und Cohn vgl. Olszowi, 1976, sowie die Auseinandersetzung zwischen Petersen und Cohn (1979).
226 Bittner, 1980, 53.
227 Horkheimer/Adorno (Hg.), 1974, 68. Zur Einführung in die Familiensoziologie vgl. Mühlfeld, 1976.
228 Vgl. Richter, 1969; 1970.
229 Vgl. Schäfers, 1976, 195.
230 Bahrdt, zit. nach Schulz, 1979, 35.
231 Schrödter, 1980, 187.
232 Ebd.
233 Karpel, zit. nach Schrödter, 1980, 187 f.
234 Vgl. Wössner, 1977, 354 f.
235 Vaskovics, 1977, 385.
236 Ebd.; vgl. hierzu auch Bukow/Czell, 1975.
237 Auch die Bedeutung familieninterner Faktoren (familiäre Interaktion, Rollen- und Machtstruktur, Familienzyklus u.a.) müßte noch untersucht werden.
238 Vgl. Hild, 1974, 152 ff.
239 Erikson, 1971, 18. Zu Eriksons Sicht der Identitätsentwicklung vgl. auch Klessmann, 1980 a, 47 ff.
240 Erikson, 1966, 86 f.
241 Ebd., 87.
242 Ebd., 114 ff.

243 Ebd., 117 f.
244 Ebd., 117.
245 Ebd., 118.
246 Ebd., 118 ff.
247 Clayton, 1975, 123 bezweifelt, daß die von Erikson beschriebene Weisheit gegen Ende des Lebens weit verbreitet ist. Ihrer Meinung nach bleiben die Menschen in früheren Entwicklungskrisen gefangen. Clayton führt das auf den schnellen gesellschaftlichen Wandel zurück, der es kaum erlaubt in Würde alt zu werden: »Viele Menschen vollenden einfach nicht den Lebenslauf. Sie sterben unbegleitet, unentschlossen und enttäuscht, ohne jemals die Stufe erreicht zu haben, auf der sie voll ihre angehäufte Erfahrung und ihre Kenntnisse integrieren und nutzbar machen könnten.« (Übersetzung d. Vfs.). Vielleicht gilt das generell und die Reife des Menschen bestünde darin, auf allen Entwicklungsstufen mit unvollkommenen und kompromißhaften Konfliktlösungen leben zu lernen.
248 Erikson, 1971, 188 ff.
249 Newman/Newman, 1979.
250 Ebd., 428 ff.
251 Ebd., 432 (Übersetzung d. Vfs.).
252 Ebd., 433 (Übersetzung d. Vfs.).
253 Amerikanisch 1974, deutsch 1976. In der Liste der verkauften Sachbücher hielt Sheehy in den USA 1976 den vierten Platz. Die deutsche Übersetzung blieb elf Wochen in der »Spiegel«-Bestsellerliste.
254 Sheehy, 1976, 40.
255 Ebd., 259.
256 Neben der deutschen Übersetzung von Sheehy fand das Buch des »Spiegel«-Redakteurs Hermann Schreiber (1977) weite Verbreitung. In bewährter »Spiegel«-Manier enthält das Werk eine Problemskizze, die sich weithin als Sheehy-Exzerpt erweist, einige Lebensläufe Betroffener und Interviews mit bekannten und unbekannten Namen, die aufgrund menschlicher oder beruflicher Kompetenz befugt sind, zu den Fragen der Lebensmitte Stellung zu nehmen.
257 Sheehy, 1976, 263.
258 Ebd., 269 f.
259 Heinemann, in: Schreiber, 1977, 94 ff.
260 Lehr, 1978, 156.
261 Havighurst, 1963, 31 (Übersetzung d. Vfs.). Die Einteilung in Dekaden ist künstlich und formalistisch.
262 Ebd., 32.
263 Lehr, 1978, 159.
264 Das zeigen die Beiträge zu den Konferenzen an der University of West-Virginia, die in mehreren Bänden unter dem Titel »Life-span developmental psychology« vorliegen. Eine Auswahl der wichtigsten Beiträge liegt in deutscher Übersetzung vor: Entwicklungspsychologie der Lebensspanne, hg. v. Paul B. Baltes unter Mitarbeit von Lutz H. Eckensberger, Stuttgart 1979; vgl. auch Olbrich/Rudinger, 1982.
265 Vgl. Lehr, 1978, 165.
266 Neugarten, 1977.
267 Vgl. Lehr, 1978, 165.
268 Sheppard, 1978, 346.
269 Vgl. Kohli, 1977, 629.
270 Vgl. Sheppard, 1978, 348.
271 Vgl. Kohli, 1977, 641.
272 Vgl. Sheppard, 1978, 348 ff.
273 Neugarten/Datan, 1978.
274 Ebd., 184.
275 Vgl. Pearlin, 1975.
276 Für den pathologischen Bereich vgl. Richter, 1969.
277 Thomae, 1978, 301.
278 Vgl. Neugarten/McDonald, 1975.
279 Tismer/Tismer-Puschner/Erlemeier, 1975.
280 Durch die »disengagement«-Theorie.
281 Über die älteren Untersuchungen berichtet Kuhlen, 1968; die neueren referiert Neugarten, 1977.
282 Elliot Jaques, zit. nach Brim, 1978, 419; ähnlich Jung, 1967.
283 Vgl. Brim, 1978, 419.

284 Nuttin/Grommen, 1975, 189.
285 Ebd., 196. Freilich gilt das Ergebnis vor allem für die Ober- und Mittelschicht; die Vorstellungen der Unterschicht sind eher auf konkrete Ziele der nächsten Zukunft gerichtet. Riegel hat umgekehrt die Erinnerung der Vergangenheit untersucht und festgestellt, »daß die psychologische Zeit für die jüngeren und mittleren Testpersonen schneller fließt, je näher dem Testzeitpunkt die in Erinnerung gerufene Periode liegt. Je weiter diese Testpersonen in ihrer Erinnerung zurückgehen, desto öfter scheinen Ereignisse und Personen verblaßt zu sein. Die ältesten Testpersonen jedoch leben intensiver mit ihrer intermediären und weiten Vergangenheit; kurz vorher getroffene Personen sind von geringerer Bedeutung«; Riegel, 1978, 283 f.
286 Tillich, 1964, 44.
287 Ebd., 43.
288 Musil, 1972, 130 f.
289 Das haben die Versuche einer Neuinterpretation von CA IV–VI 1963 in Helsinki gezeigt; vgl. Peters, 1974.
290 Käsemann, 1972, 15 f.
291 Ebd., 35 f.
292 Ebd., 59 f.
293 Ebd., 60.
294 Luther, zit. nach Peters, 1962, 50.
295 Lohff, 1974, 130.
296 Luther, zit. nach Peters, 1962, 78 (Übersetzung d. Vfs. aus dem Lateinischen).
297 Lohff, 1974, 130.
298 Tillich, 1970, 89.
299 Ebd., 91.
300 Ebd., 92.
301 Bonhoeffer, zit. nach Gollwitzer, 1970, 42.
302 Gerbracht, 1975, 236.
303 Tillich, 1970 b, 260.
304 Laing, 1973, 24.
305 Vgl. Linz/Puzberg, 1980, 129 ff und KU-Praxis 12/13, 1980. Dieses anregende Heft »Konfirmanden-Eltern-Arbeit« bringt viele Praxisbeispiele, auf die ich mich im folgenden beziehe.
306 KU-Praxis 12/13, 1980, 72 f.
307 Ebd., 16.
308 Ebd., 74 f.
309 Ebd., 11 f; 13 f.
310 Ebd., 15. Zum Hausbesuch vgl. WzM 31, 1979, 307 ff und den geplanten Band in dieser Reihe »Hausbesuch als praktische Seelsorge.«
311 Ebd., 16 f.
312 Ebd., 14. Vgl. auch die »Briefe an Konfirmandeneltern«, hg. v. d. »Projektgruppe Glaubensinformation« in Zusammenarbeit mit Prof. Thielicke. Sie sind zu bestellen bei der Evang. Buchhilfe, Postfach 31 80, 3502 Vellmar.
313 Ebd., 101.
314 Ebd., 76 f.
315 Ebd., 17 f.
316 Ebd., 102.
317 Ebd., 137 ff.
318 Ebd., 114 ff.
319 Ebd., 105 ff.
320 Ebd., 25 ff.
321 Dieses Modell wird vom PTI Bad Godesberg hauptsächlich praktiziert; vgl. KU-Praxis 12/13, 145 ff.
322 Ebd., 44 f.
323 Ebd., 36 ff. und 41 ff.
324 Cornehl, 1974, 460 f; vgl. auch Cornehl, 1979 und Kugler, 1979. Einen Überblick über das Verständnis von Symbol und Ritual gibt Jetter, 1978.
325 Vgl. Lange, 1976. Die Gestaltung der Familiengottesdienste hängt von der jeweiligen Gemeindesituation ab. Manche Anstöße und Materialien für die Konfirmandenelternarbeit findet man in den grundlegenden Veröffentlichungen von G. Kugler und H. Lindner.
Kugler, 1971 b, 127–136 dokumentiert zwei Gottesdienste zur Einführung der Konfirman-

den; Familienprobleme werden auch in folgenden Entwürfen thematisiert: Kugler/Lindner, 1973, 58–100; dieselben, 1976, 125–156; dieselben, 1979, 92–102.

326 Die folgenden Modelle wurden 1979 in verschiedenen Gemeinden erprobt und ausgewertet. Die Planung und Durchführung geschah in Zusammenarbeit zwischen dem PTI Bad Godesberg und den jeweiligen Gemeindepfarrern. Die Seminare fanden in Orten mit unterschiedlicher Sozial- und Gemeindestruktur statt: Neben einer von Schichtarbeitern geprägten Neubausiedlung stand eine Landgemeinde, neben einer kleinstädtischen eine von Beamten geprägte Stadtrandgemeinde.
Für freundliche Unterstüzung danke ich Klaus Hahn, Florian Sorkale und Philipp Nessling vom PTI sowie den Gemeindepfarrern P. Th. Heintze, K. Neufang, R. Wachowsky und W. Winheller. Für Kodierarbeiten danke ich Karla Domning und Beate Staaden.

327 Überlegungen zu dieser Thematik finden sich im Evang. Erwachsenenkatechismus, 1977, 629–644; Materialien finden sich auch in KU-Praxis 12/13, 82–84; 85 f; 98–100; 105–113; 114–136; 152–160. Für die Nachmittage müssen ca. 4 Stunden veranschlagt werden.

328 Bewährte Spiele finden sich in KU-Praxis 12/13, 148–152.

329 Vgl. KU-Praxis 12/13, 148 ff.

330 Vgl. KU-Praxis 12/13, 159.

331 Überlegungen zu diesem Thema finden sich in den Themenstudien für Predigtpraxis und Gemeindearbeit, Bd. 3, 1979, 216–230.

332 Unter Aufnahme einiger Motive von Tilmann, 1973. 24 f. Bei unruhigen Gruppen sollte die Anweisung vereinfacht werden.

333 Anregende Fotos finden sich in folgenden Mappen:
- Exemplarische Bilder, Burckhardthaus-Verlag.
- Foto simboliche, Don Bosco Verlag.

334 Überlegungen und Materialien zu diesem Thema finden sich im Evang. Erwachsenenkatechismus, 1977, 1104–1122 und in KU-Praxis 12/13, 174–186. Arbeitshilfen zu einem Elternabend (»Nur mit gemischten Gefühlen?«) sind zu beziehen beim Haus der Kirche, Goethestraße 27-30, 1000 Berlin 12; vgl. auch Kruse, 1975.

335 KU-Praxis 12/13, 180 f.

336 Text und Melodie im Begleitheft zur Schallplatte »Lieder zum Abendmahl«. Bezugsstelle: Landeskirchliche Ämter für Konfirmandenarbeit oder Arbeitsstelle für Konfirmandenunterricht, Bachstr. 1-2, 1000 Berlin 21.

337 Text und Melodie: »Lieder zum Abendmahl«

338 z.B. Probleme des Menschen, Don Bosco Verlag.

339 Vgl. auch KU-Praxis 12/13, 184 f.

340 Überlegungen zu dieser Thematik finden sich im Evang. Erwachsenenkatechismus, 1977, 160–187 sowie in den Themenstudien für Predigtpraxis und Gemeindearbeit, Bd. 2, 1978, 101–107; Materialien finden sich in KU-Praxis 12/13, 160–174.

341 Unter Aufnahme einiger Motive aus Tilmann, 1973, 28 f.

342 Folien »Bibel und heutige Wissenschaft« aus der Reihe »Spiel der Schöpfung«, Jünger-Verlag, Postfach 580, 6050 Offenbach.

343 Jünger-Verlag, 1968.

344 impulse musikverlag ludger edelkötter, Münsterstr. 16, 4406 Drensteinfurt, Bestnr. IPM 1003.

345 Kumbaya. Ökumenisches Jugendgesangbuch, 100.

346 Peter Janssens Musikverlag, 4404 Telgte, pietbiet 1018.

347 EKG 228.

348 Vgl. Grell, 1974, 48 ff; Hanke/Mandl/Prell, 1973.

349 Vgl. Hanke/Mandl/Prell, 1973, 82 f.

350 Zur Definition der Kategorien vgl. auch Grell, 1974, 53 ff; Wagner/Uttendorfer – Marek/Laible – Nann, 1976, 112 ff.

351 Zur Fragebogenkonstruktion vgl. Friedrichs, 1973, 192 ff; eine kritische Auseinandersetzung mit älteren kirchensoziologischen Untersuchungen findet sich bei Marhold, 1971.

352 Benutztes Rechenprogramm: SPSS. Item 8 wurde nicht berücksichtigt, da seine Formulierung bei den Jugendlichen zu Mißverständnissen führen konnte.

353 Die Faktorenanalyse der Elternstichprobe (n = 26) kann nur als Interpretationshilfe genommen werden. Wegen der geringen Anzahl der Versuchspersonen ist das Ergebnis anfällig für zufällige Einflüsse.
In die Faktorenanalysen sind nur die vollständig ausgefüllten Fragebögen eingegangen.

354 Faktor 2 (hohe Ladungen der Items 1, 6, 12) erklärt weitaus weniger Varianz und kann auch nicht so eindeutig interpretiert werden.

355 Vgl. Schmidtchen, 1979, 27 ff.
356 Lange, 1975, 220.
357 Vgl. ebd., 221.
358 Ebd.
359 Stock, 1912, 202.

Literaturverzeichnis

Die Abkürzungen folgen dem Verzeichnis bei Siegfried Schwertner, IATG. Internationales Abkürzungsverzeichnis für Theologie und Grenzgebiete, Berlin/New York 1974.

Achelis, Ernst Christian: Die evangelische Gemeinde. Von E. Sulze, ThStKr 65, 1892, 777–798.

Adam, Gottfried: Der Unterricht der Kirche. Studien zur Konfirmandenarbeit, Göttingen 1980.

Anselm, Helmut: Religionspädagogik im System Spekulativer Theologie. Untersuchungen zum Werk Christian Palmers als Beitrag zur religionspädagogischen Theoriebildung der Gegenwart, München 1982.

Arndt, Theodor: Sulze's Buch von der evangelischen Gemeinde, PKZ 38, 1891, Sp. 1127–1132.

Bachmann, Claus Henning (Hg.): Kritik der Gruppendynamik. Grenzen und Möglichkeiten sozialen Lernens, Frankfurt/Main 1981.

Barth, Hermann/Schramm, Tim: Selbsterfahrung mit der Bibel. Ein Schlüssel zum Lesen und Verstehen, München/Göttingen 1977.

Baumgarten, Otto: Sulzes Evangelische Gemeinde. Versuch einer Beurteilung, ZPrTh 14, 1892, 256–277. 345–359.

Biesinger, Albert (Hg.): Meditation im Religionsunterricht. Theoretische und schulpraktische Perspektiven, Düsseldorf 1981.

Bittner, Günther: Gruppendynamik – ein ziemlich sicherer Weg, sich selbst zu verfehlen, psychosozial 1/80, Reinbek 1980, 41–65.

Boden, Liselotte M.: Meditation und pädagogische Praxis. Methoden – Vorstufen – Modelle, München 1978.

Bosse, Hans/Bopp, Jürgen: Hart am Problem vorbei. Zur Themenzentrierten Interaktion, EK 12, 1979, 398–400.

Brim, Orville G.: Krisentheorien des mittleren Alters, in: L. Rosenmayr (Hg.), 1978, 410–427.

Brocher, Tobias: Gruppendynamik und Erwachsenenbildung. Zum Problem der Entwicklung von Konformismus oder Autonomie in Arbeitsgruppen, Braunschweig 1967.

Bukow, Wolf-Dietrich/Czell, Gernot: Zur Theorie der religiösen Sozialisation in der Familie, ThPr 10, 1975. 90–111.

Cernius, Vytas/Cremer, Marlies/Leistner, Herta: Chancen und Probleme der Lebensmitte. Handbuch für die Arbeit in der Erwachsenenbildung, Arbeitshilfen 2, Evang. Akademie 7325 Bad Boll.

Clayton, Vivian: Erikson's Theory of Human Development as it Applies to the Aged: Wisdom as Contradictive Cognition, Human Development 18, 1975, 119–128.

Cohn, Ruth C.: Von der Psychoanalyse zur Themenzentrierten Interaktion. Von der Behandlung einzelner zu einer Pädagogik für alle, Stuttgart 1975 a.

–: Kommentar zu Helmut Vogts Überlegungen, Gruppendynamik 6, 1975 b, 383 f.

–: Über den ganzheitlichen Ansatz der Themenzentrierten Interaktion, Integrative Therapie 5, 1979, 252–258.

Comenius Institut Dokumentation 1: Neue Rahmenordnungen, Leitlinien und Rahmenpläne zum Konfirmandenunterricht, Münster 1977.
Dokumentation 2: Kommentarband, Münster 1978.

Cornehl, Peter: Gottesdienst, in: F. Klostermann/R. Zerfaß (Hg.), Praktische Theologie heute, München/Mainz 1974, 449–463.

–: Theorie des Gottesdienstes – ein Prospekt, ThQ 159, 1979, 178–195.

Doerne, Martin: Neubau der Konfirmation, Gütersloh 1936.

–: Zur Konfirmationsordnung. Handreichungen für den kirchlichen Dienst, Amtsblatt der Evangelisch-Lutherischen Landeskirche Sachsens, Jg. 1950, 6. H., B 19–B 22.

Eltern- und Familienbildung in evangelischer Trägerschaft. Begründungen – Ansätze – Perspektiven, hg. v. H. Exner, R. Krapp, H.-J. Schmidt u. G. Strunk, Hannover 1978.

Erikson, Erik H.: Kindheit und Gesellschaft, Stuttgart ^{3}1968, (amerikanisch 1950).

–: Identität und Lebenszyklus, Frankfurt/Main 1971 (amerikanisch 1959).

–: Einsicht und Verantwortung. Die Rolle des Ethischen in der Psychoanalyse, Stuttgart 1966 (amerikanisch 1964).

Ernst, Anselm: Das Rollenspiel im Unterricht, Ravensburg 1976.
Evangelischer Erwachsenenkatechismus. Kursbuch des Glaubens. Im Auftrag der Katechismuskommission der VELKD, hg. v. W. Jentsch, H. Jetter, M. Kießig u. H. Reller, Gütersloh [3]1977.
Frickel, Heinrich: Communio – Communicatio – Communitas im Konfirmandenunterricht. Untersuchung zum Theorie-Praxis-Vollzug von Konfirmandenunterricht und Konfirmation, Theol. Diss. Berlin 1974.
Frickel, Michael E.: Themenzentrierte Meditation oder: Lebendiger Umgang mit Lernstoffen, in: A. Biesinger (Hg.), 1981, 123–143.
Friedrichs, Jürgen: Methoden empirischer Sozialforschung, Reinbek 1973.
Gerbracht, Diether: Aufbruch zu sittlichem Atheismus. Die Hiob-Deutung Ernst Blochs, EvTh 35, 1975, 223–237.
–: Die Gemeinde und der Einzelne. Das Verständnis der Seelsorge bei Friedrich D. E. Schleiermacher. Eine Anfrage an die gegenwärtige Seelsorge-Diskussion, Theol. Diss. Göttingen 1977.
Gollwitzer, Helmut: Krummes Holz – aufrechter Gang. Zur Frage nach dem Sinn des Lebens, München 1970.
Graue, Paul: Die Erneuerung unseres kirchlichen Gemeindelebens nach den organisatorischen Vorschlägen des Pfarrers D. Sulze in Dresden, PKZ 37, 1890, Sp. 265–275, 289–301.
Greinacher, Norbert: Leitungsprobleme in der Gemeinde, in: N. Greinacher/N. Mette/W. Möhler (Hg.), Gemeindepraxis. Analysen und Aufgaben, München/Mainz 1979, 171–179.
Grell, Jochen: Techniken des Lehrerverhaltens, Weinheim/Basel 1974.
Grom, Bernhard: Methoden für Religionsunterricht, Jugendarbeit und Erwachsenenbildung, Düsseldorf/Göttingen [6]1979.
Grünberg, Paul: Die evangelische Kirche, ihre Organisation und ihre Arbeit in der Großstadt, PThHB 14, Göttingen 1910.
Gründler, Georg/Kleßmann, Ernst (Hg.): Reformation der Konfirmation. Grundsätzliche Besinnung und praktischer Vorschlag eines Arbeitskreises, Göttingen 1960.
Halberstadt, Jürgen (Hg.): Lern-Ort Gemeinde. Modelle für Eltern- und Familienbildung, München 1981.
Hanke, Barbara/Mandl, Heinz/Prell, Siegfried: Soziale Interaktion im Unterricht, München 1973.
Havighurst, R. J.: Dominant concerns in the life, in: L. Schenk-Danzinger/H. Thomae (Hg.), Gegenwartsprobleme der Entwicklungspsychologie. Festschrift für Charlotte Bühler, Göttingen 1963, 27–37.
Heigl-Evers, Anneliese/Heigl, Franz: Die themenzentrierte interaktionelle Gruppenmethode (Ruth C. Cohn): Erfahrungen, Überlegungen, Modifikationen, Gruppenpsychotherapie und Gruppendynamik 7, 1973, 237–255.
Herz, Johannes: D. Emil Sulze. Zum 26. Februar 1912, ChW 26, 1912, Sp. 183–187.
Hild, Helmut (Hg.): Wie stabil ist die Kirche? Bestand und Erneuerung. Ergebnisse einer Umfrage, Gelnhausen/Berlin 1974.
Horkheimer, Max/Adorno, Theodor W. (Hg.): Familie, in: D. Claessens/P. Milhoffer (Hg.), Familiensoziologie. Ein Reader als Einführung, Frankfurt/Main [2]1974, 63–78.
Jetter, Werner: Symbol und Ritual. Anthropologische Elemente im Gottesdienst, Göttingen 1978.
Jung, Carl Gustav: Seele und Tod, Ges.Werke 8, Zürich/Stuttgart 1967, 463–474.
Käsemann, Ernst: Zur paulinischen Anthropologie, in: Ders., Paulinische Perspektiven, 2., durchgesehene Aufl. Tübingen 1972, 9–60.
Katzer: Gemeindeprinzip und geistliches Amt, ZPrTh 14, 1892, 221–256.
Klessmann, Michael: Identität und Glaube. Zum Verhältnis von psychischer Struktur und Glaube, München/Mainz 1980 a.
–: Was ist eigentlich Gruppendynamik?, in: J. Scharfenberg (Hg.), 1980, 39–52 (= 1980 b).
Knapp, J.: Art.: Palmer, RE, Bd. 14, Leipzig [3]1904, 616–621.
Knoll, Jörg: Zum Methodenverständnis in der evangelischen Erwachsenenbildung, in: Lernen und Handeln, 1980, 68–82.
Knospe, Gottfried: Emil Sulze und sein Gemeindeideal in zeitgenössischer und reformatorischer Sicht, in: Verantwortung. Untersuchungen über Fragen aus Theologie und Geschichte. Zum sechzigsten Geburtstag von Landesbischof D. Gottfried Noth DD., hg. v. Evang.-luth. Landeskirchenamt Sachsen, Berlin (DDR) 1964, 105–121.
Kohli, Martin: Lebenslauf und Lebensmitte, KZS 29, 1977, 625–656.
Köster, Arnold: Sulze oder Dörries? Offener Brief an Herrn Geh. Sanitätsrat Dr. Brennecke, ChW 26, 1912, Sp. 541–547.
Kortzfleisch, Siegfried v.: Religiöse Erwachsenenbildung, in: F. Ziegel (Hg.), 1972, 82–95.

Kruse, Martin: Abendmahlspraxis im Wandel, EvTh 35, 1975, 481–497.
Kugler, Georg: Zwischen Resignation und Utopie. Die Chancen der Ortsgemeinde, Gütersloh 1971 a.
–: Familiengottesdienste, Gütersloh 1971 b.
–: Familiengottesdienste, ThQ 159, 1979, 195–204.
Kugler, Georg/Lindner, Herbert: Neue Familiengottesdienste, Gütersloh 1973.
–/–: Neue Familiengottesdienste 2, Gütersloh 1976.
–/–: Neue Familiengottesdienste 3, Gütersloh 1979.
Kuhlen, Raymond G.: Developmental Changes in Motivation During the Adult Years, in: B. L. Neugarten (ed.), Middle Age and Aging. A Reader in Social Psychology, Chicago/London 1968, 115–136.
KU-Praxis für die Arbeit mit Konfirmanden, H. 12/13 »Konfirmanden-Eltern-Arbeit«, hg. v. K. Dienst/W. Flemmig/K. Goßmann/W. Neidhart, Gütersloh 1980.
Laing, Ronald D.: Phänomenologie der Erfahrung, Frankfurt/Main [6]1973 (englisch 1967).
Lange, Ernst: Sprachschule für die Freiheit, in: F. Ziegel (Hg.), 1972, 58–72.
–: Bildung als Problem und als Funktion der Kirche, in: J. Matthes (Hg.), 1975, 189–222.
–: Was nützt uns der Gottesdienst?, in: Ders., Predigen als Beruf. Aufsätze, hg. v. R. Schloz, Stuttgart/Berlin 1976, 83–95.
Leben und Erziehen durch Glauben. Perspektiven bildungspolitischer Mitverantwortung der evangelischen Kirche, Redaktion: H. Kratzert, Gütersloh 1978.
Lehr, Ursula: Das mittlere Erwachsenenalter – ein vernachlässigtes Gebiet der Entwicklungspsychologie, in: R. Oerter (Hg.), 1978, 147–177.
Lehr, Ursula/Weinert, Franz E.: Entwicklung und Persönlichkeit, Stuttgart/Berlin u.a. 1975.
Lernen und Handeln. Bausteine zu einer Konzeption Evangelischer Erwachsenenbildung, hg. v. G. Buttler/G. Strunk/K. Würmell, Gelnhausen/Berlin/Stein 1980.
Linz, Johanna/Puzberg, Günter: Konfirmanden-Eltern. Ansätze zur Erwachsenenbildung in der Gemeinde, Materialien zur Elternbildung 3, hg. v. Comenius-Institut, Münster 1980.
Lohff, Wenzel: Rechtfertigung und Anthropologie, in: W. Lohff/Chr. Walther (Hg.), 1974, 126–145.
Lohff, Wenzel/Walther, Christian (Hg.): Rechtfertigung im neuzeitlichen Lebenszusammenhang. Studien zur Interpretation der Rechtfertigungslehre, Gütersloh 1974.
Lück, Wolfgang: Praxis: Kirchengemeinde, Stuttgart/Berlin u.a. 1978.
–: Die Volkskirche. Kirchenverständnis als Norm kirchlichen Handelns, Stuttgart/Berlin u.a. 1980.
Lukatis, Ingrid: Was sagen Konfirmandeneltern zu Konfirmandenunterricht und Konfirmation?, KU-Praxis 12/13, 1980, 46–55.
Marhold, Wolfgang: Fragende Kirche. Über Methode und Funktion kirchlicher Meinungsumfragen, München/Mainz 1971.
Martin, Gerhard Marcel: »Bibliodrama« als Spiel, Exegese und Seelsorge, WPKG 68, 1979, 135–144.
Matthes, Heinrich: Aussichten und Aufgaben der evangelischen Landeskirchen in der Gegenwart, SPTh (G), 3. Bd., H. 1, Gießen 1909.
Matthes, Joachim (Hg.): Erneuerung der Kirche. Stabilität als Chance?, Gelnhausen/Berlin 1975.
–: Volkskirchliche Amtshandlungen, Lebenszyklus und Lebensgeschichte, in: Ders. (Hg.), 1975, 83–112.
Mayer-Scheu, Josef: Lebendiges Lernen mit der Themenzentrierten Interaktion (TZI) nach Ruth C. Cohn, in: J. Scharfenberg (Hg.), 1980, 53–69.
Meier, Christoph: Kirchliche Erwachsenenbildung. Ein Beitrag zu ihrer Begründung, Stuttgart/Berlin u.a. 1979.
Merz, Georg: Neubau der Konfirmation? Zugleich eine Buchumschau, MPTh 35, 1939, 87–93.
Mitteilungen an die Mitglieder der Konferenz für evangelische Gemeindearbeit, Nr. 3, 26. Februar 1912.
Mühlfeld, Claus: Familiensoziologie. Eine systematische Einführung, Hamburg 1976.
Müller, Peter: Methoden in der kirchlichen Erwachsenenbildung, München 1982.
Musil, Robert: Der Mann ohne Eigenschaften, Hamburg 1972.
Neugarten, Bernice L.: Personality and Aging, in: J. E. Birren/K. W. Schaie (Eds.), Handbook of the Psychology of Aging, New York/London u.a. 1977, 626–649.
Neugarten, Bernice L./McDonald, William J.: Persönlichkeitsveränderungen bei älteren Menschen: Die Chicagoer Untersuchungen, in: U. Lehr/F. Weinert (Hg.), 1975, 67–76.
Neugarten, Bernice L./Datan, Nancy: Lebenslauf und Familienzyklus – Grundbegriffe und neuere Forschungen, in: L. Rosenmayr (Hg.), 1978, 165–188.

Newman, Barbara M./Newman, Philip R.: Development through Life: A Psychosocial Approach, Revised Edition, Homewood 1979.
Neysters, Peter: Eltern und Jugendliche im Gespräch. Anregungen, Vorschläge, Hilfen, Würzburg 1979.
Niebergall, Friedrich: Die lebendige Gemeinde, RV, IV. Reihe, 24. H., Tübingen 1917.
–: Praktische Theologie, 2 Bde., Tübingen 1918/19.
Nipkow, Karl Ernst: Die Kirche vor der Sinnfrage in Gesellschaft und Erziehung, in: Leben und Erziehen durch Glauben, 1978, 38–54.
Nuttin, Joseph R./Grommen, Ria: Zukunftsperspektive bei Erwachsenen und älteren Menschen aus drei sozio-ökonomischen Gruppen, in: U. Lehr/F. Weinert (Hg.), 1975, 183–197.
Oerter Rolf (Hg.): Entwicklung als lebenslanger Prozeß. Aspekte und Perspektiven, Hamburg 1978.
Olbrich, Erhard/Rudinger, Georg: Psychologie des Erwachsenenalters, Stuttgart/Berlin u.a. 1982.
Olszowi, Eleonore: Zu den Grundlagen der Themenzentrierten Interaktion: Menschenbild und Struktur der TZI, Gruppenpsychotherapie und Gruppendynamik 10, 1976, 78–116.
Olszowi, Eleonore/Lukatis, Ingrid: Lebendiges Lernen einer Arbeitsgruppe in den Strukturen einer kirchlichen Organisation, Gruppendynamik 10, 1979, 327–345.
Palmer, Christian: Evangelische Katechetik, 6., verbesserte Auflage, hg. v. Jetter, Stuttgart 1875.
Pearlin, Leonard J.: Sex Roles and Depression, in: N. Datan/L. H. Ginsberg (Eds.), Life-Span Developmental Psychology. Normative Life Crises, New York/San Francisco/London 1975, 191–207.
Peters, Albrecht: Glaube und Werk. Luthers Rechtfertigungslehre im Lichte der heiligen Schrift, AGTL 8, Berlin/Hamburg 1962.
–: Systematische Besinnung zu einer Neuinterpretation der reformatorischen Rechtfertigungslehre, in: W. Lohff/Chr. Walther (Hg.), 1974, 107–125.
Petersen, Peter: Holistische Holzwege der TZI Ruth Cohns. Nachrede zum Aufsatz von Eleonore Olszowi-Müller »Menschenbild und Struktur der TZI«, Integrative Therapie 5, 1979, 246–252.
–: Nachwort zur Antwort von Frau Dr. Ruth C. Cohn, Integrative Therapie 5, 1979, 259–261.
Pfleiderer, Otto: Sulze's Buch über die evangelische Gemeinde, PKZ 39, 1892, Sp. 113–116.
Pöhlmann, Horst Georg: Methoden sind nicht zielneutral. Die Methoden der heutigen Erwachsenenbildung und ihre Probleme. Versuch eines Überblicks, in: Die Erwachsenenbildung als evangelische Aufgabe, hg. v. der Studienstelle und dem Generalsekretariat der DEAE, Karlsruhe ^{2}1979, 15–47.
Rade, Martin: Unsre Landgemeinden und das Gemeindeideal, Evang.-soziale Zeitfragen, 2. Reihe, 1. H., Leipzig 1891.
Richter, Horst-Eberhard: Eltern, Kind und Neurose, Reinbek 1969.
–: Patient Familie. Entstehung, Struktur und Therapie von Konflikten in Ehe und Familie, Reinbek 1970.
Riegel, Klaus: Versuch einer psychologischen Theorie der Zeit, in: L. Rosenmayr (Hg.), 1978, 269–292.
Rogers, Carl R.: Entwicklung der Persönlichkeit. Psychotherapie aus der Sicht eines Therapeuten, Stuttgart 1973 (amerikanisch 1961).
–: Lernen in Freiheit. Zur Bildungsreform in Schule und Universität, München 1974 (amerikanisch 1969).
–: Die Kraft zum Guten. Ein Appell zur Selbstverwirklichung, München 1978 (amerikanisch 1977).
Rosenboom, Enno: Gemeindeaufbau durch Konfirmandenunterricht, HGA 22, Gütersloh 1962.
–: Gemeindepädagogik – eine Herausforderung an die Kirche, in: Leben und Erziehen durch Glauben, 1978, 55–71.
Rosenmayr, Leopold (Hg.): Die menschlichen Lebensalter. Kontinuität und Krisen, München/Zürich 1978.
Ruff, Wilfried: Sozialpsychologische Aspekte heutiger Gruppenarbeit, in: J. Scharfenberg (Hg.), 1980, 24–38.
Sandberger, Jörg Viktor: Pädagogische Theologie. Friedrich Niebergalls Praktische Theologie als Erziehungslehre, APTH 10, Göttingen 1972.
Schäfers, Bernhard: Sozialstruktur und Wandel der Bundesrepublik Deutschland. Ein Studienbuch zu ihrer Soziologie und Sozialgeschichte, Stuttgart 1976.
Scharfenberg, Joachim (Hg.): Glaube und Gruppe. Probleme der Gruppendynamik in einem religiösen Kontext, Wien/Freiburg u.a. 1980.
Scharffenorth, Gerta (Hg.): Bildung als Aufgabe der Kirche. Problemskizzen und Modelle.

Materialien zur Reform des kirchlichen Bildungssystems, epd-Dokumentation Bd. 7, Witten/Frankfurt/Berlin 1972.
Schian, Martin: Die evangelische Kirchgemeinde, SPTh (G), 1. Bd., H. 4, Gießen 1907.
–: Gemeindereform – die Voraussetzung aller Kirchenreform. Vortrag auf der 1. Konferenz für ev. Gemeindearbeit in Braunschweig am 5. April 1910 gehalten, MPTh 6, 1910, 422–437.
–: Der gegenwärtige Stand der Gemeindeorganisation in den größeren Orten Deutschlands. Auf Grund einer von P. Drews veranstalteten Umfrage bearbeitet, Heft der Konferenz für evang. Gemeindearbeit Nr. 3 u. 4, Leipzig 1913.
Schian, Martin/Stock, August (Hg.): Lebendige Gemeinden. Festschrift Emil Sulze, SPTh (G), 6. Bd., H. 1, Gießen 1912.
Schildmann, Johannes/Wolf, Bernward: Konfirmandenarbeit, Stuttgart/Berlin u.a. 1979.
Schmidtchen, Gerhard: Was den Deutschen heilig ist. Religiöse und politische Strömungen in der Bundesrepublik Deutschland, München 1979.
Schneider, Gert: Grundbedürfnisse und Gemeindebildung. Soziale Aspekte für eine menschliche Kirche, München/Mainz 1982.
Schreiber, Hermann: Midlife Crisis. Die Krise in der Mitte des Lebens, München 1977.
Schrödter, Wolfgang: Zur gesellschaftlichen Lage der Familie der Gegenwart – Konsequenzen für die therapeutische Arbeit, WzM 32, 1980, 177–189.
Schulz, Ehrenfried: Religiöse Elternbildung als Lebenshilfe. Ein humanwissenschaftlich orientierter theologischer Modellentwurf, Studien zur Praktischen Theologie 20, Zürich/Einsiedeln/Köln 1979.
Sheehy, Gail: In der Mitte des Lebens. Die Bewältigung vorhersehbarer Krisen, München [2]1976 (amerikanisch 1974).
Sheppard, Harold L.: Phasen des Arbeitslebens, in: L. Rosenmayr (Hg.), 1978, 343–353.
Simons, Eduard: Sulzes Evangelische Gemeinde in zweiter Auflage, PrM 16, 1912, 423–432.
Stock, August: Der evangelische Gemeindegedanke in den beiden letzten Jahrzehnten und seine Bedeutung für die Zukunft, ChW 23, 1909, Sp. 1064–1070.
–: Die Konferenz für evangelische Gemeindearbeit, insbesondere ihre Aufnahme in der kirchlichen Öffentlichkeit, in: M. Schian/A. Stock (Hg.), 1912, 197–220.
Strunk, Gerhard: Erziehung in einer Gesellschaft des Übergangs, in: elternbildung in kirche und gesellschaft, materialien zur elternbildung 1, hg. v. Comenius-Institut, Münster 1974, 1–29.
Strukturplan für das Bildungswesen. Empfehlungen des deutschen Bildungsrates, hg. v. Deutschen Bildungsrat, Stuttgart [3]1971.
Sulze, Emil: Zur Rechtfertigung meines Gemeinde-Ideals, PKZ 37, 1890 a, Sp. 145–157.
–: Die Fortbildung des kirchlichen Gemeindelebens, ChW 4, 1890 b, Sp. 441–450. 470–477.
–: Die socialen Verhältnisse der Gegenwart in ihrer Bedeutung für die evangelische Kirche, PKZ 39, 1892 a, Sp. 969–979.
–: Zu meiner Rechtfertigung, ChW 6, 1892 b, Sp. 857–862.
–: Die Reform der evangelischen Landeskirchen nach den Grundsätzen des neueren Protestantismus, Berlin 1906.
–: Die evangelische Gemeinde, 2., zum Teil neu bearbeitete Aufl., Leipzig 1912 a.
–: Wie ich Vertreter den Christentums Christi ward, PrM 16, 1912 b, 441–460.
–: Unsere nächste und unsere höchste Aufgabe, ChW 27, 1913, 795–799.
Tausch, Reinhard/Tausch, Anne-Marie: Erziehungspsychologie. Begegnung von Person zu Person, 8., gänzlich neugestaltete Aufl., Göttingen u.a. 1977.
Teichmann, K.: Zur prinzipiellen Würdigung der gegenwärtigen Bestrebungen für soziale Organisation kleiner Gemeinden, ZPrTh 14, 1892, 127–143.
Thoma, A.: Die Reform der Gesellschaft durch die Gemeinde, PKZ 35, 1888, Sp. 477–485.
Thomae, Hans: Vergleichende Psychologie der Lebensalter, in: L. Rosenmayr (Hg.), 1978, 293–314.
Tillich, Paul: Die verlorene Dimension, Ges. Werke 5, Stuttgart 1964, 43–50.
–: Rechtfertigung und Zweifel, Ges. Werke 8, Stuttgart 1970 a, 85–100.
–: Die christliche Hoffnung und ihre Wirkung in der Welt, Ges. Werke 8, Stuttgart 1970 b, 257–264.
Tilmann, Klemens: Übungsbuch zur Meditation. Stoffe, Anleitungen, Weiterführungen, Zürich/Einsiedeln/Köln [2]1973.
Tismer, Karl-Georg/Tismer-Puschner, Ingrid/Erlemeier, Norbert: Persönlichkeitsunterschiede im Erwachsenenalter. Eine Untersuchung bei Personen zwischen drittem und achtem Lebensjahrzehnt, in: U. Lehr/F. Weinert (Hg.), 1975, 159–170.
Vaskovics, Laszlo: Nachwort zu J. Wössner: Kirche – Familie – Sozialisation, in: G. Wurzbacher (Hg.), 1977, 383–391.

Vogt, Theophil: Erwachsenenbildung in der Kirche. Funktion und theologischer Ansatz, EvTh 36, 1976, 365–380.
–: Umgang mit der Bibel in der Erwachsenenbildung. Erfahrungen – Ansätze – Chancen, WPKG 68, 1979, 398–412.
Wagner, A. C./Uttendorfer-Marek, I./Laible-Nann, R. u.a.: Schülerzentrierter Unterricht, München/Berlin/Wien 1976.
Wintzer, Friedrich: Art.: Auferstehung III. Praktisch-theologisch, TRE, Bd. 4, Berlin/New York 1979, 529–547.
Witt, Karl: Konfirmandenunterricht. Neue Wege der Katechetik in Kirche und Schule, Göttingen 1959.
Wössner, Jakobus: Kirche – Familie – Sozialisation, in: G. Wurzbacher (Hg.), 1977, 338–383.
Wurzbacher, Gerhard (Hg.): Die Familie als Sozialisationsfaktor. Der Mensch als soziales und personales Wesen, Bd. 3, 2., neubearbeitete und erweiterte Aufl., Stuttgart 1977.
Ziegel, Friedrich (Hg.): Chancen des Lernens. Evangelische Beiträge zur Erwachsenenbildung, München 1972.